RUSSISCHE APOKALYPSE

VIKTOR
JEROFEJEW

RUSSISCHE APOKALYPSE

Aus dem Russischen
von Beate Rausch

Berlin Verlag

FSC
Mix
Produktgruppe aus vorbildlich bewirtschafteten Wäldern und anderen kontrollierten Herkünften

Zert.-Nr.GFA-COC-1278
www.fsc.org
© 1996 Forest Stewardship Council

Umschlaggestaltung: Nina Rothfos und Patrick Gabler, Hamburg
Typografie: Birgit Thiel, Berlin
Gesetzt aus der Caslon von Greiner & Reichel, Köln
Druck und Bindung: CPI – Ebner & Spiegel, Ulm
Printed in Germany
ISBN 978-3-8270-0711-7

www.berlinverlage.de

Russland – das Land der siegreichen Apokalypse

Inhalt

DRITTER TEIL

Sprache der Offenbarung

VIERTER TEIL

Das sprechende Pferd oder die Kritik der russischen Apokalypse

Fröhliche Hölle
Statt eines Vorworts

Russlands größter Feind ist die eigene Bevölkerung. Folter ist ein Schlüsselwort im Leben der Russen. Russland hat immer, durch seine gesamte Geschichte hindurch, sein Volk tyrannisiert, gequält und verhöhnt. Bemäntelt von den ideologischen Doktrinen des Zarismus oder Kommunismus, vernichtete es absichtlich das Volk in apokalyptischen Dimensionen – durch Kriege, Hunger, Epidemien, Säuberungen oder Repressionen. Dabei zwang es die Bevölkerung, den russischen Staat zu lieben und ewig »Hurra!« zu schreien. Darin besteht das Wesen der russischen Apokalypse.

Russland scheint heute im Begriff überzuschnappen. Es verfügt über riesige Ölvorräte, produziert jedoch wenig. Es besitzt Atomwaffen, aber fürchterliche Straßen. Es besteht auf seiner Macht, doch es ist wenig anziehend für seine nahen und fernen Nachbarn. Dieses riesige Land hat Angst auseinanderzubrechen.

Russland hat die menschliche Natur immer verachtet und sie, angepasst an seine totalitäre Ideologie, verbessern wollen. Heute jedoch ist Russland ein ideologischer Krüppel. Es kann nicht begreifen, wozu es existiert. Es verfügt über keine nationale Idee, die fähig wäre, das Land zu einen. Die Oppositionellen halten die russische Staatsmacht für eine tschekistische Junta. Aber Tschekisten sind von Natur aus Zerstörer und keine Schöpfer. Bestenfalls sind sie – wie auch Oberstleutnant Putin – fähig, operative, taktische

Aufgaben zu erfüllen, aber sie besitzen keinen strategischen Verstand.

Doch Russland tritt nicht auf der Stelle. In all dem apokalyptischen Wahnsinn macht sich die Bevölkerung das Ideenvakuum zu Nutze und ertastet sich, zwischen den Ruinen moralischer Werte umherirrend (Russland hat im Laufe des letzten Jahrhunderts zweimal seine Grundwerte geändert: während der Revolution von 1917 und nach dem Zusammenbruch der UdSSR 1991), den Weg zu einem Privatleben. Vielleicht ist das ja ihre Rettung?

Was hat Putin in den acht Jahren seiner Regierung *Gutes* getan? Welche Richtung schlägt Medwedew ein? Ich würde spontan antworten: Während der Regierungszeit dieser beiden hat Russland die einzigartige Möglichkeit erhalten, ein freies Privatleben zu führen. Das ist die Lösung für die rätselhafte Popularität der Staatsmacht, die der Westen sich nicht erklären kann. Dabei bin ich nicht der Meinung, dass Putin sich bewusst die Entwicklung des Privatlebens zum Ziel gesetzt hat. Eher gleicht das Privatleben einem Huhn, das dem Bauern mit dem Messer in der Hand entwischt ist – es hat sich aus der Umklammerung des russischen Staates befreit und erschrocken gackernd irgendwo im Gebüsch verkrochen. Aber es ist auch nicht ganz richtig zu behaupten, der Staatsmacht sei das Privatleben einerlei, nach dem Motto: »Lebt, wie ihr wollt, nur stört mich nicht beim Regieren.« Die Staatsmacht hat sich Mühe gegeben, die Freuden des Privatlebens, welche sich den Russen eröffnet haben, nicht nur für deren Ablenkung von der Politik, sondern auch als Stimulus für die staatliche Entwicklung zu nutzen. Klarer ideologischer Richtlinien beraubt, wie sie seinerzeit der kommunistischen Weltanschauung eigen waren, dient eine millionenstarke Armee von Putin'schen Bürokraten dem Staat, indem sie an der privaten Front (zu Hause und auf der Datscha) die Ideen des Hedonismus und des Genusses weiterentwickelt. Das Privatleben ist ihr wichtigster »Bonus«. Aber es wäre nicht so weit gekommen, wenn nicht die Staatsmacht selbst und allen voran der Präsident eine gewisse Neigung zum Luxusleben verspürt hätten. Auf diese Weise sind Bevölkerung, Bürokraten und die Spitze der Staatsmacht durch ein gemeinsames Ziel verbunden – private Prosperität.

Natürlich ist es vor dem Hintergrund des bescheidenen materiellen Wohlstands für den größten Teil der russischen Bevölkerung übereilt, von einem realen Aufblühen zu sprechen. Indessen stellt das glamouröse Leben der Eliten aus Wirtschaft und Politik, verschiedener Berühmtheiten des Showbusiness, wenn nicht gerade einen nationalen Traum, so doch zumindest einen Gegenstand für heftige Diskussionen, Verwünschungen und Nachahmung dar. Die Bevölkerung hat Reiche immer schon gehasst, aber wenn sich die Tochter eines armen Schluckers einen Millionär angelt, hat ihre Familie den Hass auf alle Reichen ganz schnell vergessen. Unter Putin hat sich die Kompassnadel des Lebens von der Marke »Mir ist alles scheißegal« langsam aber sicher der Marke »Auch ich will besser leben« genähert.

Allgemeines Gerede über das Aufblühen des Volkes war bei den Kommunisten nur leere Rhetorik. Unter Putin wurde das Privatleben aus offiziellen Verlautbarungen ausgeklammert. Das Privatleben als gesellschaftliche Realität existierte sozusagen nicht, und man schaute besser nicht genauer hin, denn in vielerlei Hinsicht gründete es sich auf Geld aus dubiosen Geschäften, zugleich aber war es überall präsent.

Privatleben – das sind brechend volle Restaurants im ganzen Land, das sind Autostaus in den Großstädten, das sind zahlreiche von ihren Ausmaßen her unglaubliche Landhäuser, um die uns Bayern und Kalifornien beneiden können, das sind Nachtklubs und Diskotheken, in denen sich die jungen Leute so exzessiv amüsieren, dass Amsterdamer Zerstreuungen dagegen schal erscheinen. Aber das sind nur die äußeren Anzeichen. Die Philosophie des Privatlebens springt uns von jedem Reklameplakat entgegen, mit denen die russischen Städte zugepflastert sind. Das gilt auch für die wahnsinnige Begeisterung für das Internet als persönliches Kommunikationsmittel. Aber was am interessantesten ist: Das gesamte russische Fernsehen ist von der Philosophie des Privatlebens durchdrungen. Bei Nachrichten und politischen Sendungen hat der Kreml freie Hand, daneben gibt es außerdem weitere propagandistische Sendungen, aber die ganze übrige Zeit preist das Fernsehen die Annehmlichkeiten des Privatlebens – in Schlagern, Serien, humoristischen und sonstigen Unterhaltungsshows. Dasselbe lässt sich über die Printmedien sagen. Die Masse der Zeitschriften widmet sich dem *Lebensstil* – einer noch immer neuen Erscheinung für einen Russen, der vor zwanzig Jahren diesen Begriff noch nicht kannte. Zahllose Zeitschriften widmen sich Mode, Sex, Autos, Essen und der Schickeria – von den teuren Moskauer Hochglanzjournalen, die von der Elite gelesen werden, bis hin zu Provinzkäseblättchen. Die Zeitungen lassen sich auch nicht lumpen. Deren liebstes Thema ist die Freizeitgestaltung: Familie, Tourismus, Erotik – die ganze Palette. Wie das Fernsehen üben sich auch die Printmedien dem Kreml gegenüber in Loyalität, aber wo das gesellschaftliche Leben, das mit den persönlichen Interessen der Leute zu tun hat, berührt wird, da sind Zeitungen und Zeitschriften bemüht, eher den Leser als den Kreml zufrieden zu stellen. Ja, all das lenkt die Leute von der Politik ab, und diese Ablenkung, besonders im Fernsehen, geschieht bewusst, planmäßig. Denn genau hier vollzieht sich ja der Kuhhandel, der Bestandteil des unsichtbaren Kerns des staatlichen Systems ist: Ich gebe euch Freiheit im Privatleben, sagt der Staat, und ihr bezahlt mir dafür mit eurer Loyalität, oder noch besser, mit uneingeschränkter

Unterstützung. In der Tat, wir haben die Freiheit eines Privatlebens im Untergrund bekommen. Wir können unseren Kindern praktisch alles Mögliche beibringen, wir können Christen oder Buddhisten aus ihnen machen, je nach Belieben, bisher jedenfalls. Schließlich können wir je nach Geldbeutel nach Italien oder auf die Osterinseln reisen. Das ist es wohl, was man *Autoritarismus mit menschlichem Gesicht* nennt.

In welchem Maße aber kann ein solcher Autoritarismus ein menschliches Gesicht haben? In Anbetracht des prominenten Chodorkowski-Prozesses, der in bester stalinistischer Schauprozessmanier geführt wurde (allerdings ohne die Reue des Angeklagten), der skandalösen Journalistenmorde oder des Giftmords an einem ehemaligen KGB-Agenten, ausgeübt buchstäblich vor den Augen der ganzen Welt, hat eine solche Definition wenig Sinn. Wenn man aber die überwiegend monströse *politische Konstante der russischen Geschichte* berücksichtigt, dann kann man verstehen, warum sich die Bevölkerung tatsächlich positiv zur Putin-Regierung verhalten hat.

In der russischen Geschichte gab es praktisch nie Raum für ein freies Privatleben. Schon Dokumente der Kiewer Rus aus dem 10. Jahrhundert enthielten einschränkende Verordnungen. Männer durften den Bart nicht abrasieren, Frauen die Haare nicht abschneiden. Man durfte keinen engen Umgang mit Andersgläubigen pflegen, sogar mit ihnen zu essen, war verboten. Des Weiteren fanden religiöse und politische Verbote Eingang in ein berühmtes Buch, den *Domostroi*, das Statut des Privatlebens im mittelalterlichen Russland – darin war alles bis ins Kleinste reglementiert. Peter I., der große Reformator und Westler zu Beginn des 18. Jahrhunderts, führte strengste Verbote für jede Form von persönlicher Freiheit ein und begründete den Polizeistaat. Erst Mitte des 18. Jahrhunderts begann sich etwas zu ändern, allerdings nur für die

Oberschicht. Am 18. Februar 1762 gab der ansonsten wenig bedeutende Zar Peter III. einen Erlass über die Freiheit des Adels heraus. An diesem Tag erhielten die Adligen das Recht, dem Staat nicht dienen zu müssen, frei und ungebunden auf ihren Landgütern zu leben und ungehindert ins Ausland zu reisen. Das war der glücklichste Tag in der Geschichte des russischen Adels. Vielleicht kann man gerade mit diesem Datum den Beginn des Privatlebens in Russland verbinden. Aber auch nach dieser Reform, die zugleich bis zum Beginn des 20. Jahrhunderts die Leibeigenschaft für Millionen von versklavten Bauern nur weiter zementierte, wurde das Privatleben durch die zaristischen Behörden streng kontrolliert. Erwähnt sei nur, dass ein Beamter nicht ohne Erlaubnis seines Vorgesetzten heiraten durfte. Erst mit der Revolution von 1905 wurde das Privatleben in Russland wirklich frei, und diese Freiheit dauerte zwölf Jahre an. In der gesamten Geschichte nur zwölf freie Jahre (übrigens inklusive der Jahre des Zweiten Weltkrieges)! Dann kamen die Kommunisten, die das Privatleben praktisch für rechtlos erklärten, und die Menschen zu echten Sklaven des Staates machten. In meinem Hausaufgang in Moskau existiert zum Beispiel bis heute noch ein Relikt des Kommunismus – zwei »Kommunalki«, Gemeinschaftswohnungen, in denen dicht gedrängt mehrere miteinander verfeindete Familien hausen. Das ist die permanente Hölle.

Die ersten Anzeichen eines Privatlebens tauchten in der UdSSR wieder nach Stalins Tod auf. Das waren die berühmten *Stiljagi* – junge Leute, die sich modisch und stilvoll anziehen wollten. Gegen sie kämpfte der Staat, über sie spottete die sowjetische Literatur. Doch der massenhafte Bau von trübseligen fünfstöckigen Wohnblocks mit winzigen »abgeschlossenen« Wohnungen unter Chruschtschow, die Verteilung von kleinen Gartengrundstücken und schließlich die Errichtung eines Automobilwerks mit italienischer Lizenz unter Breschnew – in dem die berüchtigten Ladas gebaut wurden, die bis heute auf russischen Straßen herumkurven –, all das kann man als außerplanmäßiges Eindringen des Privatlebens in den grauen Alltag der sowjetischen Menschen bezeichnen. Erst mit der *Perestroika* vollzog sich ein wirklicher historischer Wandel; das kollektive »Wir« (als Ziel der Geschichte) wurde allmählich durch das individuelle »Ich« ersetzt, und vielen ehemaligen Sowjetmenschen, die die Veränderungen nicht verstanden, kam buchstäblich der Sinn des Lebens abhanden. Die 1990-er Jahre unter Jelzin brachten fundamentale Wirtschaftsreformen, doch das unvermeidliche soziale *Chaos* im Land, Streikwellen, Verzögerungen bei der Auszahlung der Arbeitslöhne und der Staatsbankrott 1998 waren für eine Entwicklung des Privatlebens und die Entstehung einer Mittelklasse wenig förderlich.

Der von Jelzin zum Nachfolger berufene Putin vermochte die Wirtschaft zu stabilisieren und stärkte den Staat, wobei er viele demokratische Freiheiten westlichen Zuschnitts opferte (die Frage der strategischen Entwicklung des Landes ließ er freilich offen). Zum zweiten Mal in der russischen Geschichte entstanden die Voraussetzungen für ein Privatleben. Doch in den letzten Jahren der Putin-Regierung wandte sich der Staat erneut der Suche nach einer Ideologie zu, die Russland in einem einzigen *geistigen* Ziel vereinen könnte. Die Freiheit des Privatlebens erwies sich als eine Art *Verschnaufpause*, ähnlich wie während der Neuen Ökonomischen Politik in den 1920-er Jahren, als das eine oder andere kapitalistische Element wieder eingeführt wurde. Der heutige Staat hat erneut begonnen, die Jugend zu erziehen, nun im Geiste des Patriotismus, unter anderem mit der Gründung von kremlfreundlichen Jugendorganisationen nationalistischen Typs. Außerdem hat er sich der orthodoxen Kirche angenähert und erwogen, schon ab den ersten Schulklassen den Kindern die orthodoxe Kultur nahezubringen. Das Gespenst einer orthodoxen Zivilisation schwebt über dem Land. Dies hat nun nichts mehr mit Freiheit des Privatlebens zu tun, das ist eine andere Geschichte. Wird sich unter Präsident Medwedew ein solcher Angriff auf die Freiheit des Privatlebens ausweiten? Klar ist lediglich, dass die Bevölkerung, die in unterschiedlichem Maße die Vorteile des Besitzerlebens gekostet hat, sich nur unter gewissen Qualen von ihrer privaten Freiheit verabschieden wird, derer sie sich übrigens noch gar nicht ausreichend bewusst geworden ist. Patriotismus und Orthodoxie werden wohl kaum mit der Aufgabe fertig, eine Staatsideologie zu begründen. Wenn sich aber dieses ideologische Vakuum fortsetzt, wird das Privatleben in Russland in den nächsten Jahren so stark werden (lässt man mögliche Krisenszenarien außer Acht), dass es mit keinerlei propagandistischen Bomben zerstört werden kann. Das Privatleben in Russland ist seine Rettung. Dadurch und durch die allmähliche Entwicklung familiärer Werte kann Russland zu Aufklärung und Modernisierung kommen und einen Platz in der Gemeinschaft der demokratischen Länder erlangen.

Viktor Jerofejew, im Oktober 2008

ERSTER TEIL

Auf dem Schlachtfeld der russischen Flüche

Auf dem Schlachtfeld der russischen Flüche

»Was fluchst du denn schon wieder? Lass den Teufel aus dem Spiel!«, sagte meine atheistische Großmutter immer zu mir, als ich klein war.

Möglicherweise hatte sie aus alter Gewohnheit Angst vor Teufeln. Eher jedoch wollte sie verhindern, dass aus mir ein grober Mensch würde. Nicht allzu viel historische Zeit ist vergangen, und die Teufel sind aus der russischen Sprache ausgeschwemmt worden. Teufel und auch Euphemismen wie zum Beispiel Beelzebub sind verschwunden. Das Christentum ist zurückgekehrt, aber die Teufel sind weg. Man findet sie höchstens noch als Pappkameraden in Übersetzungen aus fremden Sprachen. Der Hauptfeind der Menschheit wird nicht mehr als Bedrohung empfunden. Bis dahin war es anders: Wenn man jemanden zum Teufel schickte, wünschte man ihm gleichsam ewige Höllenqualen.

Etwas anderes ist der russische »Mat« – die obszöne Vulgärsprache. Ein Bekannter von mir, ein Tierarzt, sagte einmal, einen Hund dürfe man nicht mit ein und derselben Hand schlagen und streicheln, das sei schlecht für seine Psyche. Mat – das ist genau die *eine* Hand, die den Russen schlägt und streichelt. Ein und dieselben Worte kann er in einem Scherzlied wahnsinnig lustig finden, jedoch tödlich beleidigt sein, wenn sie sich in einer vulgären Schimpfkanonade gegen ihn richten. Beim Mat dreht die Volkspsyche durch. Der Teufel ist augenfällig, seine Rolle eindeutig; der

Mat wurde aus dem Dunkel des heidnischen Unterbewusstseins, aus heftigem Verlangen und quälenden Verboten geboren. Der Mat hat sich in ein russisches Kulturdrama verwandelt.

Es gibt die Berge des Ural mit seinem Malachitgestein, und es gibt die gesprochene russische Sprache, die vom Mat schillert. Der Mat ist staatlich geschützt.

Als ich die Tür zum Vorzimmer des Abgeordneten öffnete, entdeckte ich eine zierliche kleine Frau von asiatischem Äußeren, die in einer Sprache telefonierte, die wie Chinesisch klang.

»Zu wem wollen Sie?«, zwitscherte sie, während sie den Telefonhörer mit der Hand abdeckte.

»Ä-ä-äh …« Ich hatte Angst, den schwierigen Namen falsch auszusprechen.

»Kaadyrool Alexejewitsch erwartet sie.«

Kaadyrool Alexejewitsch Bitscheldei war *für fünfzehn Minuten* in ganz Russland berühmt gewesen. Der Abgeordnete aus dem gebirgigen Tuwa hatte einen wahrhaft untertänigen Gesetzentwurf zur Verwendung der russischen Sprache als einziger Staatssprache im multinationalen Russland vorbereitet. Unter anderem war darin auch die Forderung enthalten, dem Mat den Krieg zu erklären, was dann auch Gegenstand einer russlandweiten Debatte wurde.

Anlass für diesen Krieg war die elementare Legalisierung des Mat. Der Mat ist überall präsent: in Massenmedien, Internet, Literatur, Kinofilmen, Videos, DVDs, Popmusik und Oper (*mea culpa*: In Schnittkes Oper *Leben mit einem Idioten* kommen Mat-Wörter vor). Er war sogar an öffentlichen Orten wie der Duma zu hören. Wir leben in einer Epoche der Entfesselung des Mat – diese historische Erscheinung kann man vergleichen mit der Erfindung des Computers. Man möchte meinen, Russland wiederhole mit einem Abstand von ein paar Jahrzehnten die Erfahrung des Westens, indem es sich in alte Auseinandersetzungen zwischen Befürwortern und Gegnern obszönen Vokabulars verstrickt. Aus formaler Sicht entspricht der Mat Ausdrücken mit dem Wort *fuck*, das die Moskauer Teenager als supercooles importiertes Schimpfwort benutzen. Aber der Grad des Verbotenen liegt beim russischen Mat bedeutend höher.

Im Unterschied zu unanständigen Wörtern in anderen Sprachen ist der Mat verzweigt wie eine Zeder und multifunktional. Er überschreitet die Grenzen des Fluchens, indem er sich nicht so sehr in eine Philosophie der Sprache als vielmehr in eine Philosophie des Lebens verwandelt. Das mächtige Spinnennetz des sexuell orientierten Mat ist ein würdiger Kandidat für das Guinness-Buch der Rekorde. In dieser Geheimsprache, die ganz Russland kennt, sind viele Hunderte von Wortbildungen enthalten. Sie zieren durchsichtige Synonyme und chiffrierte Euphemismen.

Die erfolgreiche Flucht des Mat in die Freiheit hat ihn zu einem modischen Thema gemacht. In den letzten Jahrzehnten sind Wörterbücher des Mat erschienen, zuerst im Westen, dann auch in Russland; deren Autoren wühlen in den Bedeutungen des Mat herum. Für den konservativen russischen Leser sind diese Werke wie ein Riechfläschchen, das man unter die Nase gehalten bekommt. Ständig werde ich von Journalisten gefragt: Kann man Mat denn in der Literatur verwenden? Für kultivierte Menschen ist das eine reine Provokation. So liegen die Dinge bei der normativen gesellschaftlichen Kultur. Ihr etwas zu beweisen ist unmöglich.

Russlands Regenten hegten stets ein gesteigertes Interesse an der Sprache, in dem Bestreben, sie unter Kontrolle zu halten. Schon Katharina die Zweite erklärte Obszönitäten den Krieg und ließ mit einem Sonder-Ukas den Gebrauch des Wortes »bljad'« – Nutte, Hure – verbieten, was sich wahrscheinlich mit ihrem reichen sexuellen Erfahrungsschatz erklären ließ (erst das Verbot machte dieses Wort zu einem Mat-Wort). Als Lenin an die Macht kam, demokratisierte er die Orthografie in einem Maße, dass sie die Verbindung zur Etymologie verlor: Die Schriftsteller waren verzweifelt. Die letzte theoretische Arbeit Stalins war ein Werk über die Sprachwissenschaft. Chruschtschow ging noch weiter als Lenin und schlug vor, die Worte so zu schreiben, wie man sie spricht. Er wurde gestürzt, bevor das geschehen konnte. Bei Putin beschlossen die Abgeordneten der Proregierungspartei unter Federführung von Kaadyrool Alexejewitsch, vielleicht auf Anregung von Putins Frau Ljudmila, ihres Zeichens Philologin, ein für alle Mal mit dem Mat aufzuräumen. In der Sowjetzeit konnte man wegen »materschtschina« – obszönen Fluchens – an öffentlichen Orten für zwei Wochen ins Kittchen wandern. Nach einem Gesetzentwurf der Duma soll der öffentliche Gebrauch des Mat, der auf drei Elefanten (chui – Schwanz, pisda – Fotze, bljad' – Nutte) und einer Schildkröte (dem Verb jebat' – ficken) ruht, bis hin zu Freiheitsentzug bestraft werden.

»Auch in Tuwa wird obszön geflucht«, gestand der Abgeordnete. »Ich war elf Jahre alt, als russische Monteure in mein Heimatdorf kamen, um das Elektrizitätssystem zu reparieren. Einige Zeit später fragte mich die Lehrerin im Russischunterricht: ›Hast du deine Hausaufgaben gemacht?‹ Ich antwortete: ›Ni chuja.‹ [wörtlich: nicht den Schwanz, etwa: überhaupt nicht, nicht die Bohne] Sie sagte nichts, aber nach dem Unterricht trat sie auf mich zu, hakte mich unter: ›Sag das nicht wieder, das ist kein schönes Wort.‹ Ich schämte mich.«

Er schämt sich offenbar bis heute. Bitscheldei zeigte an seinem Beispiel, wie landesweit die Bekanntschaft mit dem Mat schon in der Kindheit stattfand. Diese Erscheinung beschrieb mir auch der Bandleader von *Leningrad*, Sergei Schnurow, als wir im Klub »Der chinesische Pilot« zusammen Whiskey tranken. In den Liedern der Gruppe *Leningrad* wird der Mat verwendet, erklärte er, als »musikalischer Expressionismus, in übertriebenen Farben, als künstlerisches Rowdytum«.

»Ich weiß noch, wie ich zum ersten Mal mit dem Mat in Berührung kam«, sagte Sergei. »Das war in der ersten Klasse. Die Jungen aus der zehnten Klasse spielten Fußball, und einer von ihnen, der besser als alle anderen spielte, sagte permanent ›job‹ – fick. Ich verstand nicht, was das bedeutet, aber ich spürte, dass hinter diesem Wort *Kraft* stand. Ich kam nach Hause und fragte meinen Vater, was das bedeute. Er war verwirrt, wusste nichts zu antworten ... Ohne Mat kommt man in einer russischen Schule nicht durch. Wer sich davon absetzt, der ›wyjobywaetsja‹, d. h., er gilt als aufgeblasener Pinkel [wörtlich etwa: sich durchficken, hier etwa: sich aufblasen]. Zudem spielte ich Geige, und wenn ein Junge mit einer Geige rumläuft und nicht obszön flucht, dann passt er nicht ins Bild.«

Nun denn – Mat, das sind Kraftausdrücke. Sie erschrecken Lehrerinnen und Väter. Mehr noch, der Mat ist stärker als Lehrerinnen und Väter. In dieser Hinsicht steht der Mat dem Wodka nahe: Wir sind ihm nicht gewachsen. Der Mat ist bis heute nicht gezähmt. Die mondäne Gesellschaft des 19. Jahrhunderts zuckte bereits bei der leisesten Andeutung von Mat zusammen. Gogol musste aus den *Toten Seelen* ein laut und verächtlich ausgerufenes »Nosdrja!« – Nasenloch – streichen, da es phonetisch ganz entfernt an »pisda« – Fotze – erinnert.

Das Verhältnis zu Körper und Sex in der offiziellen russischen Kultur unterschied sich wesentlich von dem in der europäischen – der Mat wurde zur Revolte gegen die *kulturelle* Vertreibung und Erniedrigung des Körpers. Mit Ausnahme einer kurzen Periode der Rehabilitierung des Körpers in der Kunst des Silbernen Zeitalters, das mit einem neuen, dem Stalin'schen Verbot des Körpers in den dreißiger Jahren endete, war Sex eine schmutzige Angelegenheit. Das führte zur Entwicklung einer parallelen Untergrundkultur. Beide Kulturen befanden sich in einem unversöhnlichen Gegensatz zueinander. Die Befreiung des Körpers begann buchstäblich vor meinen Augen, in meiner Generation. Die Macht des Verbots erzeugte die Versuchung, den Körper genauer anzuschauen. Der schizophrene Zustand des russischen Kulturlebens führte zu einem Mangel an stabilen Werten. Der Mat wurde zur Matrize des russischen Unterbewusstseins.

Wörter für die Beschreibung von Genitalien und körperlicher Liebe sind entweder dem für das russische Ohr superdistanzierten Medizinerlatein entliehen (»Vagina« und »Penis« sind wie keimfreie Gummivorrichtungen für den »Koitus«), oder es sind spießbürgerliche Euphemismen (»Kränchen« usw.), die unerträglich banal klingen. Einzige Ausnahme ist das Kinderwort »piska« [verniedlichend für männliche und weibliche Geschlechtsorgane – etwa: Muschi oder Pimmelchen], das überraschenderweise eine stark erotische Nuance erhalten hat (»Was hast du für eine schöne Muschi!«). Während im Englischen das Wort *fuck* nur eine grobe Ausdrucksweise für die Definition einer sexuellen Handlung ist, erscheint im Russischen die Handlung selbst als ebenso unanständig wie das Wort. Das Wort rennt der Tat in ihrer Unanständigkeit hinterher und identifiziert sich mit ihr, sobald es sie eingeholt hat.

Professor Baranow, ein Mat-Experte, erzählte mir von einer Studienreise mit ausländischen Kollegen nach Susdal. Er sei frappiert gewesen, wie die Halbwüchsigen in der Provinz miteinander kommunizierten. »Wenn Intellektuelle miteinander sprechen, ist Mat eine Figur, alles andere Hintergrund, hier verhält es sich genau umgekehrt.« Wir kamen auf die psychologische Funktion des Mat zu sprechen. Wenn ein Russe sich mit dem Hammer auf die

Finger schlägt, dann flucht er, und ihm wird leichter. Der Mat ist ein Mittel, Aggressionen rauszulassen. »Teenager«, fuhr Baranow fort, »benutzen den Mat als Hintergrund, weil er eine Widerspiegelung ihres Daseins ist, eine Widerspiegelung dessen, wie schlecht es ihnen geht, gewissermaßen als psychologische Entspannung. Sie müssen diese Worte immer häufiger benutzen, um den gewünschten Effekt zu erzielen, ähnlich wie bei Drogen.«

Blja-blja-blja, job-job-job – Nutte-Nutte-Nutte, fick-fick-fick – hallt es durch Russland wie ein Signal nationalen Notstands. Der Mat ähnelt dem Stöhnen eines verwundeten Wesens, das nicht nur um Rettung fleht, sondern auch auf Rache sinnt. Der Mat ist ein Kampfruf, die Sprache des Krieges, ausgeartet in Interjektionen. Oder wie es meine Haushaltshilfe Walja, die jeden Sonntag in die Kirche geht, formulierte, als sie erfuhr, dass ich über den Mat schreibe: »Mat und Mat ist nicht dasselbe.«

In Stanisław Lems Roman *Solaris* gibt es einen Gehirn-Planeten, der Halluzinationen erzeugt. Während ich über Mat nachdenke, erinnere ich mich an den Magnetismus von Solaris. Mat-Wörter besitzen, herausgerissen aus dem erotischen Kontext, aber unter Bewahrung des sexuellen Grundtons, einzigartige Möglichkeiten, Entzücken und Verachtung, höchste Seligkeit und die absolute Katastrophe zum Ausdruck zu bringen. Dabei gibt es einen Überschneidungseffekt. Zum Beispiel kann das neutrale Wort »fallen« gleich mit drei Mat-Ausdrücken wiedergegeben werden: »*jeb*nutsja«, »*pisda*nutsja« und »*chuj*aknutsja«. Das russische Ohr nimmt den feinen Unterschied zwischen diesen verschiedenen Arten des Hinfallens wahr. Der Mat neigt nicht zur ritterlichen Anbetung der Frau. Das Wort »bljad'« – Nutte –, das sich später als andere Vokabeln zum Mat hinzugesellt hat, erinnert auch in seiner Funktion als Ausruf und Interjektion noch an die Lasterhaftigkeit der

Frau, die Gegenstand von Abgestoßensein und Begierde zugleich ist.

Die sportliche Biegsamkeit der russischen Suffixe und die Vielfalt der Präfixe nutzend, mit phonetisch nahe beieinanderliegenden normativen Wörtern spielend, erzeugt der Mat anthropomorphe Gestalten. Der Mat ist malerisch. Er erschafft märchenhafte Phantome von Figuren des sprachlichen Nationaltheaters. Alle in Russland sind seine Schauspieler. Es sind mal Gestalten schriller Frauen, die an die Kostüme der »Ballets Russes« von Bakst erinnern – die »raspisdjaiki« –, mal einfach nur tumbe und plumpe Kerle – »mudaki« – Arschlöcher (»mudak« ist eine Wortzugabe zur Viererbande der Mat-Wörter). Mat – das ist ein Minimalismus an Wortmaterial, mit dem das gesamte Universum abgedeckt ist. Die unzählige Male mit Mat-Wörtern bedachten Russen verwandeln sich in eine direkte Fortsetzung des Mat-Wortschatzes.

Der schriftliche Mat zeichnet beeindruckende Bilder geografischer Provinznester wie »pisdepropaschtschinsk« – etwa: am Arsch der Welt –, beschreibt Welteitelkeit in »chujeten'«, Weltabsurde in »chuinja«. »Polny pisdez« bedeutet nicht nur Ende, Schluss, Feierabend, sondern ist auch ein Bote, ein Unglücksbote: Urplötzlich steht er auf unserer Türschwelle. In der städtischen Folklore sehen Mat-Personen aus wie mystische Ungeheuer:

Auf 'ner Brücke steht verlorn
So ein echter Arsch mit Ohrn.
Da erscheint aus heitrem Himmel
Der Steck-in-den-Mund-den-Pimmel.

Mat-Wörter sind Granaten. Die Mat-Benutzer ihre ruhmreichen Artilleristen. Volk und Staatsmacht sind vereint im Mat. Russlands Zarenphallus, Peter der Erste, der mit Mat-Ausdrücken auf den

Lippen die aufständischen Strelitzen köpfte, kannte sich aus in der Materie. Die karelische Stadt Kem (Abkürzung für »k jebjonoi materi« [wörtlich: jemanden zur gefickten Mutter, etwa: jemanden zum Teufel schicken]) ist das nicht bestätigte und nicht widerlegte petrinische Symbol für die Wechselbeziehung zwischen Verbannung und Mat. Peters große Mat-Schöpfung ist eine Traube von ein paar Dutzend Wörtern, miteinander verflochten durch den Zorn des Zaren; das Mat-Sternbild des Großen Bären.

Mat ist ein Instrument der Bloßstellung des Menschen, im Grunde ein *Urteil*. Viele tausend Russen haben sich unter den Mat-Flüchen eines Erschießungskommandos ins Jenseits verabschiedet. Der Mat ist verbunden mit der revoltierenden Menge, mit Rebellion und Revolution. Aber in den letzten Jahren sind plötzlich warme Farben aufgetaucht, Mat-Wörter wie »ochuitelno«, die Entzücken zum Ausdruck bringen.

Im *Tagebuch eines Schriftstellers* schrieb Dostojewski entsetzt und begeistert, dass der Russe die gesamte Palette seiner Gefühle mit Hilfe eines einzigen Wortes auszudrücken vermag. Er nennt das Wort, das damals nicht für den Druck geeignet war, nicht direkt. Es steht geschrieben an Millionen von russischen Zäunen, Türen öffentlicher Toiletten und Wänden in Schulen, es ist eingeritzt in Baumrinden, eingekratzt in alten Denkmälern – überall da, wo je ein russischer Fuß hingesetzt wurde. Das Wort »mit drei Buchstaben« [chui – in deutscher Umschrift mit vier – Anm. d. Ü.] besitzt durch die allgemeine, umso leidenschaftlicher zu zerstörende Tabuisierung eine solche Energie, dass der Inhalt, der durch dieses Wort ausgedrückt wird, sich zu grandiosen Ausmaßen auswächst, den russischen Sex in einen Kampf der Riesen verwandelt und als Sprengkopf in den Vordergrund der historischen Bühne rückt. Der ewige Anspruch der Russen, ihr Land als Supermacht zu sehen, bisweilen ohne überzeugende materielle Beweisgründe, hat vielleicht mit dem Besitz des Wortes »chui« zu tun. Wie groß indessen auch immer die Potenz dieses von Dostojewski besungenen Wortes sein mag, es ist nur eine der Startpositionen des Mat, der seit den Zeiten des Klassikers eine Evolution durchgemacht und sein Wort-Territorium erweitert hat. Der Mat ist grenzenlos in seiner Wortschöpfungskunst. Sein Hauptziel ist die Eroberung der Welt mittels Profanierung. Der Mat ist ein Analogon für den russischen Imperialismus. Das Wort »chui« bedeutet wie einstmals die rote Fahne auf dem Reichstag: Wir sind da, wir haben gesiegt.

In einer virtuellen Auseinandersetzung mit dem Abgeordneten aus Tuwa wies Baranow, stellvertretender Direktor des Instituts für russische Sprache an der Russischen Akademie der Wissenschaften, die Meinung zurück, dass »nach der Perestroika ein schlimmer Verfall von Sitten und Sprache eingesetzt« habe.

»Vollkommener Unsinn!«, rief er aus. Wir saßen in einem Café auf dem Gogol-Boulevard, dessen gemütliche Atmosphäre eher für eine Milderung der russischen Sitten spricht. »Die politische russische Sprache ist durch die Umgangssprache starkem Druck ausgesetzt. Diese Tatsache spricht für ihre Demokratisierung. Der Mat ist absolut unerforschtes Terrain, seine Erforschung wird in Wissenschaftskreisen nicht begrüßt. Man ist der Meinung, dies sei amoralisch, damit werde der Mat propagiert und schließlich legalisiert. Dabei wird vergessen, dass der Mat eine mündliche, folkloristische Tradition hat.«

Nach dem Zerfall der UdSSR hat sich die russische Sprache verändert. Anstelle des kommunistischen Neusprech wucherten – noch bevor das Neusprech in der Epoche des Geheimagenten entstand – wie Bambussprossen zahlreiche Neologismen, eilig aus der Knast- oder Drogenszene rekrutiert, die eine Widerspiegelung der neuen Realität für sich beanspruchten. Sie verwandelten die russische Sprache in eine Sprache der Wünsche, der Ironie, der Gewalt, des Pragmatismus. Zusammen mit ihnen tauchten auf den Seiten der russischen Romane Mat-Wörter auf. Der Pionier war übrigens Solschenizyn (ich rief ihn an, um etwas über sein Verhältnis zum Mat zu erfahren, doch seine Frau Natalja Dmitrijewna richtete mir aus, er wollte sich dazu nicht äußern), der schon Anfang der 1960-er Jahre *Ein Tag im Leben des Iwan Denissowitsch* veröffentlichte, worin der Gulag-Slang mit leicht getarnten Mat-Wörtern wiedergegeben wurde. Der Mat wurde hier nicht nur aus Zensurgründen entstellt verwendet (der Autor änderte dies nicht, als es möglich wurde), sondern auch aus Schamhaftigkeit. Diese Schamhaftigkeit hat die zeitgenössische russische Literatur überwunden. Im Russland Gorbatschows tauchten zunächst als erste Anzeichen für die Existenz obszöner Lexik drei Pünktchen auf, aber ich erinnere mich, dass mein Roman *Die Moskauer Schönheit*, veröffentlicht im Jahre 1990, bereits Mat-Wörter ohne die drei Pünktchen enthielt. Dies evozierte einen Ausbruch der Empörung der *Volks*-Zensur: Die Drucker der Stadt Wladimir, wohin der Verlag das Manuskript gesandt hatte, weigerten sich, den Text zu drucken. Eine Delegation aus sechs Leuten, welche die Arbeiterklasse repräsentierten, kam nach Moskau angereist, um zu diskutieren, und wir stritten sechs Stunden lang, bis ich sie davon überzeugen konnte, ihn zu drucken. »Na gut, wir drucken das Buch, aber danach geben Sie jedem von uns ein Exemplar mit Widmung«, beendeten die Wladimirer die Debatte.

Eine Sensation waren die Neuauflagen der russischen Klassiker nach der Perestroika. Zu seiner Verblüffung erfuhr der neugierige Leser, dass Puschkin, Lermontow, Turgenjew, Tschechow und Majakowski Mat benutzt haben, der eine in Gedichten, der andere in seinen Briefen. Einen Platz in der Literatur bekam ein bis dahin kaum bekannter Dichter des 18. Jahrhunderts, Iwan Semjonowitsch Barkow – Taufpate des Mat in der Literatur, den Puschkin als seinen Lehrmeister ansah.

Über das Verhältnis des Herausgebers der erfolgreichsten russischen Zeitung *Nowoje wremja (Neue Zeit)*, Alexei Suworin, zum Mat schrieb Wassili Rosanow Folgendes: »Er liebte russische Kraftausdrücke – aber in zärtlichen Momenten; er sprach sie aus mit einem bezaubernden kindlichen Lächeln.« Der Mat ist Bonvivant, Possenreißer und Schelm. So kann man die Position der aufgeklärten russischen Intelligenzija im Verhältnis zum Mat vor der Revolution sehen. Das Silberne Zeitalter benutzte ihn als Form der Befreiung von Konventionen. Die Petersburger Lyrikerin Veronika Wero, die bis 1972 lebte, künstlerisch schwach, aber eng befreundet mit Brjussow und Blok, schrieb in *An mein Poem*:

> Ich werde niemals sagen:
> Glied, Phallus, Geschlechtsorgan
> Oder Penis.
>
> Für mich
> Ist und bleibt er
> Der Schwanz [»chui«].

In Russland hat es nie eine *große* erotische Literatur gegeben (im Unterschied zu Frankreich). Es gab ein paar Erzählungen von Alexei Tolstoi, die in der Schule unter der Bank gelesen wurden. Ach ja, Turgenjews *Sanin* war da auch noch ... Dasselbe lässt sich über Pornografie sagen. Es gab sie nicht. Literarische Pornografie als objektiver Begriff existiert überhaupt nicht. Das ist eine zu unfassbare Angelegenheit. Erregbarkeit aufgrund eines literarischen Textes ist allzu situativ; sie hängt von vielen Umständen wie Alter, Kultur, soziale Lage ab. Was für den einen Pornografie, ist für den anderen rosarotes Gesabber. In der russischen Tradition ist die Pornografie eher eine *Spötterin*, über die ein bisschen gelacht werden darf. Das homosexuelle Poem von A. F. Schenin *Abenteuer eines Pagen* über die Sitten im Petersburger Kadettenkorpus, das in der ersten Hälfte des 19. Jahrhunderts in Abschriften kursierte, ist weniger wegen der Beschreibungen von gleichgeschlechtlichen Vergnügungen und wollüstiger Prügelstrafe interessant, sondern eher als seltenes Zeugnis eines verborgenen Lebens im Russland Nikolais I. Von Barkow bis zur Postmoderne wurde mutmaßliche Pornografie durch ironische Geschraubtheit oder schlicht mit Humor im Keim erstickt. Charms ging schon in den 1930-er Jahren den postmodernistischen Weg:

> Ich würd gern Deine Fotze lecken, lecken,
> Lecken ohne Unterlass,
> Schlucken den Saft, bis ich rülpsen müsst vor Spaß.

Der Mat ist und bleibt ein organischer Bestandteil der Volkskultur. Das kam endlich heraus, als ein von der zaristischen und der sowjetischen Zensur verbotener, enormer Teil der russischen Folklore publiziert wurde: Lieder, Scherzlieder, Sprichwörter, Scherzworte, erotische Märchen aus dem Giftschrank (früher nur im Ausland veröffentlicht). Außerdem wurden erstmals Mat-Witze gedruckt. Die Tradition Barkows und die Volkskultur trafen sich im fröhlichen Verhältnis zum Sex. Der russische Humor basiert oft auf Mat. Es regnete Mat wie aus einem Füllhorn. Das mythische Schiff der russischen Unschuldskultur begann zu sinken. Und genau da gerieten die Hüter der Reinlichkeit in helle Aufregung.

Wer sind die Gegner des Mat im heutigen Russland? Das ist eine viele Millionen zählende Masse, die sich allmählich aus dem Zustand der Unzivilisiertheit erhebt und den Mat als Kulturlosigkeit versteht, aus der sie unter Qualen herausgefunden hat. Das ist die erste Ebene des Aufklärertums. Solche Leute assoziieren Mat (vollkommen klar, warum) mit Aggression, Trunksucht, Exzessen und Gefängnis. Das ist die Position von Lehrern, Studenten mit schwerer Kindheit, gerichtlichen Instanzen und Milizbeamten: »Lassen wir den Mat hinter uns, hinter unserem Rücken, in der Vergangenheit. Der Mat raubt uns die Luft wie eine Angina Pectoris.«

Wahrscheinlich habe ich nach der Begegnung mit dem Abgeordneten aus Tuwa endgültig verstanden, dass der Sieg des Mat unumkehrbar ist, man jagt ihn nicht mehr in den Gulag zurück. Selbst der Gebirgskämpfer für die Sauberkeit der Sprache gab zu, dass die schöngeistige Literatur nicht durch ein Gesetz reglementiert werden kann, obwohl, wie er meinte, für das Kino eine Beschränkung nützlich wäre: »Mat sollte nicht zum Selbstzweck benutzt werden, nur wenn er für die Charakterisierung des Helden unumgänglich ist, dann ist er auch gerechtfertigt.« (Notabene: In Wirklichkeit ist dem nicht so. Mat ist nur dann gut in der Kunst, wenn er nicht gerechtfertigt ist. Je zufälliger, desto echter. Wenn ein Klempner wegen der Glaubwürdigkeit der Figur obszön flucht, dann ist das »chuinja« – ein Riesenscheiß.)

All dies bedeutet eine Aufgabe der Positionen, an denen man zu Sowjetzeiten festgehalten hatte. Die Erfolgsaussichten im Kampf gegen den Mat liegen im Dunkeln. Es existiert bei uns keine offizielle Liste von verbotenen Mat-Wörtern und Ausdrücken. Um gegen sie zu kämpfen, muss man sie zunächst einmal formal als existent anerkennen, wenn sie jedoch als solche anerkannt sind, verlieren sie ihre Illegalität. Man kann sich schwer ein staatliches Dokument vorstellen, in dem sie alle miteinander gesammelt wären. Der Reformpolitiker Boris Nemzow nannte in einem Gespräch mit mir ein Anti-Mat-Gesetz »sowjetischen Schwachsinn«. Der

Kommunist Wassili Schandybin wollte in meiner Gegenwart den Mat nicht eindeutig verurteilen. »Was sind denn überhaupt die Besonderheiten unseres Volkes?«, fragte ich den ehemaligen Proletarier aus Brjansk. »Mitleid zu empfinden.« – »Erzählen Sie keine Märchen!«, konnte ich nicht an mich halten. »Ein aktuelles Beispiel. Meine Frau Schenja hat heute in einem Fotolabor großformatige Porträts eines schönen jungen Mannes gesehen. ›Wer ist das‹, hat sie gefragt. Antwort: ›Niemand. Bei einem Autounfall umgekommen.‹ – ›Schade‹, hat sie gesagt. Antwort der Fotolaborantin: ›Für alle reicht das Mitleid nicht!‹« Schandybin fügte sofort hinzu: »So ist das Leben des Volkes eben.« Ich widersprach nicht. Warum sollte das Volk anders sein? Es hat schon 1917 gezeigt, wozu es fähig ist, und seitdem ist es nur noch schlimmer geworden. »Ich lebe in einem sich zersetzenden Leichnam«. Zeit, sich daran zu gewöhnen. Russland ist ein Wandschirm, breit wie das Leben, der vor mir die Realität verdeckt hat. Im mittelalterlichen Sinne. Und ich betrüge mich selbst, indem ich denke, dass hier das Augenfällige sichtbar sei. In der Tat, gut zu sehen sind die Würmer. »Flügelnd mit feinster Äderchen Goldschrift, legte das Heupferdchen allerlei Ufergras und Schilf in seinen Wanstranzen.« Warum muss ich immer wieder daran denken, Freund Chlebnikow? Der Tuwiner war übrigens davon überzeugt, dass sein Anti-Mat-Gesetz von den Anhängern Wladimir Schirinowskis unterstützt werden würde. Bis dahin war ich Schirinowski noch nicht begegnet, aber er hatte im Zusammenhang mit dem Namen des amerikanischen Präsidenten einen Mat-Skandal hervorgerufen, und daraufhin wollte ich ihn treffen.

In Erwartung des Treffens mit *Schirik*, der bisweilen zärtlich als »postmoderner Faschist« bezeichnet wird, befasste ich mich mit Etymologie und Funktionen des Mat. Es existieren verschiedene Mythen. Noch heute spricht man von einer herausragenden praktizierenden Mat-Anhängerin, der Schauspielerin Faina Ranewskaja. Und immer mit Entzücken. Und nicht nur einmal habe ich gehört, dass 1940, auf dem Höhepunkt des Stalinismus, eine Habilitation über die Etymologie des Mat geschrieben und verteidigt wurde, ebenfalls von einer Frau: Jewdokija Michailowna Galkina-Fedoruk, später Professorin an der Moskauer Staatsuniversität. Dieses Apokryph entstand nicht aus dem Nichts. Galkina-Fedoruk wurde 1898 in einem Dorf bei Twer geboren. Über sie sind Anekdoten im Umlauf, die mit ihrer tiefen und lebensnahen Kenntnis des Mat zu tun haben. Bei Galkina-Fedoruk auf der Datscha wurde renoviert. Jeden Tag verlangten die Arbeiter von der Hausherrin eine Flasche Wodka für die geleistete Arbeit. Eines Tages stürzte sie in den Brunnen, sie schrie um Hilfe, die Arbeiter zogen sie heraus, wobei sie sie am Bein verletzten. Vor Schmerzen bedachte sie die Arbeiter mit erstklassigen Mat-Ausdrücken. Wieder auf den Beinen, brachte sie den Arbeitern ihren Wodka, aber die nahmen ihn nicht an: »Nein, für dich machen wir das Haus auch so fertig.« Jewdotja Michailowna lachte: »Die haben mich als eine der Ihren akzeptiert.«

Gorki folgend, meinen viele, der Mat sei eine ansteckende asiatische Krankheit: Er kontaminiere die russische Sprache seit der Zeit des tatarisch-mongolischen Jochs. Doch die meisten Forscher bezeichnen das als etymologische Fantasien, eine willkürliche Distanzierung des Mat von der Quelle der russischen gesprochenen Sprache. Eine andere Frage ist: Warum hat die russische Vulgärsprache eine eindeutig sexuelle Wurzel?

Sogar in den slawischen Nachbarländern wie Tschechien oder Polen ist das Fluchen unterteilt in Scheiß-Kultur und Sex-Kultur. Der russische Mat ist vollständig in der Sphäre der Sex-Kultur angesiedelt. Das *Schlachtfeld der russischen Flüche* ist erogen, aber selektiv. »Schopa« – der Arsch – wurde nicht aufgefordert, beim Sex mitzumachen. Die Russen haben Fäkalien aus dem Schimpfvokabular ausgeklammert: Sie stinken zwar, sind aber weich und nicht stark genug. »Gowno« – Scheiße – ist ein Antiqualitätsmerkmal. Ein Wertungsbegriff, den Russland nicht recht versteht. Zudem als Fortsetzung der Kindheit: Da bewirft man sich mit Köttelchen … Scheiße ist physische Materie und Mat metaphysische. Marschak behauptete immer, dass der Leser, wenn in einem Gedicht das Wort »Schopa« – Arsch – vorkomme, alles außer dem »Arsch« vergesse. Das ist Schnee von vorgestern. Der Schock zu schwach, zu wenig Volt. Das haut keinen mehr um. Arsch ist ein spöttisches russisches Wort, das immer fröhlicher wird: »Idi ty w schopu!« [wörtlich: geh in den Arsch, etwa: Hau ab, du Arsch! Verpiss dich!] ist nicht viel mehr als »lass mich in Ruhe«. Shiva, unser grauer Papagei mit roten Schwanzfedern, reagiert, wenn man ihn schimpft, immer treffend mit leiser Stimme: »Idi ty w schopu!«, und alle lachen. Der Arsch kommt schon in Oschegows *Großem Erklärendem Wörterbuch* vor. Zusammen mit seinen Kinderchen, dem Ärschchen und dem Ärschlein.

Der Arsch war für den russischen Mat-Benutzer dermaßen uninteressant, dass es in der russischen Sprache kein Analogon für *asshole* – Arschloch – gibt, nicht nur in übertragenem, sondern auch in direktem Sinne. Loch im Arsch – das ist eine zu ungelenke Wortverbindung, um als expressives Schimpfwort zu dienen. »Otschko« [eigentlich: Punkt, Auge beim Kartenspiel] ist Knastjargon und kein Schimpfwort. »Scheiße« oder »Hosenscheißer« erfreuen sich keines sakralen Rufs. Diese Wörter sind gewebt aus Gestank, für das russische Bewusstsein, das in der Regel keine Körperlichkeit erträgt, fremd und antiästhetisch. Rülpser und Fürze sind dem Russen peinlicher als dem Menschen aus dem Westen. Sagst du »Scheiße« – dann sitzt du selbst in der Scheiße. Und außerdem: Wenn es ringsum nur Scheiße gibt, wenn dir das ganze Leben die

Scheiße bis zum Hals steht, dann *funktioniert* »Scheiße« *nicht*. Sie richtet sich gegen den, der sie ausspricht. Demnach ist »Scheiß-Bier« der Ausdruck eines groben, armseligen Verstands. Diagnose: »Scheiße« wird in Übersetzungen von amerikanischen Filmen aus ästhetischem Gefühl durch »Zum Teufel!« ersetzt. Dafür ist »Na, hast dir wohl in die Hose geschissen?« starker Tobak. Dieser Ausdruck berührt schmerzlich das russische Bewusstsein, das fürchtet, der Feigheit beschuldigt zu werden.

Es gibt eine besondere Sorte von Flüchen, die mit der Verletzung des Ehrbegriffs zu tun haben: Schuft, Schurke, Tunichtgut. Sie leben aus alter Gewohnheit wie ein Gruß aus der Vergangenheit. Das sind Lermontow'sche Wörter. Sie sitzen wie schallende Ohrfeigen. Es gab eine Zeit, da wogen sie so schwer, dass sie Anlass genug für ein Duell waren. Die Sphäre ihrer Wirkung ist geschrumpft, ebenso wie die Sphäre der Ehre. Günstiger steht es um das Wort »Gesindel«; es richtet sich weniger gegen die Ehre als gegen die Selbsteinschätzung, und darum ist es der Bevölkerung zugänglicher, für die »Schuft« ein heiteres, pathetisches, altmodisches Wort ist.

Der Mat-Wortschatz lebte bis zur Christianisierung der alten Rus in verschiedenen heidnischen Kulten, besonders im Fruchtbarkeitskult. Als das Christentum kam, machte es sich daran, den Mat als heidnischen Code zu bekämpfen. Der Mat wurde zum Gegenstand eines endlosen Religionskrieges, in dem die Erfolge der Orthodoxie bis heute zweifelhaft sind. Die Verfolgung des Mat von Seiten der Kirche machte ihn zu einer Sprache des Lasters. Dass die Popen selbst hin und wieder obszön fluchen – mein Gott, das ist ja nicht weiter schlimm.

Die Etymologie des Mat ist voller Mutmaßungen. Die Wissenschaftler – *Was für Wissenschaftler? Woher wissen Sie das?* – nehmen an, die Etymologie des Wortes »chui« – Schwanz – sei auf das altslawische Wort »chwoja« – (Tannen-)Nadel – zurückzuführen, also etwas Stechendes und Unangenehmes. Aber das russische Bewusstsein habe sich verändert und diese Stecherei transformiert. Während noch vor einem halben Jahrhundert eine Redewendung hieß: »I rybku sjest', i na chui *ne* sest'« [wörtlich: Den Fisch essen, und sich *nicht* auf den Schwanz setzen, etwa: einen Fisch fangen und sich dabei die Hände nicht nass machen], sagt man jetzt: »I rybku sjest', i na chui sest'« [wörtlich: Den Fisch essen und sich auf den Schwanz setzen, gemeint ist: alles auf einmal haben wollen/bekommen] – ein Triumph also des Genusses.

»Jebat'« – ficken – komme von »bit', udarjat'« – schlagen – und bedeute Gewalt (ebenso wie das mildere Verb »trachat'« – bumsen), dann auch noch mit einem spitzen Gegenstand und zudem in einen ursprünglich unreinen Körperteil, denn die »pisda« – die Fotze – ist nach allgemein akzeptierter Version ein Organ, das »pissajet« – pinkelt; kurzum, all das ist schmerzhaft und schmutzig.

Der Mat hat bis heute Elemente des Schamanismus bewahrt. Die beiden wichtigsten russischen Schimpfausdrücke »job twoju mat'« [ich/du/er habe/hast/hat deine Mutter gefickt; eine Wendung, um Empörung, Wut und Ähnliches zum Ausdruck zu bringen] und »poschol na chui« [wörtlich: geh auf den Schwanz, etwa: hau ab, du Arsch, verfick dich] existieren auf einer fundamentalen Ebene der mythologischen Kultur. Bei den Wissenschaftlern hat sich die Ansicht verfestigt, »job twoju mat'« sei ein Splitter einer slawischen mythologischen Formel, die nichts mit Inzest zu tun habe. Das heißt, die zweite Person Singular sei da nie gemeint gewesen. Und in der Tat: Sonst würde es ja wie eine Anschuldigung klingen. Moralismus. Staatsanwalt und nicht Beleidiger. Wo denkst du hin, so was würde ich nie tun. Eine Gerichtsszene. Ursprünglich habe die Wendung »pjos job twoju mat'« geheißen – der Hund hat deine Mutter gefickt. *Also, ich weiß nicht, verehrter Herr Linguist!* Das sieht ja aus wie ein gewöhnlicher Pornofilm aus einem Amsterdamer Sexshop. Sodomie. Oder wie eine Szene aus dem alten Moskowiter Leben. Meine Freundin war in ihr Hündchen vernarrt. Ich stelle mir vor, wie ich in das Zimmer ihrer minderjährigen Tochter gerannt komme, à la Stanislawski die Augen rollend:

»Der Hund hat deine Mutter gefickt!«

»Hä?«

Der Wissenschaftler wird sagen, dies habe früher einmal die Entweihung der Mutter durch ein unreines Tier, die Inkarnation des Teufels, bedeutet. Wenn der Hund meine Mutter gefickt hat, dann bin ich Hundebrut, der Sohn einer Hündin. Dann sag's auch so: »sukin syn« – Sohn einer Hündin! Sonst tust du nur geheimnisvoll, machst einen Umweg über die Mutter. Durch Anspielungen. Inkarnationen. Oder wenn du sagen würdest: Deine Mutter verkehrt mit dem Teufel! Das wäre nicht einmal ein Fluch. Das ist eine Hexe. Sonst käme ja heraus, dass der Mat ursprünglich eine leise Anspielung auf irgendetwas Wichtigeres war.

»Poschol na chui« – hau ab, du Arsch – ist eine Umdeutung (nach Aussage der Wissenschaftler) des sakralen Zum-Teufel-Schickens. Aber genau das verstehe ich nicht. Der Teufel war wirklich eine schreckliche Kraft. An ihn glaubte man, vor ihm hatte man Angst. Die Verwurzelung des Mat in der sexuellen Sphäre zeugt davon, dass das russische Unterbewusstsein das sexuelle Drama dramatischer als das religiöse erlebt. Offenbar hat es, wenn man einen Mann »auf den Schwanz« schickt, die unterschwellige schmähliche Bedeutung der homosexuellen Vergewaltigung, die Bedeutung »erniedrigen«. »Poschol w pisdu« [wörtlich: geh in die Fotze] ist ein Fluch religiöser Art: Man wünscht dem anderen das Nichtsein, den Tod. Aus Schimpf, Scham und Schande entstand die an Expressivität unübertroffene Sprache des Mat.

Der Mat begann als Liebesritual, als orgiastisches Heidentum. Das ist das Fundament des Mat, der *Mat-Fundamentalismus* der Ostslawen. In seiner ursprünglichen Form ist der Mat eine Kultur des bäuerlichen Frohsinns, des *mutwilligen* (überhaupt nicht mein Wort) Tabubruchs, der weiblichen Provokation. Mädels und Weiber, die in der Volkskultur obszöne Scherzlieder singen, das ist, als würden sie ein Zeichen geben: die Emanzipierung des Bewusstseins, der Ruf der Lüsternheit, die Aufforderung an den Bräutigam. Die Figur der Heldin im russischen obszönen Scherzlied ist meiner Ansicht nach stärker als die des keuschen Turgenjew'schen Mädchens, der ersten reinen Liebe. Die Heldin des obszönen Scherzliedes begreift ihr Weiberschicksal nicht nur als Stimme des Fleisches, sondern auch als entzauberte Weltabsurde.

In Puschkins frühem Märchen *Zar Nikita und die vierzig Töchter* wird eine Kultur dargestellt, der die »pisda« – die Fotze – abhandengekommen ist. Auf die Suche danach begibt sich der Bote des Zaren, der sie nach bestandenen Prüfungen schließlich auch findet. In lakonischer Form ist dies die Geschichte der hohen russischen außersexuellen Kultur. Die Fotze gefunden hat sie erst jetzt.

Der Mat ist eine Werwolf-Sprache. Wie ein Affe springt er von Zweig zu Zweig der sozialen Hierarchie, jedes Mal in einer neuen Rolle: Mal macht er einem Angst, mal bringt er einen zum Lachen. Es gibt kein Maß, das die Mat-Einheiten auf einen Nenner bringen könnte. Alles reißt, alles zerfällt. Aber so ein brodelnder Zustand schreckt nicht nur ab, sondern zieht auch an, die menschliche Natur ist entblößt, archaische Schichten vermischen sich mit Modernität. Die Welt des Mat ist nahezu unzugänglich für den Ausländer, der die russische Sprache erlernt. Sie ist semantisch kapriziös, spielt mit feinen Intonationen.

Der am meisten verbreitete Typus des traditionellen Mat ist

Aggression, Groll. Doch tief in der Aggression ist eine Philosophie der Resignation durchaus zulässig. Der Mat ist *sozial anstößig* nicht per se, sondern als Vehikel einer *sauer gewordenen* Verzweiflung von zerschlagenen Hoffnungen, einer historisch »objobannaja« – abgefuckten – Volksideologie, in der die Absage an eine ernste, schöpferische Beziehung zum Leben durchklingt, das Gefühl, dass »ni chuja« – überhaupt nichts, nicht die Bohne – klappt und es »na chui« – absolut sinnlos, scheißegal – ist, sich damit zu befassen. Der Mat bestätigt, dass das Leben in Russland unanständig ist, und widerspiegelt den Zynismus eines Überlebens auf Teufel komm raus. Ein solcher Mat ist eine Form von Kontraproduktivität. Unter obszönen Flüchen schlägt der betrunkene Vater die Mutter vor den Augen des Kindes. Gegen diesen *gemeinen* Mat kämpfen die Hüter der russischen Kultur.

Aber es existiert auch ein Mat als Lebenshelfer, als Bewältigung von Problemen und Ausweg aus der Einsamkeit: Mat zu benutzen heißt dazuzugehören. Mat inspiriert zum Siegen. Mit Mat auf den Lippen gingen die sowjetischen Soldaten zum Angriff auf die Deutschen über und besiegten die sowjetischen Eishockeyspieler die kanadischen. Indem ich obszön fluche, befreie ich mich von Verboten, tanke Kraft, stelle mich über Gesellschaft, Gesetz, Kultur, Konventionen und Moral. Hier sind Mat und Wodka wiederum Begriffe ein und derselben Kategorie. Im Mat bin ich der Übermensch, ein russischer Nietzscheaner, der keine Grenzen kennt. Das ist ein hypnotischer Zustand, ein Abheben.

In einem Land, dem es chronisch an Freiheit mangelte, spielte der Mat außerdem die wichtige Rolle des Sprach-Dissidenten, des Protestes gegen die Vorherrschaft der offiziellen, der politischen und religiösen Ideologie. Der liberale Adel und später die Intelligenzija haben den Mat in die Anekdote eingeführt, wobei sie seine spielerischen Parameter nutzten. Dass der Mat ein Spiel ist, wusste schon Barkow, der Anstifter der amüsanten Pornografie. Mat als Spielzeug ist ebenso wie das pornografische Mobiliar von Katharina der Zweiten, das auf ihr Geheiß für ihren Hof angefertigt wurde, kultureller Luxus, so etwas wie Ballett zu Kriegszeiten. Der vornehme Mat der Oberschicht und der primitive Mat der Unterschicht können sich wie Öl und Wasser nicht vermischen. In einem seiner Bücher sagt Andrei Bitow, sein letztes Wort werde vermutlich nicht »Schluss, Aus, Ende« heißen, sondern »pisdez«. Darin liegt die Metaphysik des Mat.

Offiziell verurteilte die Sowjetmacht den Mat, hielt aber insgeheim daran fest. Bekannt ist eine Anekdote aus der Arbeitswelt: In der Fabrik läuft alles gut, die Parteikommission, die eine Überprüfung durchführt, ist zufrieden. Ein Kritikpunkt: Es wird zu viel unflätig geflucht. Die Direktion nimmt das zur Kenntnis und verbietet das Fluchen. Einige Zeit später stellt sich heraus, dass die Fabrik den Plan nicht erfüllt. Was ist los? Die Arbeiter hatten den Einzelteilen verschiedene Mat-Namen gegeben, und seit Mat verboten ist, bringen sie alles durcheinander.

Der Mat verlieh der Sprache in der Sowjetunion ein Element der Echtheit und Überzeugungskraft, er war der Übergang vom Wort zur Tat: »In der Sowjetzeit geschah eine Herabsetzung des Status von gehobener Lexik, etwa solcher Wörter wie Heimat«, meint Professor Baranow. »Im Kontext der Ideologie wurden sie allmählich negativ empfunden, zudem nicht nur von der Bevölkerung, sondern auch von Propagandakadern der Partei. In dieser Situation begannen Mat-Wörter als Marker für Aufrichtigkeit zu funktionieren. Mir ist einmal Folgendes passiert: Ich arbeitete als Verladearbeiter in einer Schuhfabrik. Produktionsleiterin war eine Dame, einmal ließ sie mich rufen und gab mir einen Auftrag. Sie sah mich an und fügte hinzu: ›Job twoju mat', dass mir das auch wirklich erledigt wird!‹ Bis dahin hatte ich noch nie Mat von ihr gehört. Sie fluchte, um zu zeigen, dass sie es ehrlich meint.«

In den Machtstrukturen blüht der Mat. Putin benutzt ihn. Ebenso wie für Stalin, Chruschtschow, Breschnew oder Jelzin ist er für ihn eine autoritäre Sprache, die Sprache der Macht. Ein mir bekannter Dumaabgeordneter erzählte mir, dass Putin auf einer Sitzung im Kreml den Argumenten Sjuganows eine Abfuhr erteilte und erklärte: »Na chui – einen Scheiß – brauchen wir eine Militärbasis auf Kuba!« Hier ist der Mat Symbol für eine scharfe politische Wende, den Bruch mit der Vergangenheit, ihre Überwindung auch durch die oberste Staatsmacht. In Anwesenheit des Präsidenten würde es Sjuganow nicht wagen, Mat zu benutzen, also ist er schwächer als der Präsident. Der Mat ist ein Zeichen der Hierarchie (eine analoge Funktion haben Kraftausdrücke nicht nur in Russland).

Schirinowski empfing mich in seinem Büro in rosa Hemd und schriller Krawatte, umgeben von Fotografen und Fernsehkameras. Was auch immer die Liberalen über ihn sagen, *Schirik* hat die drohende Gefahr des Faschismus im Russland der 1990-er Jahre in seiner Person aufgesogen. Dafür sei ihm gedankt. Auf meine Frage zum Mat antwortete er mit einer flammenden Rede:

»Das ist doch unsere lebendige Sprache! Wer hat das überhaupt entschieden, dass Mat übler und nicht normativer Wortschatz ist? Die Sprache des Volkes wird abgelehnt! Klar, dass sich ein Teil der Mat-Wörter in Gefängnissen gebildet hat, aber wir haben schließlich das ganze Volk durchs Gefängnis gejagt! Diese Lexik ist inzwischen normale Sprache!«

»Ich meine, dass die russische Sprache stolz auf diese Wörter sein sollte …«

»Die russische Sprache ist die ausdrucksstärkste Sprache der

Welt! Aber hier gibt es einen Hass auf die eigene Muttersprache! Wir lehnen den Reichtum unserer Sprache ab, und das hat zu einer Ablehnung des russischen Reichtums überhaupt geführt. Auf Russisch darf man ja überhaupt nichts sagen. Schon dreihundert Jahre quält man das Volk! Man muss den Mat rehabilitieren. In allen Häfen der Welt wird bis heute auf Russisch geflucht, denn keine andere Sprache gibt das her, so starke Wörter wie wir haben die nicht.«

»In der Politik geht es auch nicht ohne Mat?«

»Natürlich nicht! Ich war mal bei Tschernomyrdin, wollte Minister werden. Er zu mir: Was willst denn du unbedingt Minister werden? Du sitzt dir nur den Arsch breit, außerdem mach ich hier jeden Tag alle zur Sau – joby rasdaju.«

Schirinowski selbst machte ebenfalls Leute zur Sau. Bush zum Beispiel, als er in Bagdad, noch vor dem Krieg, im privaten Kreis seinen Protest gegen die amerikanische Politik zum Ausdruck brachte. Seine Rede wurde allerdings auf einem Video festgehalten: »Na chera [Euphemismus für ›na chui‹] hast du beschissener Cowboy also beschlossen ...«

Das war die Mat-Sprache des Krieges, für deren Verwendung eine Untersuchung in der Duma folgte.

»Stellen Sie sich das mal vor ...« Beleidigtes Gesicht. »Hundertachtzig Abgeordnete unterstützten den Antrag und wollten mich des Postens des stellvertretenden Dumavorsitzenden entheben ... Dabei sind sie nur sauer, weil ich mir was rausgenommen habe und sie gezwungen sind, die USA zu loben! Den Gebrauch von Mat verbieten – das ist doch gesundheitsschädlich!«

Schirinowski blieb auf seinem Posten. Was den Ausdruck »cher« betrifft, so kann man ihn als verschämten »chui«-Ersatz unter *banalem* Mat einordnen.

Die Zukunft des Mat beginnt heute. Sie beginnt mit der Spaltung der Gesellschaft in diejenigen, die ihn erlauben, und diejenigen, die ihn verbieten wollen. Mit dem Segen der orthodoxen Kirche sind diejenigen, die ihn verbieten wollen, bereit, Bücher zu vernichten, in denen Mat enthalten ist. Der Mat ist von ihrem Standpunkt aus an sich schon pornografisch. Solche, die ihn erlauben wollen, gibt es bei weitem weniger als solche, die ihn verbieten wollen. Vor allem das prowestliche, moderne Russland, das prinzipiell gegen alle offiziellen Verbote ist, steht für das Erlauben. Das sind politisch und kulturell Liberale, auf die ein Teil der städtischen Jugend hört. Es sind wenige, aber sie haben Geld im Rücken.

Übrigens beschränkt sich das Ganze nicht auf diese beiden Gruppen. Es gibt eine breite Schicht im Volk, die unreflektiert Mat benutzt: Penner, Kriminelle, Rowdys, Lumpenproletariat, ein Teil der Arbeiterklasse, eine große Anzahl Bauern, Soldaten, ein Teil der Offiziere, Jugendliche, Leute, die nicht wissen, was sie mit sich anfangen sollen, Alkoholiker und Junkies. Für sie ist Mat nicht Gegenstand der Analyse, sondern ihr ureigenes sprachliches Element. Ohne Mat gehen sie zugrunde wie ohne Sauerstoff.

Bewusste Gegner und Befürworter des Mat sind sich bisweilen einig, dass man ihn nicht enttabuisieren sollte. Die Gegner fürchten einen Verfall der Gesellschaft. Die Befürworter argwöhnen, dass eine Legalisierung des Mat die Spannung nehmen und die Möglichkeiten der russischen Sprache schwächen könnte. Wenn der Mat zu Kraftausdrücken vom Typ »Hol's der Teufel!« wird, verliert er seine expressiven und plastischen Funktionen.

»Dann«, sagte Baranow, »verlieren wir das Phänomen des russischen Mat und bekommen gewöhnliche Schimpfwörter, so ähnlich wie in den europäischen Sprachen. Ich würde gern die Spannung der Mat-Ausdrücke bewahren. Das Verbot muss bleiben. Etwas anderes ist es, wenn Schriftsteller wie Sie Mat-Wortschatz in ihren Werken verwenden – das ist Ihr Recht. Aber in den Massenmedien sollte der Mat nicht benutzt werden.«

Schnurow dagegen meint, ein Verbot wäre eine Dummheit:

»Ich finde, das läuft aufs Gleiche hinaus wie bei all den Amerikanismen, die jetzt in der russischen Sprache blühen: Sie werden halt irgendwo ihr Plätzchen finden. Es gibt dann einfach ein Tabuthema weniger. Man wird offen und ruhig darüber sprechen können. So wie wir, die Gruppe *Leningrad*, es jetzt schon tun.«

Der Mat hat bereits gesiegt. Aber der siegreiche Mat ist zu sehr an sein Untergrundleben gewöhnt, sein Sieg kann tödlich für ihn enden. Wohnen wir seinen letzten Zuckungen bei?

Bljad' – verdammte Scheiße –, wie sollen wir dann bloß fluchen!

Die Versuche, den Mat zu verbieten – das sind zugleich auch Versuche, ihn in Form sakraler Energien zu rehabilitieren. Das russische Unterbewusstsein ist immer noch verseucht und verunreinigt von unverdautem aggressivem Mat. Da diese Grobheit, diese Kulturlosigkeit in Russland nur langsam überwunden wird, bekommt der Mat einen historischen Aufschub. Er versteckt sich in den Vororten großer Städte, zieht sich in die Provinz zurück, bleibt auf dem Dorf erhalten. Die Halbstarken aus dem provinziellen Susdal sind langlebig. Aber dass der Mat nicht mehr die wichtigste Losung an den Bauzäunen der Hauptstadt, in den Aufzügen und an den Türen öffentlicher Toiletten darstellt, zeugt von einer realen Schwächung seiner heiligen Funktion.

Der kultivierte, im literarischen Text und im Internet zugelassene Mat ist nicht mehr als eine Imitation des Mat, eine Entwertung seiner zerstörerischen Möglichkeiten. Er ist abgegriffen wie eine alte Münze. Aber der Erhalt der archaischen Schicht der nicht normativen Sprache durch ein Verbot bedeutet eine Bremse für die

Entwicklung des russischen Selbstbewusstseins. Lieber den magischen Mat opfern als die Chance, sich vom Einfluss des sprachlichen Schamanismus zu befreien.

In der neuen Generation der modernen Jugend (das sind die Antipoden der Halbstarken aus Susdal) sind zwei grundlegende Verletzungen des Mat-Codes passiert. Erstens (lässt man die karnevalistische Mat-Folklore und die elitären Mat-Benutzerinnen verflossener Zeiten beiseite) hat der Mat aufgehört, Zubehör der männlichen Massenkultur zu sein. Bis dahin war der Mat das Privileg bei Trinkgelagen unter Freunden, im Männerschwitzbad, in Sport- und Armeeklubs. Fast alle Moskauer Taxifahrer benutzten Mat, aber wenn eine Frau einstieg, verstummten sie. Die Russen fanden, wenn eine Frau obszöne Ausdrücke verwendet, dann öffnen sich bei Christus die Wunden. Die Liberalisierung des Mat führte dazu, dass Mitte der 1990-er Jahre bezaubernde Mädchen den antiweiblichen Impuls des Mat durchbrachen und ihn selbst als scharfes Gewürz ihrem Alltagsdiskurs hinzufügten. Aus der schmutzigen Sprache der Alkoholikerinnen und Prostituierten verwandelte sich der Mat, wie in Adelskreisen, in elegantes sprachliches Beiwerk.

Zweitens hört in den modernen Kreisen der jungen Moskauer der Mat auf, Schimpfvokabular zu sein. Für die Liebhaber des kultivierten Mat, die in Moskau und anderen Großstädten leben, ist er nicht Hintergrund, nicht Interjektion, sondern ein Instrument, das die Möglichkeit bietet, Genderobjekte und unmittelbare sexuelle Handlungen beim Namen zu nennen. Sie benutzen sie nicht im Bösen, sondern im Guten. Chui ist chui. Pisda ist pisda. Damit muss Russland sich abfinden. Der Mat wird zur Sprache der wiedergewonnenen Körperlichkeit, kehrt zu seiner ursprünglichen sexuellen Funktion zurück, jedoch nicht mehr als Tabubrecher, sondern als Sprache der Leidenschaft. Die Liebe zum Mat verwandelt sich in der neuen Generation in den Mat der Liebe.

Chaos statt Geld

Mit dem Geld ist es bei uns in Russland seit jeher wie verhext. Noch nie in der Geschichte, früher nicht und auch heute nicht, haben wir das richtige Verhältnis dazu finden können. Was aber ergibt sich daraus?

Wenn du Geld nicht liebst, dann heißt das, du bist ein Versager, ein Schlappschwanz und eine Dumpfbacke, du bist nicht imstande, es zu verdienen, verstehst nichts davon, darum halt dich raus und reiß die Klappe nicht auf.

Wenn du Geld liebst, dann heißt das, du bist ein Mistkerl und Tunichtgut, genauer gesagt, ein Lump, denn nur Lumpen lieben Geld; das heißt, du bist ein geschickter Sklave des schnöden Mammons, eine gerissene, findige Bestie, du willst dich auf Kosten anderer bereichern, die Armen plündern, und überhaupt: Du bist kein Russe, denn Russen lieben das Geld nicht.

Wenn du Geld geringschätzt, bei jeder Gelegenheit verkündest, dass Geld allein nicht glücklich mache, dann bist du ein Heuchler, Spinner, heiliger Narr, spielst den Saubermann, und deine Verachtung des Geldes bedeutet im Grunde Verachtung von uns allen, uns Sündern, obwohl du wohl einfach dir selbst und den Menschen in die Tasche lügst.

Wenn du Geld sparst, dann bedeutet das, du bist ein geiziger Ritter, ein fieser, verachtungswürdiger Typ, schlimmer als der Pope Gapon, und die Frauen werden dich niemals lieben, denn sie lieben keinen Geizkragen, der sie nicht verwöhnt und ihnen nicht haufenweise Geld gibt, das sie auf den Kopf hauen können.

Wenn du Geld verschwendest, es aus dem Fenster wirfst und im Spielkasino verjubelst, dann bist du natürlich ein toller Hecht, aber in Wirklichkeit, um ehrlich zu sein – wie kann man sich in einem unglücklichen Land wie dem unseren so aufführen!

Wenn du dein Geld mit schwerer Arbeit sauer verdienst, sofern man die paar elenden Kröten überhaupt Geld nennen kann, dann bist du – ein Idiot und Simpel, und solche wie dich legt der Staat leicht aufs Kreuz.

Wenn du in Rubeln rechnest, dann bist du keinen Pfifferling wert, und wenn in Dollars – dann sieh zu, dass du Land gewinnst, du Arsch!

Wenn du Geld stiehlst, dich bestechen lässt, einsackst, wo es nur geht und auch wo es nicht geht, dann heißt das, du steckst bis zum Hals im Korruptionssumpf, und in unserem schlichten Verständnis bist du ein ehrloses Mistvieh, das eingelocht gehört, und es gibt nichts, worüber man mit dir reden könnte.

Kein Bandit bezeichnet sich selbst als einen solchen, aber man erkennt ihn auch so an der Visage. Aber wenn du so tust, als seiest du ein ehrlicher Geschäftsmann, dann muss ich schon sagen, entschuldige mal, in Russland gibt es so was nicht. Bei uns liebt man eher den Banditen für seine Aufrichtigkeit als den ehrlichen Mann für seine Gewandtheit.

In unserem Vaterland ist es gleichermaßen peinlich, arm oder reich zu sein, und eine Mittelklasse wurde hierzulande noch nicht gesichtet. Bei uns meint man, der Bettler sei näher bei Gott, aber wenn dem so ist, bei dieser Menge an Bettlern in Russland – was für ein Gesocks hat sich um Gott geschart!

Wenn du reich bist und in einer schwachen Minute beschlossen hast, Mäzen zu werden oder eine Kirche zu bauen, oder wenn du den Kranken und Armen hilfst oder deine Kinder nach Oxford schickst, dann heißt das, du haust einfach auf die Kacke und tust so, als wärest du was Besseres als wir.

Wenn du nichts abgeben willst, dann heißt das – du weißt selbst, was das heißt.

Wenn du mit deinem Geld Einfluss auf die Politik ausüben, den Staat belehren willst, dann heißt das, du bist ein Oligarch. Auf Wiedersehen. Minimum zehn Jahre.

Wenn du dein Geld in Russland hortest, bist du verrückt, wenn du es ins Ausland geschafft hast, dann bist du ein Feind Russlands.

Wenn du sagst, dass Geld dich frei macht, dann brauchen wir so eine Freiheit nicht, uns ist Russland wichtiger als Freiheit, und du geh lieber in den Westen.

Wenn du sagst, dass Geld dich hindert, ein freier Mensch zu sein, dann, falls du noch nicht im Gefängnis sitzt, gib es lieber mir. Wenn du meine Adresse nicht kennst, dann schick es an die Adresse des Verlags. Sehr wahrscheinlich wird es unterwegs geklaut.

Der letzte Held

»Ich würde gern«, sagte der Gelehrte Sergei Awerinzew zu mir – in welchem Land das war, weiß ich nicht mehr, aber es war wohl doch eher im Café des Bolschoi-Theaters, wo er sich mit der Hand auf der Bankett-Tafel abstützte, auf der die Reste des ziemlich leer gefegten Preisverleihungsbuffets lagen –, »ich würde gern irgendwann in eine Literaturenzyklopädie als Dichter eingehen, und klein gedruckt sollte dann noch dastehen, dass ich mich mit Philologie beschäftigt habe.«

Allem Anschein nach wird das nicht passieren. Wer hat heute schon Lust, Literaturenzyklopädien zu verfassen? Ein Heiliger und Gebrochener wie eine Ballerina mit Invalidenholzbein. Statt »fass« heißt das Kommando nun »fast«. Das Videoclip-Bewusstsein hat das Eis in spitze Stücke zerhackt, die in der Margarita schwimmen. Darf's mit Salzrand sein? Russland leckt einer Bande von Gummimonstern die Hände, die durchs Fernsehen in Millionen Schlafzimmer kommen. Russland muht und kommt und kommt nicht.

Awerinzew gestand mir, dass er bei der Lektüre von *Lolita* plötzlich vierzig Grad Fieber bekommen habe. Das war wohl die Diagnose des Zustands der Kultur, die sie selbst gestellt hatte: Awerinzew war das Fieberthermometer. Aber das, dachte ich damals, ist zu vereinfacht. Die gefährlichen Spiele der Kultur führen nicht zum Zerfall, sondern zu einer Reinigung. Vierzig Grad! Ausgezeichnet! Treiben wir das Fieber weiter in die Höhe!

Awerinzews Herz hielt dem nicht stand. Ich selbst trieb das Fieber hoch, und nun trockne ich die Tränen.

Awerinzew war kein Dichter. Der Dichter ist ein Rebell. Awerinzew war ein Bewahrer. Seine Zurückgezogenheit ist »andern eine Lehre«. Einmal lud ich ihn in meine Sendung *Apokryph* ein, und er war erschrocken, denn besser als jeder andere verstand er die Bedeutung dieses Wortes. Wenn in *Woprossy literatury* (*Fragen der Literatur*), einer Zeitschrift mit kleiner Auflage, Awerinzews Aufsätze erschienen, war sie schnell vergriffen. Er war der letzte Held der russischen Philologie. An seinen Arbeiten über Spengler und die byzantinische Poetik reiften die Menschen wie Tomaten in der Sonne. Die Ovationen, mit denen die Intellektuellen Awerinzew nach seinen Vorträgen verabschiedeten, waren ein Zeugnis für die Kontinuität der Kultur. Gesiegt hatte der Mann aus dem Mausoleum. Aber die Losung »Die Kultur gehört dem Volk!« eignete sich nicht der russische Arbeiter an, sondern der Weltkonsument. Vergessen schon zu Lebzeiten, trieb es Awerinzew nach Wien, und kein russischer Präsident begriff, dass freiwillige akademische Vertreibung eine Schande für unser Land ist. Es gab Wichtigeres. Man befasste sich mit völligem Unsinn. Awerinzew verwandelte sich in einen närrischen Alten, der mit einem Fuß im Abgrund stand. Nach Awerinzew starb die Intelligenzija aus.

Der Komponist des Schicksals

Durchs Fenster des Flughafenterminals Scheremetjewo 2 sah ich zufällig eine nagelneue Boeing der Aeroflot mit dem Schriftzug »Alfred Schnittke«.

»Jetzt ist also ein Flugzeug aus dir geworden, Alfred«, murmelte ich, musste lächeln und war gleichzeitig entsetzt.

Ich bin froh, dass er ein Flugzeug geworden ist, aber bis heute fehlt er mir als Mensch. Unersetzliche Menschen gibt es wirklich. Über Schnittke lässt sich leicht sagen, dass er ein Genie war; andere Definitionen für ihn zu finden ist nicht einfach. Lange bevor er ein Flugzeug wurde, Anfang der achtziger Jahre, als wir uns kennenlernten und unmerklich befreundeten, wusste ich, dass er eine Ausnahme von der menschlichen Regel ist. Praktisch ein Unikum. Heutzutage ist es schwierig, Genies zu sammeln, wir leben nicht im Silbernen Zeitalter, aber an Schnittke kann man sich über diese Gattung ein Urteil bilden.

Alfred Schnittke ist das einzige lebende Genie in meinem Leben, mit dem ich nicht nur befreundet war, sondern auch gearbeitet habe – an einer gemeinsamen Oper. Wahrscheinlich war das Wesentliche seines »Ichs«, dass er sich permanent an der Grenze zweier oder mehrerer Welten befand und fähig war, diese gleichzeitig zu hören und zu fühlen. Das bedeutet nicht, dass er im irdischen Leben mit abwesendem Gesicht lebte, dass er aber anderer Dimensionen teilhaftig war, daran zweifle ich nicht. Sein Eulenblick vereinigte in sich Anwesenheit und Entrücktheit. Da er wusste, dass er nicht ganz im Hier und Jetzt war, nahm er Zuflucht zu äußerster Höflichkeit, um nicht als exotischer und neugieriger Alien angesehen zu werden. Der interne Streit Schnittkes mit der internationalen Avantgarde und dessen Bewältigung, die Verflechtung von tiefem Nonkonformismus mit tiefer Gleichgültigkeit gegenüber der Staatsmacht, äußerlich Kompromisslertum ähnlich, zeugten davon, dass Genialität ein Gären von Ideen und Zuständen ist und nicht deren endgültige Fixierung. Er war fröhlicher als ein ganzer Sack voller Narren, trauriger als ein frisch gebackener Witwer und erleuchteter als ein Kloster mit einer Schar gottesfürchtiger Mönche. Sein Vorschlag, eine Oper nach meiner Erzählung *Leben mit einem Idioten* zu schreiben, erschien mir zunächst wie ein Mozart'scher Fächer an Leichtsinn. Unsere Freundschaft stieß bei sehr vielen Intellektuellen und Liberalen auf Befremden. In vielem waren wir Antipoden. Aber wir tauschten uns aus im Glauben an das, was uns beiden teuer war: Er fand auf dem Grunde meiner Prosa »Licht« (er verstand es, darüber kurz und prägnant zu schreiben, besser als alle anderen), und ich sah in seiner »Helligkeit« einen organisierten Strom des Unterbewusstseins, in seiner Weisheit den ewigen Streit zwischen Ordnung und Chaos.

Wir sprachen viel über die Quellen des Schöpfertums und dessen Verbindungen zum Glauben. Er lehrte mich, die Suche nach Gott im Schöpfertum selbst von der Suche nach Gott auf esoterischem Wege (zu dem wir uns beide verführen ließen) zu unterscheiden und Letzteres aufzugeben, wenn es möglich sei, sich mit Ersterem zu beschäftigen. Ein gut durchdachtes Geheimnis war ihm lieber als alle Spielchen des Positivismus (Konzeptualismus, Strukturalismus) und verstärkte sehr meinen Argwohn gegenüber der Kunst der Selbstdarstellung. Dabei tranken wir nicht wenig

Rotwein und auch Kognak. Er verstand etwas vom Essen, unsere Frauen kochten gut. Wir feierten Geburtstage zu viert. Aber ich bin nie mit ihm an der frischen Luft spazieren gegangen – jedenfalls machte er das mit mir nicht gern. In meiner Gegenwart sprach er niemals schlecht über Leute, auch nicht über solche, die ihn gekränkt hatten. Er kam nicht gern auf die unglückselige Skandalgeschichte um seine Bearbeitung der *Pique Dame* zu sprechen, aber aus dem Gespräch heraus wurde immer klar, wen er schätzte und wen nicht.

Was Schnittkes politische Biografie angeht, so kann ich für eine seiner schwerwiegenden Entscheidungen die Verantwortung übernehmen. Er schwankte ein wenig, ob er den ihm zugesprochenen Leninpreis – es war die Zeit der Perestroika – annehmen sollte. Er betrachtete ihn als eine Art Schutzbrief, aber ich argumentierte, er solle seinen Namen nicht mit dem Führer der Revolution verbinden, und schließlich stimmte er dem nachdrücklich zu.

Leben mit einem Idioten hörte er zum ersten Mal in der öffentlichen Bibliothek am Puschkin-Platz, wo er zusammen mit dem Dirigenten Gennadi Roschdestwenski auftauchte und bei den jungen Leuten einer weiteren historischen Tauwetterperiode, die zu meiner Lesung gekommen waren, einen kulturellen Schock auslöste. Nach der Lesung sagte meine Frau Wiesława zu Schnittke halb im Scherz, dass meine Erzählung mit ihrem Karussell von Masken der Liebe, die mit dem Tod endet, eine Grundlage für eine Oper abgeben könne. Keiner von uns beiden nahm dieses Thema wieder auf. Ich dachte, dass all das nach seiner Arbeit mit dem *Faust*-Text und mit mittelalterlicher armenischer Lyrik äußerst fehl am Platze sei. Einige Zeit später rief er mich an, um mir seinen Vorschlag zu machen.

»Das ist unmöglich«, sagte ich geschmeichelt, aber aus dem

Konzept gebracht. »Ich kann mir nicht vorstellen, wer das Libretto schreiben sollte. So jemanden gibt es einfach nicht.«

»Eben. Darum schreibst du es selbst«, sagte Alfred.

»Aber ich habe noch nie ein Libretto geschrieben«, erwiderte ich. Ich genierte mich hinzuzufügen, dass ich überhaupt kein besonderer Freund der Opernkunst sei.

»Genau darum wird dir das Libretto gut gelingen.«

Ich willigte ein, eine Rohfassung dessen zu schreiben, was nach meiner Vorstellung irgendwann, mit Schnittkes Hilfe, ein Libretto werden könnte. Ich stellte mir das Ganze so vor, dass wir wie Gogols Manilow und Tschitschikow endlos Tee trinken und über das Schöne sinnieren würden. Außerdem hatte ich mir gerade in Amerika meinen ersten »Macintosh« gekauft, und ich hatte Lust, ihn in diesem für mich neuen Genre zu testen. Ich nahm mir weder irgendeine Libretto-Sammlung noch eine Oper vor – ich schrieb innerhalb einer Woche eine Fantasie zum Thema dieses Genres und gab es Schnittke. Der schwieg einige Tage lang. Ich meinte schon, dass es ein Fehler gewesen war, mich darauf einzulassen: So kann man nicht nur eine Oper zerstören, sondern auch eine Freundschaft. Ich hielt es schließlich nicht mehr aus und rief ihn selbst an:

»Hast du es gelesen?«

»Ja.«

»Und?«

»Es ist gut.«

»Wann fangen wir an, gemeinsam daran zu arbeiten?«

»Wozu? Es ist doch schon fertig. Jetzt muss *ich* daran arbeiten.«

So wurde die Rohfassung zur Endfassung. Die Oper wurde als Auftragswerk der Amsterdamer Oper geschrieben. Das riesige ziegelrote Theater im Zentrum der Stadt nennen die Amsterdamer »Stopera«. Es wurde an der Stelle des von den Deutschen zerstörten jüdischen Viertels errichtet, und die liberale Öffentlichkeit protestierte gegen den Bau. Der Moment kam, da man einen Regisseur für die Inszenierung unserer Oper finden musste. Wir hatten freie Wahl – ob junger, gerade angesagter Avantgardist oder auch weltberühmter Maestro. Ungeachtet seiner Abneigung gegen den Konzeptualismus traf Schnittke eine ziemlich konzeptuelle Entscheidung. Er schlug vor, einen Regisseur zu engagieren, der, wie er sagte, schon dreihundert Inszenierungen sowjetischer Opern gemacht habe. *Leben mit einem Idioten* werde in solch einer Interpretation in einem neuen Licht erstrahlen. Aber würde der Alte, Boris Alexandrowitsch Pokrowski, mitmachen?

Wir begaben uns zu ihm auf den Kutusowski-Prospekt wie zwei schüchterne, aber listige Schüler, die ihren Lehrer zu einer in jeder Hinsicht suspekten Handlung anstiften wollten. Pokrowski begegnete uns und unserem Vorschlag mit unverhohlenem Misstrauen. Schnittke holte die Noten hervor, setzte sich ans Klavier und begann die ersten Arien aller Helden und des Chores zu singen. Er vollbrachte ein wahres Wunder, aber er fiel schnell aus der Rolle und lachte buchstäblich Tränen über jedes Wort, als hörte er es zum ersten Mal. Er machte eine Pause, weil er nicht aufhören konnte zu lachen, versuchte wieder zu singen und brach wieder in Gelächter aus. Ich hatte Alfred noch in so einem Zustand gesehen – in diesem Moment war er echt ein Genie des Gelächters. Er spürte wie sonst niemand die Sprengkraft des Humors in der Oper. Auch ich kugelte mich bereits vor Lachen, aber dieses Irrsinnsduett machte es Pokrowski nicht leichter. Mir schien, er würde uns gleich vor die Tür setzen, in dem Glauben, dass wir uns über ihn lustig machten. Stattdessen dachte er eine Weile nach und übernahm die Inszenierung.

Alfred beendete die Oper, als er schon in Hamburg lebte. Einmal, zu Besuch bei einer Freundin, nahm ich eine Ausgabe des

Moskowski komsomolez in die Hand und las die Nachricht, er sei gestorben. Ich erstarrte, die Zeitung in der Hand. Ein Freund war gestorben und mit dem Freund mein Traum – unsere Oper. Später stellte sich heraus, dass es gelogen war. Dennoch war dieser dritte Schlaganfall sehr schwer – niemand glaubte mehr, dass er die Oper beenden würde. Doch kaum war er wieder auf den Beinen, schrieb er sie zu Ende. Das Finale geriet ganz anders als der Rest der Oper – so kann man nur schreiben, wenn man für eine Zeit »von dort« zurückgekehrt und sich der Wechselbeziehung von Augenblick und Ewigkeit bewusst geworden ist.

Die Musik zu *Leben mit einem Idioten* ist für mich als Autor des Textes ein Geschenk. Ich habe auch Meinungen gehört, sie sei zu illustrativ. Aber ist denn die nächtliche Beleuchtung eines Gebäudes eine Illustration? Für mich ist diese Oper natürlich noch wertvoller dadurch, dass sie meine Worte auf neue Weise beleuchtet hat. Ihnen ein szenisches Volumen gegeben hat. Das war Schnittkes Großzügigkeit, seine schöpferische Apotheose der Freundschaft – er hat den Hörern meinen Text in vollem Umfang erfahrbar gemacht. Außerdem haben Schnittke und Pokrowski mich auf der Premiere von *Leben mit einem Idioten* von den schwindelerregenden Möglichkeiten des Operngenres überzeugt. Pokrowskis Inszenierung hat Zeit und Entfernungen überschritten. Wenn in der Oper alles stilisiert ist, dann ist also alles darin erlaubt.

In Amsterdam wurden die Bäume an den Kanälen grün. Frühling 1992 – die Premiere stand kurz bevor. Im russischen Star-Team (das halb aus Emigranten und halb aus Moskauern bestand; damals hatte diese Zusammensetzung noch eine aktuelle politische Bedeutung) war Ilja Kabakow für die Ausstattung zuständig, Dirigent war Mstislaw Rostropowitsch. In jenen Tagen fühlte ich die fantastische Macht der russischen Kunst – es war merkwürdig, in welchem Maße Staatsmacht und Geschichte des Landes ihr nicht entsprachen.

Einige Kritiker sind sich sicher, dass *Leben mit einem Idioten* eine bestimmte politische Bedeutung hat und an manchen Stellen einer grausame Parodie auf Lenin gleicht. Da der Idiot Wowa heißt, muss Lenin gemeint sein. Ich sträube mich nicht gegen diese Lenin'schen Obertöne. Die Erzählung kam im Jahre 1980 zusammen mit diesem Thema zu mir, als das ganze Land gleichsam in einer Vorahnung, dass es das letzte Mal sein würde, den Geburtstag des Führers mit nie da gewesenem Pomp feierte. Die unverkennbare Lenin'sche Phraseologie taucht in der Oper mehrmals auf, doch der Akzent auf Lenin in der Amsterdamer Inszenierung ist unerwartet und nicht auf meine oder Schnittkes Initiative hin entstanden.

Der Intendant der Amsterdamer Oper Pierre Audi war ein geschäftstüchtiger und erfahrener Mann. Er mochte unser Projekt. Zwischen ihm und mir entwickelte sich eine lockere freundschaftliche Beziehung. Als noch ungefähr drei Wochen bis zur Premiere geblieben waren, bat er mich mit besorgtem Gesichtsausdruck, bei Gelegenheit in seinem Büro vorbeizusehen.

»Wir haben ein Problem«, sagte er hinter verschlossener Tür. »In Ihrer Oper singt ein Schwarzer die Partie des Idioten.«

Der schwarze amerikanische Sänger Howard Haskin war ein Fan der Inszenierung. Außer seinen Arien lernte er die ganze auf Russisch aufgeführte Oper auswendig und sang sie in der Opernkantine immer der Bedienung vor.

»Na und?«

»Der Kuratorenrat unseres Opernhauses war auf einer Probe. Verstehst du, bei uns in Holland wirkt es politisch inkorrekt, wenn ein Schwarzer den Idioten singt.«

Ich traute meinen Ohren nicht. Aber er machte offensichtlich keinen Spaß. Es musste etwas unternommen werden.

»Komm, wir malen ihn weiß an«, schlug ich vor.

»Gute Idee!«, freute sich Pierre.

Am nächsten Morgen sah ich Howard in der Maske. Er stand vollkommen nackt da, breitbeinig, die Arme zur Seite ausgestreckt. Dabei sang er eine Arie aus unserer Oper. Eine junge Holländerin, leicht verlegen, sprayte ihn gerade weiß ein.

»Warum lässt du dich ganz weiß einsprayen?«, fragte ich ihn verwundert. »Du singst doch nicht nackt!«

»Wegen der Glaubwürdigkeit!«, parierte er.

Möglicherweise kannte er das Stanislawski-System. Auf diese Weise bekamen wir einen vollkommen weißen Schwarzen.

»Und?«, fragte ich Pierre nach der Probe.

»Komm mal rein zu mir«, sagte Pierre.

Er schloss die Tür seines Büros und sah mir verzweifelt in die Augen.

»Was ist los mit dir?«, fragte ich verständnislos.

»Ja siehst du denn nicht?«, explodierte Pierre. »Weiß angemalt wirkt er wie der pure Hohn auf einen Schwarzen! Durch die weiße Farbe kommt seine schwarze Visage noch stärker raus! Das wird man uns nicht verzeihen!«

»Aber für ihn gibt es keinen Ersatz!«

»Ich verbiete seine Teilnahme an der Aufführung!«

»Und was jetzt?«

»Ich weiß es nicht.«

Wir versanken in langes Schweigen.

»Hör mal«, sagte ich endlich. »Wie wär's, wenn wir ihm eine Maske aufsetzen?«

»Was denn noch für eine Maske!«

»Na ja, irgendeine erkennbar russische Maske.«

Außer einer Leninmaske, die die Holländer wiedererkennen würden, fiel uns nichts Besseres ein.

Es gab auch andere Schwierigkeiten. Der Hauptdarsteller – ebenfalls ein Amerikaner – erlitt zwei Wochen vor der Premiere, da er der Belastung nicht mehr gewachsen war (er singt die ganze Oper ohne Pause durch), einen Nervenzusammenbruch und verschwand nach New York. Mit den Nerven am Ende, begann Pokrowski mit dessen Ersatzmann zu arbeiten, doch das war offensichtlich ein hoffnungsloses Unterfangen. Zum Glück kehrte der Sänger zurück.

Ilja Kabakow (ich war zuvor nach Paris gereist, wo er damals lebte, und hatte ihm vorgeschlagen, an unserem Projekt mitzuarbeiten – Schnittke wollte einen anderen russischen Künstler) hatte sich konzeptuelle Kostüme aus Latex – dünnes Gummi, aus dem man Präservative herstellt – ausgedacht, in denen die Sänger aber keine Luft bekamen und nicht singen konnten. Außerdem ließ er grinsend und blinzelnd seine Video-Installation hoch oben über der Bühne laufen, was die Zuschauer vom Bühnengeschehen ablenken konnte. Es begann der Kampf der großen schöpferischen Ambitionen. Unausweichlicher Tribut der Genialität?

Pokrowski kam aus Moskau angereist und verhielt sich zunächst unauffällig. Man sah, dass er sich einarbeitete. Er bat mich, bei den Proben immer anwesend zu sein, damit er verstand, was »hier vor sich geht«. Ich erklärte ihm, so gut ich konnte, den Kern der Handlung, wobei ich die Schauspieler nach meinem Ermessen hin und her schob. Ich fühlte mich bereits als Regisseur. So verging eine Woche. Wonach Pokrowski, sich auf seinen Stock stützend, brummig sagte:

»Autoren wissen selbst nicht, was sie schreiben. Auf Wiedersehen, ich habe alles verstanden.«

Nachdem Pokrowski mich gestürzt hatte, knöpfte er sich Kabakow vor. Er rebellierte gegen Kostüme und Video-Installation, aber Kabakow beharrte stur auf seiner Position. Das Ganze wuchs sich zu einem höflichen, aber heftigen Skandal aus. Rostropowitsch mit seiner schönen Autorität nahm Kabakow nach einem Mittagessen in der Opernkantine beiseite und entschied die Frage zugunsten von Pokrowski.

Ich sagte Rostropowitsch, mein Text sei an einer Stelle des Librettos durch fehlerhaftes Abschreiben entstellt worden und habe sich ungewollt in ein Abrakadabra verwandelt, und fragte, ob ich ihn korrigieren könne, ohne Schnittke zu bitten, dass er ein paar Takte verändert. Rostropowitsch riet mir, die Worte zu korrigieren und dabei die Betonungen beizubehalten; dann werde er schon selbst mit der musikalischen Umarbeitung fertig werden. Am nächsten Morgen fand ich ihn in starker Erregung vor.

»Hör mal«, sagte er, breitete die Arme aus und verzog bezaubernd den Mund, wie nur er es kann, »ich habe es nicht hinbekommen. Bei ihm hängt alles so zusammen, von Anfang bis Ende! Wir müssen abwarten, bis er kommt.«

Jeden Tag arbeitete Rostropowitsch bis zum späten Abend, dann gingen wir manchmal gemeinsam zum Abendessen in ein Restaurant, tranken nicht wenig, aber morgens um acht stand er wie eine Eins am Dirigentenpult. Das ist ein besonderes Talent.

»Sag mal«, fragte ich Rostropowitsch einmal beim Abendessen, »was ist das – Ruhm?«

»Ruhm?«, fragte er lebhaft. »Ruhm ist ein Kamel mit zwei Höckern. Auf den ersten Höcker klettern viele drauf. Aber ohne es zu wollen, rutschen alle wieder herunter. Wenn du auf den zweiten Höcker geklettert bist, dann ist das schon ernst zu nehmen.«

Die Definition von Ruhm, wie ich allmählich erkannte, war einwandfrei. Neulich gestand mir Rostropowitsch, dass der Monat an der Oper in Amsterdam, in dem er an *Leben mit einem Idioten* gearbeitet habe, eine besonders glückliche Zeit in seinem Leben gewesen sei.

Das ganze Theater stand kopf – aufgeregt erwartete man die ungewöhnliche Premiere. Alfred kam an, krank und fern, jedoch sehr anspruchsvoll gegenüber sich selbst und allen anderen. Rostropowitsch und ich kamen zu ihm ins Hotel und druckten herum: Kannst du das vielleicht ändern? Alfred, sehr blass, weder den Luxus seines Hotelzimmers noch den Ausblick auf einen Kanal bemerkend, sah uns an, als seien wir verrückt geworden:

»Aber dann muss ich ja die halbe Oper umschreiben!«

»Es sind doch nur drei Worte!«, flehte ich in an.

Alfred arbeitete drei Tage an den Änderungen. Als Rostropowitsch die Partitur zurückbekam, verzog er wieder den Mund:

»Ein Genie.«

»Ganz Amsterdam« strömte in die Premiere. Der Saal war überfüllt. Die freien Holländer, die sich sicher waren, im Leben schon alles probiert zu haben, was man nur probieren kann, wollten zunächst die Russen immer wieder mit ihrem wohlwollenden Applaus ermutigen. Mitten im ersten Akt verstummte der Applaus: Pokrowski hatte die Handlung der Oper in den Zuschauerraum verlegt, ihn in eine psychiatrische Anstalt verwandelt und Künstler und Zuschauer vermischt. Die Aufführung ging weiter in absoluter, erschreckender Stille.

In der Pause gab die holländische Königin für auserwähltes Publikum einen Sektempfang im Foyer. Als ich auf sie zutrat, sagte sie auf Französisch zu mir:

»Monsieur Viktor, Ihre Oper ist zu heftig für mich.«

»Ihre Majestät«, antwortete ich, »der zweite Akt wird noch heftiger.«

Die stehenden Ovationen auf der Premiere dauerten fünfunddreißig Minuten. Die Königin erhob sich als Erste.

»Geschenkt«, sagte Howard Haskin und nahm die Leninmaske vom schweißtriefenden Gesicht. »Das kann pure Höflichkeit gewesen sein. Warten wir ab, was nach der zweiten Vorstellung passiert.«

Die Holländer sind leicht zu stehenden Ovationen zu bewegen. Das ist ein charakteristischer Zug. Aber nicht in dem Maße: Nach der zweiten Vorstellung, bei der anstelle des Königshofes ewig professorenhaft zerstreute holländische Intellektuelle anwesend waren, dauerten die stehenden Ovationen vierzig Minuten!

Unsicher auf der Bühne stehend, abgemagert, gebückt, ergraut, blickte Schnittke mit eulenartigem Staunen in den Saal auf das Bacchanal seines Erfolgs. Damals hatte er sich noch nicht in ein Flugzeug verwandelt, doch er war im dreidimensionalen Raum schon halb abwesend. Pokrowski, der Operntyrann, zog Bilanz und wandte sich auf dem Bankett an das begeisterte Ensemble, aus dem er allen Saft herausgesaugt hatte: »Ihr seid für mich wie Vitamine – ihr verlängert mein Leben.«

Jeder bekam in den zahlreichen Rezensionen etwas vom Ruhm ab. Allerdings kann es sein, dass Schnittke, der Erste unter Gleichen, sich leicht gekränkt fühlte von der übertriebenen Aufmerksamkeit, die die Weltpresse dem verbalen Element der Oper zuteil werden ließ. Die Kritiker behandelten mich in der Tat als *Sunny Boy*. Aber was, wenn nicht Schnittkes Musik, hatte ihre Aufmerksamkeit auf die Worte gelenkt? Mit betroffenem Interesse beobachtete ich bei dem Genie eine gewisse Eifersucht. Bald darauf begann er davon zu sprechen, er werde eine neue Oper schreiben (und er schrieb sie auch, obwohl sie wohl nicht so ein großer Erfolg wurde), womit er bewusst unsere Arbeit zu einer Episode machte. Er wies so darauf hin, dass *Leben mit einem Idioten* nur ein Teil von alldem war, was er geschrieben hatte. Als wir in Hamburg gemeinsam einer deutschen

Zeitung ein Interview gaben, ging Schnittke mir gegenüber betont auf Distanz; er wollte für sich allein dastehen. Und – Gott sei Dank. Mir gefiel diese seine kleine menschliche Schwäche.

Der Komponist hatte offenbar für ein solches Verhältnis allen Grund. Oder war es wegen seiner Krankheit? Außerdem hatte er mich selbst gelehrt: Man soll einen Menschen nicht zu genau betrachten, wenn sich die Haut in seinem Gesicht in eine Mondlandschaft verwandelt, dann halte Abstand. Später hatte dieser »merkwürdige« Moment keine Bedeutung mehr für unsere Freundschaft. Ich habe einen Grund (ich sage es offen: einen mystischen), so zu denken. Die weiteren Inszenierungen der Oper – in Deutschland (mehrere), England, Russland, Schweden (Malmö) hatten ebenfalls großen Erfolg. Sie unterschieden sich gewaltig voneinander, und fast alle (außer der Nowosibirsker Inszenierung des polnischen Regisseurs Henryk Baranowski) ignorierten das Thema Lenin.

Schnittke ist im Leben nicht vom Schicksal verwöhnt worden. Aber das Schicksal hat es so verfügt, dass er dessen Komponist wurde.

Schriftsteller ohne Literatur

Ein modischer, um nicht zu sagen, kultiger, an seiner Wortkunst gemessen, noch junger Autor hat seinen neuen Roman veröffentlicht. In hoher Auflage, über hunderttausend Exemplare. Man kann ihn überall finden, wo Bücher verkauft werden. Ich kam nicht dazu, ihn sofort zu lesen. Ich hatte keine Eile, und unterdessen war um ihn eine Verschwörung aus missgünstigem Schweigen entstanden. Also, in dem Sinne, das ist ein missglückter Roman und der Knabe (wo treibt er sich eigentlich rum?) weiß nicht, worüber er schreiben soll. Kurzum, er hat nichts zu schreiben. Auf dem Geburtstag von Marco, einem italienischen Übersetzer, treffe ich dann einen nicht weniger bekannten und vielleicht noch erfolgreicheren, begabten Schriftsteller, und der sagt: »Hast du den gelesen? Mach mal. Ein guter Roman.« Ich vertraue seiner Meinung, und als ich nachts im Supermarkt das Buch sehe, kaufe ich es. Ich lese es, und wirklich, es ist gut. Dann sage ich in ebenjener Szene, die sich aus träger Gewohnheit »russische Intelligenzija« nennt:

»Ich lese gerade einen neuen Roman …«

»Und?«, fragt die Intelligenzija.

Man kann auf verschiedene Weise fragen. In dieser Frage hört man heraus: Sag schon, er ist scheiße.

»Nein, nein«, antworte ich diesen unabhängigen Leuten (die nichts mit dem kommerziellen Erfolg des Buches zu tun haben). »Ein guter Roman.«

Mit was für einem seltsamen Misstrauen sie mich auf einmal ansehen! Ein Misstrauen, das an Verdacht grenzt:

»Ach, komm!«

»Nein, wirklich.«

Und so weiter in einer Tour. Ich weiß, dass man in solchen Fällen besser nicht beharrlich bleibt, aber ich sage:

»Wir befinden uns nicht im Silbernen Zeitalter. Warum sind Sie so kritisch? Wenn das hier ein schlechter Roman ist, wo ist dann ein guter?«

Aber niemand braucht einen guten Roman – Hauptsache, jemandem eins auf den Deckel geben. Mit Schmackes. Bloß nicht zu knapp. Dann die schon zum Gemeinplatz gewordene Floskel sagen: War doch nicht persönlich gemeint. Bei Nietzsche steht der berühmte Ausspruch: *Dem Fallenden versetze einen Stoß.* Was aber bei Nietzsche klingt wie die Ethik des Gottmenschentums, ist in Russland zur alltäglichen Moral geworden. Versetze jedem einen Stoß, der dein psychisches Wohlbefinden stört. Gerade die Fallenden stören am wenigstens. Fallende soll man nicht am Fallen hindern. He, Leute, guckt doch nur, wie ungeschickt er ausrutscht und fällt. Wer? Egal wer. Ob Banker, Politiker, Staatsanwalt, Schriftsteller oder Ballerina. Wie lustig ist es zu beobachten, dass der Fallende in eine widerliche Situation gerät, wie interessant, darüber zu schreiben! Es findet sich immer ein Grund, aus dem in Russland jemand fallen kann: vereiste Bürgersteige oder ungepflegte Seelenlandschaft. Aber noch besser ist es, jemandem einen Stoß zu versetzen, der anscheinend fest auf seinen zwei Beinen steht, der bisher Glück gehabt hat, einen Günstling des Erfolgs. Unsereins hatte kein Glück, aber er – also versetz ihm einen Stoß! Bei uns ist eine regelrechte Schule des »Stoßens« entstanden. Solche Stoßkurse kann man im Fernsehen finden, in den Zeitungen, im allgemeinen Zustand der Gehirne. Warum entwickeln sich bei einem

Volk, das sich traditionell für gutmütig und einfühlsam hält, widersprüchliche Gefühle?

Meine Mutter, die Gelegenheit hatte, Simone Signoret kennenzulernen, fragte die Schauspielerin:

»Was halten Sie von Brigitte Bardot?«

Die eine ist eine bemerkenswerte Frau, die andere nicht mehr als ein Sexsymbol. Die »bemerkenswerte Frau« antwortete:

»Die Bardot ist eine gute Schauspielerin.«

Natürlich verstellte sie sich. Aber dies war keine politische (so etwas gab es damals noch nicht), sondern eine korporative Korrektheit. Eine Kollegin anschwärzen? Das ist unschön. Soll die Zeit entscheiden, wer recht hat und wer nicht.

Vielleicht kommen wir nicht mit den Bedingungen des Überlebens zurecht? Dann sollten eigentlich sämtliche nicht allzu gelungenen Gesellschaften menschliche Aggression ausstrahlen, aber aus irgendeinem Grund tun das nicht alle. Früher hatten wir Stoßmich-Ziehdichs und heute nur noch Stoßmichs. Und so tappen wir im Dunkeln herum, rempeln Leute an, setzen Ellenbogen und Fäuste ein, wobei wir vergessen, dass wir demnächst selbst einen Hieb abbekommen, wir ganz höchstpersönlich, und dass wir unter allgemeinem Gelächter auf die Nase fliegen.

Frag einen zeitgenössischen russischen Schriftsteller, welchen seiner Kollegen man lesen muss, er wird die Stirn runzeln und irgendwas Unverständliches brummeln. Wenn man insistiert, wird er sich überwinden und mit zwei oder drei Namen herausrücken, aber auf alle mögliche Weise zu verstehen geben, dass man eigentlich nur ihn selbst lesen könne. In allen Ländern sind Künstler samt und sonders ausgemachte Egoisten, aber bei uns ist der Schriftsteller im Vergleich zu Musikern, Schauspielern, Regisseuren, Architekten ein Egoist im Quadrat: Er hält nicht nur andere Schriftsteller für seiner nicht würdig, er hält sie überhaupt nicht für Schriftsteller.

Nichtsdestoweniger laden reihenweise ausländische Buchmessen (Frankfurt, Warschau, Paris, Budapest ...) Russland als spezielles Gastland ein. Warum? Der Orkan der russischen Literatur hat ihre Ufer erreicht. Jedoch keinerlei Schäden angerichtet. Die Dämme sind nicht gebrochen. Die Städte sind nicht in russischen Gedanken versunken. Die Sonne der russischen Poesie funkelt nicht auf den Wassern der venezianischen Kanäle.

Aber was soll man erwarten von dieser Invasion russischen Geistes, diesem Intrigenspiel, was hat Europa von Schriftstellern zu erwarten, die wohl oder übel Erben einer großen Literatur sind, die in der Schule Puschkin im Original gelesen und – oft aus Angst vor schlechten Noten – ein paar seiner Gedichte auswendig gelernt haben? Ich glaube nicht, dass irgendeiner aus unserer literarischen Luftlandetruppe – *Das soll eine Luftlandetruppe sein? Wo sind unsere Fallschirme? Und dann dieses unsichere Auftreten ...* – allen Ernstes der Zensur und dem erzwungenen Samisdat, dem Selbstverlag, nachweint. Aber die Sehnsucht nach der ehemaligen Größe, der aufmüpfigen Jugendzeit, den süßen Sekretärinnen ist unheilbar. Die russischen Schriftsteller heute sind freie und (finanziell) unabhängige Menschen, die das Recht haben, sowohl mit der Vergangenheit als auch mit der Gegenwart und sogar mit der Zukunft nicht einverstanden zu sein. Diejenigen, die es doch sind, werden es aus freien Stücken oder aus Überzeugung sein, welche übrigens sowohl provokativ als auch – typisch Schriftsteller – einfach naiv sein kann.

Das wichtigste Merkmal des Schriftstellers im heutigen Russland ist seine Fähigkeit, Urteile abzugeben. Der russische Schriftsteller urteilt schnell und kompromisslos über alles und jeden: Dieser Pariser Kellner erscheint ihm als schlecht und jener *garçon* noch viel schlechter. Manchmal kommt er im Eifer des Gefechts plötzlich zu der Überzeugung, dass er allein die Wahrheit gepachtet habe. So geschieht es, dass Leute nach Europa reisen, die mindestens hundert Wahrheiten im Gepäck mitführen, vielleicht sogar noch mehr, denn der russische Schriftsteller hat bisweilen am Morgen die eine Vorstellung von der Wahrheit und am Abend eine andere. Und tief in der Nacht eine dritte.

Auf dem Spielfeld der russischen Literatur wird heute nicht nur mit einem einzigen Ball gespielt. Mannschaften gibt es keine, jeder bringt seinen eigenen Ball mit und schießt für sich allein aufs Tor, aber Tore werden selten anerkannt, denn die Schiedsrichter alias Kritiker haben ihre Trillerpfeife verloren. Nach der Einförmigkeit der sowjetischen Literatur haben wir nun die erfreuliche Verschiedenartigkeit des Chaos. Die Jungen meinen, die Alten seien schon am Ende. Die Alten meinen, die Jungen hätten noch nicht begonnen.

Kurz gesagt, eine russische Literatur existiert heute gar nicht. Die Schriftsteller stehen ohne Literatur da. Auf die erstaunte Frage, was denn Russland dann nach Europa mitbringe, antworte ich, dass die Schriftsteller sich selbst mitbringen. Die einen lieben russischen Kwas, die anderen französischen Joghurt, wieder andere stehen nur auf Wodka. Bei alldem glaube ich nicht, dass sich unsere Schriftsteller in Europa gegenseitig die Fresse polieren werden. Obwohl, falls doch, dann ist das auch kein Unglück – amüsieren wir uns eben ein bisschen. Kann die heutige russische Literatur (die es nicht gibt) im Westen in Mode kommen, und können die russischen Schriftsteller Europa in Erstaunen versetzen?

Ich weiß es nicht.

Die Macht der russischen Schriftsteller bestand gewöhnlich darin, dass sie immer bis zum Ende gingen und noch weiter, wenn es sein musste, auch durch die Wand: bis hin zur Utopie oder zur

Selbstzerstörung. Die russische Literatur ist die Vereinigung von Unvereinbarem, eine Einladung zum Schwafeln über Relativität und Absolutheit kultureller und metaphysischer Begriffe. In Russland ist Gott nicht nur Schöpfer, sondern auch Literaturkritiker. Und er ist eine literarische Figur, die aus einem Buch ins andere wandert, wobei sie je nach dem Willen des Autors eine andere Gestalt annimmt. Daran finde ich nichts Erstaunliches.

Gott ist kein Oberst, er liebt die Abwechslung.

Aber all das findet man nur noch auf Werbebannern oder Reklame-T-Shirts. Das literarische Leben in Russland ist aus dem Gleis geraten. Es hat ein paar Sprünge und Hüpfer getan wie ein lahmer Hund am Wegesrand. Das sieht man besonders an Beerdigungen von Schriftstellern. Früher wurden sie im großen Stil inszeniert, im großen Saal des Moskauer Schriftstellerhauses. Der Sarg auf der Bühne. Kränze von der Regierung. Ehrensalut. Twardowski. Gebeugte Köpfe. Chopin. Dann: Durch die Menge drängte sich bescheiden Solschenizyn. Pompöser Leichenschmaus, fehlte nur das Schaschlik, von dem frisches Blut herabtropfte. Ausfahrten ins Grüne. Frühlingssaison in Jalta. Oder die Trauerfeier für Bulat Okudschawa im Wachtangow-Theater. Auf dem ganzen Arbat. Die Welt schluchzte. Bulat. Bevor Nemzow und Tschubais – der Kasbek und der Elbrus der damaligen Regierungsriege – im Theater eintrafen, scheuchte der Kulturminister zischend und mit weit ausgebreiteten Armen überflüssige Leute wie Federvieh von der Bühne. Die Trauergäste sind mickriger geworden. Abgewetztes, überhaupt nicht glamouröses Volk kommt da zusammen. Ein Geistlicher schwenkt gelangweilt das Weihrauchfässchen. Keiner da, auf dem sein neugieriges zusammengekniffenes Auge haltmachen kann. Den Verblichenen hat er nicht gelesen, und er wird ihn auch nicht lesen. Das sind fürwahr keine modischen Begräbnisse fürs Fernsehen. Schäbige Katafalke. Auch der Pope selbst ist schäbig. Unansehnliche Vorortfriedhöfe mit Glasscherben und dem Gestrüpp vertrockneter Kränze. Mikroskopisch kleine Auflagen. Die jungen Lyriker haben einen Schritt zurück getan – und geben zu keinerlei Hoffnung mehr Anlass. Es gibt keine Dichter mehr für morgen. Die Schriftsteller verschwinden unbemerkt.

»Lebt der eigentlich noch, oder ist er schon tot?«

»Dem gebe ich schon seit zehn Jahren nicht mehr die Hand.«

Die am Leben Gebliebenen verdächtigen die Kollegen, sie erzielten Erfolge mit nichtliterarischen Mitteln. Hauptsächlich mit Skandalen. Ohne Skandal braucht dich niemand. Der erlöschende Scheiterhaufen der Literaturskandale. Während der eine Schriftsteller der Pornografie beschuldigt wird, schickt der andere eine Beschwerde an die zuständigen Behörden: Jener schreibe nicht nur Pornografie, er sei auch ein Feind, der auf ungesetzliche Weise die Regierung stürzen wolle. Die Schriftsteller sind abgemagert und wild geworden. Aus Geldmangel wollten sie schon irgendetwas aus der mittelasiatischen Dichtung übersetzen, doch dann wurden sie beschuldigt, sich als Helfershelfer eines turkmenischen Khans herzugeben. Es ging nicht ohne Opfer ab. Den Feinden wurde verboten, zur Beerdigung zu kommen.

Bulat. Es ist paradox, aber das Bild des greisen Politbüros, in dem Genossen sich mit Vor- und Vatersnamen und per Du anredeten, wo Molotow (allerdings nur er) sich erlauben konnte, mit Stalin nicht einer Meinung zu sein, und Kossygin mit Breschnew diskutieren durfte, wirkt heute als alter Zopf der Geschichte. Und später, wenn sie einen sitzen haben, sagen sie, diese selben Schriftsteller, dass er ein Schuft gewesen sei. Na klar: Sie alle sind Unschuldsengel, und er ist ein Schuft. Die gestorbenen Schriftsteller strahlen noch wie weit entfernte Sterne, während sie schon lange nicht mehr existieren – unbemerkt sind sie gestorben. Jene Lyrikerin und Selbstmörderin wurde auch nicht auf Händen, ganz langsam getragen – die Schriftsteller haben nicht mehr die Kraft, auch Musik gibt es keine mehr. Nur Totengräber trugen im schnellen Gleichschritt an den Griffen den Sarg auf Kniehöhe. Genau auf dieser Höhe befindet sich jetzt die gestorbene Literatur. Schon bald gibt es niemanden mehr, der einem nicht die Hand gibt. Gekommen sind Überbleibsel. Früher haben KGB-Generäle noch Dichter verehrt und deren Autogramme gesammelt. Früher brauchten die Schriftsteller sich gegenseitig; von ihren Treffen hingen Weltschicksale ab. Die Schriftsteller verstanden es nicht nur, sich selbst und ihre Genossen zu beerdigen. Wie sie ihre Zähne in die blutigen Steaks à la Suworow hineinschlugen! Wie sie tranken! Wie sie diskutierten, sich prügelten, das Regime kritisierten, Protestbriefe schrieben! Rechte, Linke, Regierungstreue, Liberale – alle vereinte das Banner des Humanismus. Sie glaubten an das Gute im Menschen. Sie waren humanistische Mammuts. Ihnen gefiel es, das Wort »Aufrichtigkeit« auszusprechen. Ein Schluck Freiheit warf sie stärker aus der Bahn als der ganze Wodka, den sie in ihrem Leben getrunken hatten. Er haute sie förmlich aus den Schuhen. Die Höhlenweltanschauung der französischen Aufklärung – nichts weiter. Wie jede archaische Erziehung braucht Russland eine Modernisierung und – wird damit nicht fertig. Hochfliegende Ambitionen sind da hinderlich. Schriftsteller ohne Literatur sind ein Warnzeichen. So kann auch eine Bevölkerung plötzlich ohne Land dastehen. Eines Morgens wird verkündet, dass es uns nicht mehr gibt.

Schriftsteller haben in Russland immer gebrodelt. Und auf einmal Stille – alle sind verstummt. Niemand erhebt seine Stimme. Niemand schreit: Ich kann nicht schweigen! Das Schweigen der Lämmer. Vielleicht ein Schichtwechsel? Ein Wandel? Und aus irgendjemandes Musiktruhe dudelt ein Twist. Ein anderer züchtet Hühner auf der Datscha in Peredelkino. Wir wollen ja nicht hungern, oder? Mit kompromisslosem und aufrichtigem Handeln ist Schluss. Die Krimiautoren haben schon gelernt, beleidigt zu sein. Im Westen leben sie wie amerikanische Indianer in Reservaten, man hält sie nicht für Schriftsteller, und wenn schon, hier fordern sie dazuzugehören. Die Auflagen geben ihnen recht. Aber die Auflagen von Klopapier sind noch höher.

Der literarische Alltag hat sich in Luft aufgelöst, aber wenn sich das Interesse an einem Schriftsteller hält, dann besitzt er einen persönlichen Charakter. Drei Tennisspielerinnen, drei Schriftsteller. Nachdem ich ein Werk geschrieben hatte, wurde ich selbst zum Werk. Im Winter bin ich auf dem vereisten Gehweg ausgerutscht und habe mir die Hand gebrochen (also, nicht richtig gebrochen, nur angeknackst). Sie war geschwollen. Darüber wurde in vielen Zeitungen geschrieben. Schnell in die nächste Ausgabe damit! Eine Notiz mit Foto. Einige brachten Details der Verletzung, auf die ich nicht im Traum gekommen wäre. Die Ärzte verschlangen mich mit ihren Blicken. Und dann, mitten in der Nacht, kam eine ältere Röntgenärztin zu mir, die durch nichts aus der Ruhe zu bringen war. Sie machte wie bei jedem Patienten eine Aufnahme von meiner Hand. Das war ein Unterschied! Berühmt sein ist wahrscheinlich nicht schön, aber nicht berühmt sein, das ist bei uns weitaus schlimmer. Jedenfalls haben Ärzte die Information verkauft. Für ein paar Kopeken.

Die russische Literatur hat die Hosen runter- und einen Pups gelassen. Fast alle Schriftsteller reisen auf Staatskosten (manche auch auf Einladung ihrer Verleger, manche leben nicht in Russland). Die meisten Schriftsteller haben ein utilitaristisches Verhältnis zum Staat.

Die russische Buchmesse in Europa ist eine Herausforderung für unsere Schriftsteller. Sie haben es auf die gesamteuropäische Bühne geschafft. Scheinwerfer an. Los. Mögen sie ihre Rollen als

Schriftsteller gut spielen und möglichst viele Angebote von Verlegern aus verschiedenen Ländern bekommen. So eine Chance darf man nicht verspielen. Bedanken wir uns bei Europa. Obwohl den russischen Schriftstellern Europa eigentlich wurst ist.

Dunkler Tschechow

Anton Pawlowitsch Tschechow besuchte gern Bordelle. Kam er in eine Stadt, fragte er als Erstes: »Seien Sie so freundlich und sagen Sie mir, wo sich hier bei Ihnen das nächste Bordell befindet?« Manche meinen, dass er dort, in den Bordellen, den Sklaven tröpfchenweise aus sich herausgedrückt habe. So ein bumsfideler Schriftsteller war er also, dabei sieht man es seinem Gesicht nun wirklich nicht an, dass er nichts anbrennen ließ. Womit das endete? Man braucht sich nur die Fotos aus seinem letzten Lebensjahr anzuschauen – er sah schlecht aus. Woher kam das? Seine Frau Olga Knipper betrog ihn mit Nemirowitsch-Dantschenko. Eine Schauspielerin eben. Dabei wollte Tschechow unbedingt ein Kind haben. Beim Sex war er gern mal grob, überraschte die Weiber mit sadistischen Spielchen. Das deutete die Knipper in einem Brief an. Na schön, sie wurde also schwanger. Gott sei Dank war es aber eine Bauchhöhlenschwangerschaft – es stellte sich nämlich heraus (Tschechow war Arzt und zählte nach), dass es nicht von ihm war. Schöne Bescherung! Er lebte trotzdem weiter mit ihr zusammen. Nur dass er ganz schlecht aussah. Unangenehm natürlich. Alles am Menschen soll doch schön sein, er aber sah ganz schlecht aus. Gottes Strafe für die Bordellbesuche. Dann trank er in Deutschland ein Glas Champagner auf einen Zug leer und starb. Nun wissen wir alles. Tschechow besingt die Nichtigkeit des menschlichen Lebens. Das ist auf ewig seine originelle schriftstellerische Nische, sein eigenes Fragment einer unterhaltsamen Anthropologie. Jedes menschliche Leben ist in Wirklichkeit nichtig, wie bedeutend es auch sein mag. Bedeutende Menschen mit all ihren Illusionen sind nichtig. Das Bestreben, die Welt zu verändern, Ehrgeiz und Eitelkeit haben meist verhängnisvolle Folgen. Mein Anliegen ist klein: der kleine Mann, die Lieblingsfigur der russischen Literatur, ist peinlich abstoßend mit ihren Minderwertigkeitskomplexen, ihrem Misstrauen gegenüber der Welt. Die alltägliche Nichtigkeit des Dichters ohne Apollon – das ist seit Puschkins Zeiten eine Binsenwahrheit. Das Talent selbst macht das Geheimnis aus. In diesem Geheimnis wühlen ganze Heerscharen von Forschern herum, ohne dass dabei etwas herauskäme. Zum Beispiel das Buch des Engländers Donald Rayfield über das Leben Tschechows. Dem Philosophen der Nichtigkeit wird ein nichtiges Leben zugeschrieben. Bekommt er, was er verdient hat?

Durch welche Lupe, in welches Mikroskop oder Teleskop muss man blicken, um den wirklichen Menschen zu sehen? In der russischen anthropologischen Tradition überwiegt das banale Manichäertum: Wir lieben und wir hassen gleichermaßen blind. Im Namen der Gefühle sind wir bereit zu beliebigen Verdrehungen. Der ewige Streit darüber, wo der Schriftsteller beginnt und ob man überhaupt etwas über sein Leben wissen muss, verläuft heutzutage in einer Kombination aus Offenbarung und Offenheit, aus Alltag und Sein. Der fremde Blick des ausländischen Forschers verblüfft die Einheimischen immer durch seinen Voyeurismus. Wer braucht einen nackten, kranken, unglücklichen, von seiner Frau betrogenen, dunklen Tschechow? Muss man uns die letzten Ideale nehmen?

Im russischen Kommentar zum *Ulysses* wird ein masochistischer Brief von Joyce an Nora zitiert und behauptet, dass es Joyce ebenso wie Bloom gern mit Schlagen hatte. So was aber auch!

Doch der brutale Tschechow gehört im Spiegelbild wegradiert wie ein Druckfehler. Was dem ausländischen Ochsen erlaubt ist, wird unserem Jupiter nicht gestattet. Tschechow ist unser Steuermann. Doch anstelle von Tschechow, der uns lehrt, die vom Nachbarn aufs Tischtuch gekleckerte Soße nicht zu beachten, bekommen wir die Wrackteile eines Schiffbruchs vorgesetzt – ein sehr britisches Bild aus der Seefahrt. Der neue, unbekannte Tschechow taucht als verwirrtes Monstrum vom Meeresgrund auf und streckt uns die Arme entgegen: Habt Erbarmen mit mir!

Gott, er tut einem wirklich leid! Der arme Anton! Andererseits kann er uns mal kreuzweise! Dem Leser zerreißt es das Herz. Wir wollen es nicht bis zum Infarkt treiben. Sprechen wir über die Mängel des biografischen Genres. Wie konnte es passieren, dass in der finsteren Taganroger Familie eines kleinen Krämers gleich drei talentierte Brüder geboren wurden: ein Journalist, ein modischer Schriftsteller und ein Künstler?

Wir erwarten die Beschreibung eines Wunders – man schickt uns Berichte von der Epistel-Front. Die suspekte Manie des Briefwechsels, auf die sich das englische Buch stützt. Anton Tschechow ist ein Widerspruch in sich. Es dürfte ihn nicht geben, doch es gibt ihn. Die Zeit der Handlung ist stark an die heutige angenähert. Mit den adligen Sitten ist es vorbei – *sie* lebten schon beinahe wie wir: Sie tranken, hurten und pfiffen auf alles. Wir bewegen uns im Kreis. Dämmerung. Das Volk ist hässlich, die Regierung konservativ verrückt geworden. Nationalismus, Abwälzen der Sünden auf andere, Amtsschimmel. Und keine Kraft zu glauben – totaler Agnostizismus. Tschechow versucht, Illusionen aufzubauen, blickt vorsichtig durch die Luke der Metaphysik – aber der Kopf passt nicht hindurch. Da beginnen die Hilfselemente in Aktion zu treten: angeborener Humor, Ironie, Zynismus, Wille zum Erfolg, beiläufiger Gebrauch von Vulgärsprache. Tschechow macht einen

Schritt, der seiner Kreativität schadet: Er lässt sein Talent für den Unterhalt arbeiten, er treibt die Honorare in die Höhe, benutzt geschickt Suworin, genießt den Ruhm. Weiber hüpfen auf ihm herum wie Flöhe. Plötzlich öffnet sich der Vorhang: Er ist ein Schürzenjäger.

Das ist eigentlich auch die größte biografische Enthüllung. Natürlich sind Frauen ein Zeichen für Verzweiflung, eine Imitation von Siegen und erst unter ferner liefen die Wollust des Tuberkulosekranken. Aber das ist bereits Interpretation und nicht Erforschung von Tatsachen. Tschechow ist ein Sexbesessener, der an einem Raubtierkomplex leidet: Er braucht immerzu Frischfleisch, bei gebrauchten Weibern kriegt er keinen hoch! Er steht auf Bordelle – das wichtigste Theater seines Lebens. Er, ein ziemlich grober Provinzmensch (eine Beobachtung von Sinaida Gippius), der schlecht Französisch spricht, beginnt Frauenschicksale wie das von Lika Misinowa & Co. abzuholzen wie einen Kirschgarten. Verschiedene Schauspielerinnen treten auf den Plan sowie die junge Lesbe und künftige sowjetische Übersetzerin Schtschepkina-Kupernik. Sündenpfuhl, Harem, Abschaum. Der große russische Intellektuelle, mittelprächtige Arzt, nicht besonders treue Freund, Beinahe-Nietzscheaner und leichte Dekadenzler Tschechow schmeißt seine Umgebung in Gestalt von Prototypen in die Backröhre seiner Erzählungen. Viele sind beleidigt wie der existenziell depressive Maler Lewitan, manche sind gebauchpinselt wie der nicht weniger modische Schriftsteller Potapenko – Vater einer außerehelichen Tochter zusammen mit jener Lika. Des Weiteren kam Tschechow öfter sein Pincenez abhanden. Ferner – Liberalismus, Sachalin, *Russkaja mysl* (*Der russische Gedanke*) statt der *Neuen Zeit*, er als Ionytsch, der das Gut Melichowo unglücklich verkauft, Hunde, Katzen, durchgeknallte Verwandtschaft und wieder neue Weiber. Kurzum, wie Alexander Kuprin über sich selbst sagte, er habe im Leben alles außer Schwangerschaft kennengelernt. Die Schwangerschaft kam später.

»Und wüssten Sie, wie ohne jede Scham Gedichte wachsen und aus welchem Müll …« Aber Anna Andrejewna Achmatowa selbst hätte heftig mit der eigenen Brust die Türöffnung wie eine Schießscharte versperrt: Wagen Sie es nicht, hier hereinzuschauen …! Und warum nicht? Ich will alles wissen. Affären, gut und schön, aber wie lang war sein Schwanz? Künstler bestehen in jedem Fall zu achtzig Prozent aus Scheiße. Zeigt die Scheiße her! Nun haben wir keine Alexander Matrossows der Literatur mehr: Sie sind ausgestorben oder haben sich in hilflose Marginalien verwandelt. Man hat den ganzen »Müll« des tschechowschen Lebens über uns ausgeschüttet. Nun denn: Was bewirken diese »pikanten« Details? *Erschlagen* Sie Tschechow, oder bringen sie ihn uns näher, machen aus ihm eine *verwandte*, eine *lebendige* Person? Verstärken sie seinen schriftstellerischen Einfluss, oder schwächen sie ihn? Was sehen wir in Wirklichkeit: einen Gott im Detail oder einen Teufel in Einzelheiten?

Alles hängt von Ihnen ab, liebe Leser. Weisen Sie Ihren Göttern und Teufeln ihren Platz zu. In jedem Fall geht die alte Zeit zu Ende, in der Schriftsteller heilige Propheten waren. Das ist eine schmerzliche Wende im kulturellen Bewusstsein.

Unterdessen zürnte Gott, an den Tschechow kaum glaubte. Gott brachte ihm auf grausame Weise Erfolge und Misserfolge durcheinander: Bluthusten und Stückeschreiben, Seereisen (in tropischer Nacht trieb er es süß mit einer Inderin) und Schulden (45 000 Rubel). Alles inklusive. Anfälle von Edelmut stehen neben Gleichgültigkeit, sexuelle Siege neben Phasen von Impotenz, ein gemäßigtes soziales Temperament in einem hoffnungslosen Land neben Hämorrhoiden. Letzten Endes hat Tschechow vieles verstanden: Die Franzosen leben besser und lustiger als wir, bei uns gibt es kein quirliges Leben auf der Straße; für jede *Möwe* findet sich ein noch größerer Erfolg in Gestalt von Gorkis *Nachtasyl*. Nemirowitsch-Dantschenko, der künftige Memoirenschreiber, wird gleichsam mit zärtlichem Katzengeschnurr über Tschechow und die Knipper schreiben. Ich habe mit Vergnügen die Ausgabe von 1927 gelesen. Der Regisseur und Liebhaber der Geliebten und späteren Ehefrau mit zusammengekniffenen Lippen. Das deutsche Aas mit Namen Knipper hat Tschechow mit ihren Eskapaden bis zum Gehtnichtmehr zugesetzt: Sie hinterließ ihrem Mann keine Adressen und trug ein Dekolleté bis zum Bauchnabel (laut Stanislawski). Winterliches Jalta. Anton Pawlowitsch, der Gärtner. Die medizinische Behandlung ist nicht richtig. Deutschland. Verspätete patriotische Regungen: Die deutschen Zeitungen geben sich gleichgültig gegenüber den schweren russischen Verlusten im Krieg mit Japan. Austern. Begräbnis. Beim Begräbnis ging die Witwe auf den Arm des Steinernen Gastes gestützt, jenes »klugen« (ein Wort Rosanows) Nemirowitsch-Dantschenko (übrigens war die Bauchhöhlenschwangerschaft nicht von ihm, sondern von irgendeinem jungen Mann). Schaljapin brach in Tränen aus, schimpfte angesichts des lachenden Publikums, das die Kreuze auf den Nachbargräbern niedertrampelte: »Und für diese Lumpen hat er gelebt und gearbeitet, ihnen hat er Lehren erteilt und Vorwürfe gemacht.« Suworin verkaufte ihn, gleich nachdem er tot war: »Ein großer Schriftsteller war er nie und wird auch keiner sein.«

Russland war damals schon für mehr reif als nur eine *sexuelle* Revolution. 1917 wäre Tschechow erst siebenundfünfzig geworden.

Es gibt eine Fotografie: der jugendliche Tschechow auf den Stufen von Suworins Haus auf der Krim im Kreise der Sommerfrischler-Verwandtschaft des Verlegers. Er ist ein schöner Mann italienischen Typs, ein lässiger Verführer. In seinen Briefen schrieb Tschechow, er liebe es, lange Gespräche mit Suworin zu führen.

Ich verstehe den Sinn ihrer Gespräche nicht (über die Vergeblichkeit von allem). Seine Lebensgeschichte ging nicht spurlos an Tschechow vorbei: Sie bescherte ihm Leiden, die in der Regel für einen Schriftsteller nützlich sind. Doch er – berechnend und vernünftig – vertraute der Quelle seiner Inspiration nicht und blieb im Abseits des Beobachters und der Entropie. Gemeinheit *ist* Gemeinheit – die Tautologie des Misstrauens gegenüber dem weltweiten Spießbürgertum wurde zur Krönung des Tschechow'schen Denkens. Wir hatten zu Sowjetzeiten den Gutmenschen Tschechow, der kastriert war. Er war ja tatsächlich auf seine Art ein »Zukurzgekommener«: Grausam an Tschechow vorbei (seiner Biografie nach zu urteilen) ging die Erfahrung der wahren Liebe. Der große (Suworin lügt) Schriftsteller der Nichtigkeit lebte ein nichtiges Leben.

Jedenfalls geht man besser von Tschechow zu seiner Biografie; von der Tschechow'schen Biografie gelangt man nicht zu Tschechow.

Außerhalb dieser Biografie schrieb Lew Schestow den Aufsatz »Ein Werk aus nichts«, in dem er die weltweite historische Bedeutung Tschechows erklärte, der, nach seinen Worten, die reine Zufälligkeit des Lebens besungen habe. Und alles Zufällige sei nichtig. Das wurde zum kulturellen Treibstoff des 20. Jahrhunderts.

Golgatha des Nordens

Böiger Wind. Über Norilsk tanzen statt Vögeln und Papierdrachen wilde Schwärme von Plastiktüten über der Stadt. Schwarze, hellblaue, violette, weiße – die unehelichen Kinder von Zivilisation und Naturkatastrophe. Sie schweben herab und bleiben an den Kühlern der Autos kleben, an allen dreitausend Straßenlaternen der Stadt, die im Winter gegen die Polarnacht ankämpfen müssen, an den Passanten. Man weicht einer weißen Plastiktüte aus und hat eine violette im Gesicht. Die Häuser sind ebenfalls verschiedenfarbig, bunt angemalt wie Indianer. Ihre Kriegsbemalung soll die Stimmung der Einwohner heben. Doch kaum hat man sich positiv eingestimmt, ist man, nach näherem Hinsehen, auch schon wieder verstimmt: Die Häuser sind fürchterlich heruntergekommen. In den Permafrostboden gerammt, verhalten sich ihre Stützpfeiler unberechenbar, und ihre Lebenszeit ist begrenzt. Ein sterbendes Haus funkelt aus leeren Fensterhöhlen – es wird abgerissen; die Straßen verlieren ihre Häuser wie Zähne.

Nur ein Feind der Menschheit konnte an so einem verderblichen Ort eine Stadt errichten lassen. Das dumpfe Gefühl, hinter all dem stecke ein höllischer Plan, entsteht aus verschiedenen Gründen. In der Stadt riecht es allzu oft nach Schwefel. Die Einwohner meinen, bei ihnen stimme etwas nicht mit der Windrose, aber ich denke, die hat damit überhaupt nichts zu tun. Hüttenwerke verschmutzen die Luft im Umkreis von Hunderten, ja Tausenden Kilometern; Finnland und Kanada beschweren sich über diese Verschmutzung. Außerdem gibt es in der Stadt verdächtig viele schöne Frauen und Schönheitssalons; man gewinnt den Eindruck, hier wolle man ernsthaft jemanden verführen, wisse aber noch nicht genau, wen. Am schlimmsten steht es um die kurze Geschichte der Stadt.

Heutzutage, da die Idee, die Stalin-Denkmäler wieder aufzustellen, durch die russischen Städte geistert, ist es durchaus nicht von Schaden, nach Norilsk zu reisen. Aber auf dem Landweg gelangt man nur mit einem Hundeschlitten oder per Taxi über Dudinka auf einer sehr schlechten Straße nach Norilsk, denn die Personenzüge vom Flusshafen am Jenissei fahren schon lange nicht mehr. Also fliegen.

Ich flog mit dem naiven Wunsch, zugleich auch die blühende Tundra zu sehen, Schnee-Eulen und das jungfräuliche Grün der Birken, hatte mich jedoch grausam getäuscht: Die Halbinsel Taimyr denkt im Mai noch gar nicht daran aufzutauen. Vor mir erstreckte sich eine grenzenlose Schneewüste, trostlos wie dieser Satz. Als wir gelandet waren, setzten die Passagiere noch im Flugzeug als Erstes die Pelzmützen auf. Norilsk ist die Stadt der Kopfbedeckungen. Auf dem Kleidermarkt gibt es so viele verschiedene und bizarre Formen, dass es scheint, hier finde ein ewiges Festival der Hutkunst statt. Doch zu diesem Festival ist nicht jeder zugelassen. Die Passagiere hatten noch nicht ihre Mützen auf dem Kopf, da platzte schon die Polar-Miliz ins Flugzeug herein. Moskau–Norilsk, ein Inlandsflug, sollte man meinen, doch nein, Passkontrolle. Wäre ich Ukrainer oder Kasache gewesen, so stellte sich heraus, hätte man mich nicht nach Norilsk hineingelassen; Ausländer benötigen eine Sondererlaubnis, und außer Russen dürfen nur Belorussen in unbegrenzter Anzahl hierherfliegen. Die Frage, warum Norilsk den Atavismus einer sowjetischen geschlossenen Stadt besitze, konnte man mir nicht beantworten, doch auf dem Weg in die Stadt zeigte man auf irgendwelche verstreut im Schnee liegenden Raketenbasen, die offensichtlich von amerikanischen Militärsatelliten aus nicht zu sehen waren.

Im Jahre 1935 traf die erste Häftlingsladung mit tausendzweihundert Mann in der neugegründeten Siedlung Norilsk ein. Es heißt, nahezu alle seien gestorben wie die Fliegen. Die Stadt befand sich noch bis 1953 unter der Leitung des NKWD. Das wichtigste Gebäude der alten Stadt, die hauptsächlich aus Häftlingen und ihren Baracken bestand, war das sogenannte »Fiese Haus«, das Hauptquartier der Tschekisten, das bis heute einen gediegenen, einladenden und geradezu koketten Eindruck macht. Man erzählte mir, dass sich dort die Häftlinge, die ihre Zeit abgesessen hatten, melden mussten; an den betreffenden Tagen standen sie hier die ganze Straße hinunter Schlange. Vielleicht ist das »Fiese Haus« nicht nur Geschichte, sondern auch der Traum einer Ordnung, die unser Land braucht. Jedenfalls konnte ich diesbezüglich nicht einmal in Norilsk eine starke Ablehnung registrieren. Der obligatorische Lenin, ein Werk des Bildhauers Merkulow, steht so auf seinem hohen Sockel, dass er, der geistige Vater der Konzentrationslager, direkt in ihre Richtung blickt. Die Taxifahrer bringen ihre Fahrgäste zum »Fiesen Haus«, als handle es sich um eine nette Sehenswürdigkeit, eine Art Disneyland. Nach vorheriger Vereinbarung mit der Stadtverwaltung kann man im Norilsker Disneyland auch die Stollen und den Häftlingsfriedhof besichtigen. Hierbei sollte man am besten die typisch russischen Nerven besitzen, das heißt sich gleichgültig (besser noch wurstig) gegenüber den Verlusten verhalten.

Auf dem Friedhof stehen mehrere Denkmäler. Das schönste davon ist ein polnisches. In Form von in den Himmel weisenden Schienen mit Kreuzen statt Schwellen. Sogar in Norilsk haben sich die Polen moralisch und ästhetisch hervorgetan. In Russland haben sie ein grenzenloses Katyn gefunden. Daneben stehen Monumente der Balten mit den Namen der Toten, errichtet im Jahre 1991.

Und ein wenig abseits eine orthodoxe Kapelle mit einer im Wind auf- und zuklappenden Eisentür. Auf dem Altar fand ich einen angebissenen Osterkuchen, eine Handvoll Rubelmünzen und ein Dutzend Zigaretten unterschiedlichster Marken, die die aufständischen Gefangenen bestimmt gern noch vor ihrem Tod geraucht hätten. Meine Stadtführer erwähnten mit keiner Silbe den Aufstand der Norilsker Zwangsarbeiter im Sommer 1953. Eine der tragischsten und zugleich heroischsten Episoden der russischen Geschichte des 20. Jahrhunderts, von Soldaten und städtischen Freiwilligen, mit Metallstangen bewaffneten Komsomolzen und Kommunisten, bestialisch niedergeschlagen. Bis heute kennt niemand die genaue Zahl der Opfer. Anderthalbtausend? Mehr? Unwichtig. Uninteressant. Die Aufständischen wurden übrigens nicht hier, auf dem Friedhof, sondern woanders erschossen. Verscharrt wurden die Toten hier, in kaum einen Meter tiefen Gräben. Bei der Kapelle längst verwelkte Kränze, drapiert um eine im Matsch liegende steinerne Gedenktafel. Die zu diesem Ort hinaufführenden Stufen versacken im weichen, glucksenden, nie erstarrten Beton.

Man hat das Gefühl, vor einer Gedenkstätte nicht für Menschen, sondern für streunende Hunde zu stehen, die wegen Tollwut abgeknallt wurden.

Wie viele Menschen überhaupt in Norilsk umgekommen sind, sagte mir niemand, doch dass ihre Zahl mehrere Zehntausend beträgt, war offensichtlich. Ich wollte noch ein wenig auf dieser Erde der ohne Gottes Segen begrabenen Märtyrer umhergehen, aber es war windig und feucht (an jenem Tag begannen die drei Meter hohen Schneewehen zu tauen); zudem war es laut Programm an der Zeit, das Mittagessen einzunehmen und zum Kupferwerk zu fahren.

Ich kann nicht behaupten, dass mir dieses Golgatha, wie in der Stadt der Ort genannt wird, die Stimmung verdorben und ich die Einladung ins Restaurant lieber ausgeschlagen hätte. In unserem Land haben wir gelernt, unsere Gefühle so gut zu kontrollieren, dass man uns mit einer fünfzig Jahre zurückliegenden Tragödie nicht in Staunen und Schrecken versetzen kann. Wir haben die Deutschen besiegt, aber uns selbst können wir nicht besiegen! Wenn man sich durch jeden Anlass die Laune vermiesen ließe, würde man ständig mit leerem Magen herumlaufen. Unsere Härte ist unser Lebenswille. Unsere Unaufmerksamkeit gegenüber den Toten ist unser Glauben an die Unsterblichkeit. Ungeachtet solcher Gedanken blickte ich angewidert durchs Wagenfenster auf die Stadt, die ihre Toten vergessen hat. Damit hatte ich unrecht.

Erst in Norilsk verstand ich, dass der Norden ungeheuer, ja übernatürlich reich ist. Letzten Endes ist das unser nationales Unglück. Wenn man in Bergwerken in der Sonne funkelnde buntmetallreiche Erze gewinnen und gleich hier im Kupferwerk in feurigen Wannen, im grünen und orangefarbigen Funkenregen wie bei Hollywood-Spezialeffekten, unter Ausstoß von die Augen verätzenden, die Luft verpestenden Gasen, Millionen Tonnen von Erzmasse schmelzen kann, um dreihundert Kilo schwere Kupferblöcke von höchster Qualität (99,99 Prozent Kupfergehalt) herzustellen – wozu da noch irgendetwas tun, über irgendetwas nachdenken? Der Staat macht die Menschen kaum noch zu versklavten Strafgefangenen (wofür man schon dankbar sein muss), aber der sowjetische Charakter der Stadt stirbt allzu langsam, als dass man daran glauben könnte, wir hätten uns von Grund auf verändert. In dieser Stadt des dreckigen schwarzen Schnees gibt es gute Restaurants, Geschäfte, in denen sagenhafter Fisch verkauft wird, es gibt ein Heimatkundemuseum in amerikanischem Design, ein Majakowski-Theater, Bibliotheken. Ich weiß, dass die Leute, die mit Nickel- und Kupferherstellung reich werden, die Stadt zum Blühen bringen möchten (ungeachtet dessen, dass die örtlichen Gewerkschaften nicht daran glauben): mit einem Fußballfeld mit Rasenheizung, Sportanlagen und sonstigen Freuden des Lebens. Aber die Entropie ist stärker als der Traum. Den alten Norilsker Zoo gibt es nicht mehr. Aus den Kuhställen vor der Stadt sind alle Kühe verschwunden; sie sind zu Fleisch verarbeitet worden. Bäume werden nicht gepflanzt. Schon seit vielen Jahren gibt es keine Stiefmütterchen mehr in den sommerlichen Blumenbeeten.

Doch der positive Einfluss der hier ums Leben gekommenen intellektuellen Sträflinge auf die Gesellschaft ist keine Legende. Ich habe eine Vorstellung im Majakowski-Theater besucht und ausschließlich dankbares Publikum gesehen. Meine Norilsker Leser stellten ebenfalls ein dankbares und ernstes Publikum dar. Sie bedauerten es nicht, in Norilsk zu leben. Sie waren empört darüber, dass die Rentner dazu gedrängt werden, die Stadt zu verlassen und »auf dem Festland« zu leben – das erschien ihnen ungerecht. Nastja, eine achtzehnjährige Kellnerin, erzählte mir, was sie vom Leben wolle. Es war das volle Programm der entstehenden Mittelklasse. Im Hotel wurde ein Massagestudio mit dem Namen »Geschickte Hände« eröffnet. An den Hauswänden hingen rechtzeitig vor Frühlingseinbruch menschenfreundliche Hinweisschilder: »Vorsicht, Eiszapfen!«

In einem Lebensmittelgeschäft kaufte ich mir noch ein paar goldene sibirische Fische und begab mich auf den Heimweg nach Moskau mit dem Gefühl, dass wir alle Patrioten unseres Golgatha sind.

Humor gegen alle

Ich war Zeuge eines Skandals. Der sechzigjährige Gennadi Chasanow, der sich schon zu Breschnews Zeiten im Fernsehen mit der Figur eines Studenten an einem »Kulinarischen Technikum« einen Namen gemacht hat, warf seinem jüngeren Kollegen Roman Trachtenberg öffentlich vor, er versaue Russland damit, dass er im ganzen Land unflätige Witze verbreite. Roman, ein exzentrischer dicklicher Mann mit Brille und orange gefärbtem Kinnbärtchen, echauffierte sich und schlug zurück. Die Logik seiner Rechtfertigung war einfach: Man darf den Leuten nicht verbieten, was sie gerne hören, umso weniger, da Witze sie von Komplexen befreien. In seinem Gegenangriff warf er Chasanow vor, seine Auftritte seien schon lange nicht mehr »komisch« und im Übrigen sei Humor mit belehrender Absicht vollkommen out.

Beim Konflikt der beiden Komiker geht es um mehr als ihre persönlichen Meinungsverschiedenheiten. Auf dem russischen Kulturmarkt von heute ist Humor eine stark gefragte Ware. Die Losung des Tages heißt: »Ich lache, also bin ich.« In Russland hat man es mit einem wahren Bacchanal des Lachens zu tun. So etwas hat es wohl noch nie gegeben. Unser Land schnappt fast über vor lauter Fröhlichkeit. Alle lachen: Groß und Klein, von Kaliningrad bis zum Pazifik, Banker und Penner, von Putin bis zur Opposition. Im Fernsehen laufen von früh bis spät Unterhaltungsprogramme. Beliebte Zeitungen fordern ihre Leser dazu auf, die allerneuesten Witze einzuschicken, um sie dann in der Rubrik »Humor« abzudrucken. Es gibt Webseiten mit Witzen und humoristische Zeitschriften wie *Wokrug smecha* (*Rund ums Lachen*). Das allwöchentliche *Krokodil*, seit Sowjetzeiten unsere bekannteste Satire-Zeitschrift, die seinerzeit über amerikanische Imperialisten herzog, wurde wiederbelebt. Während die tschetschenischen Separatisten gemäß einem geflügelten Wort Putins »auf dem Klo kaltgemacht werden müssen«, will man unser Land offenbar im Gelächter ertränken.

Wodurch unterscheidet sich der lachende Russe von lustigen Menschen in anderen Ländern? »Wenn du die russische Grenze übertrittst, macht es schnipp in deinem Kopf, und die Welt steht auf dem Kopf wie im Zirkus!« Das sagte mir einmal mein inzwischen verstorbener Freund Pierre Kalinine, Franzose russischer Abstammung aus Bordeaux, wobei er sich mit den Fingern an die Schläfe schnippte. Der Ausländer, der nach Russland kommt, sieht sich mit einer moralischen Situation konfrontiert, die ich als *Verschwörung der Werte* bezeichnen würde. Die Russen sind ja selbst geneigt, ihr Leben als Zirkus zu betrachten. Nicht umsonst hat die Bevölkerung, als zu Breschnews Zeiten überall in Moskau Plakate mit der Aufschrift »50 Jahre sowjetischer Zirkus« hingen, dies als Witz aufgefasst. Doch die Wahrnehmung von Russland als Zirkus ist ein verborgenes Wissen, das nur langsam an die Oberfläche des Bewusstseins dringt, und darin liegt der Unterschied zwischen russischem Zirkus und brasilianischem Karneval. Das Geheimnis Russlands besteht darin, dass es sich aus zwei vollkommen verschiedenen Welten zusammensetzt, die sich feindlich und symmetrisch zueinander verhalten. Ich spreche von der offiziellen Welt der Werte, die den Anspruch erhebt, die einzig wichtige zu sein, und ihrer komischen Gegenwelt. Lachen stellt die offizielle Welt stärker bloß als jede ernsthafte Kritik. In jedem Land existieren zwei Welten nebeneinander, eine ernste und eine komische, doch alles hängt von den Proportionen ab. In der westlichen Welt sorgt das Lachen für eine Korrektur der ernsthaften Welt, indem es die erstarrten Teile entfernt. Lachen ist ein Therapeut, der den Gesundheitszustand der Gesellschaft beobachtet. Vom Standpunkt des russischen Bewusstseins ist der Westen ein ernsthaftes Modell der Welt, in der dem Humor eine ehrenvolle, aber zweitrangige Rolle zugewiesen wird.

Der Ausländer, der ins russische Leben eintaucht, sei es als Geschäftsmann, Journalist oder Diplomat, kommt langsam aber sicher zu der Erkenntnis, in einen alles andere als perfekten Staat geraten zu sein. Anfangs sieht er dies mit Ironie, dann mit zunehmendem Entsetzen. Am liebsten möchte er so schnell wie möglich nach Hause. Meine Erfahrung mit Ausländern – viele von ihnen lassen sich nicht gerade als russophil bezeichnen – zeigt, dass Russland sie nicht einmal dann mehr loslässt, wenn sie bereits wieder zurück in der Heimat sind. Vor Ort, durchdrungen von der Hässlichkeit des russischen Staates, bricht der Ausländer plötzlich ein in eine andere Dimension des russischen Lebens – »hinter den Spiegeln«. Die russische komische Gegenwelt hat weder Deckel noch Boden. Für den Unvorbereiteten bietet sie ein erschreckendes Maß an Freiheit. Bei näherer Betrachtung stellt sich heraus, dass sie einflussreicher ist als die offizielle Welt. Eine seltsame Legierung aus Moral und Amoral ist richtungsweisend für die komische Gegenwelt, und die Mehrheit des russischen Volkes lebt danach. Die offizielle Welt akzeptiert ihre eigene Gegenwelt nicht und will sie vernichten. Unter Stalin wurde, wer Witze erzählte, in den Gulag geschickt. Indessen sah sich die offizielle Welt immer gezwungen, die komische Gegenwelt einzukalkulieren, denn in jedem Beamten, vom kleinsten Mitarbeiter bis hinauf zum Minister, finden sich genetische Spuren des komischen Ursprungs. Nicht zufällig war das Leben in der Sowjetunion innerlich freier als zum

Beispiel in der DDR, in der eine solche Gegenwelt nicht existierte. Nun jedoch, in Ermangelung einer klar definierten Staatsideologie, kann die Staatsmacht das Lachen für eine gewisse Zeit (Ähnliches hat es während der Jahre der Neuen Ökonomischen Politik gegeben) als Ablenkungsmanöver benutzen: Lacht nach Herzenslust, nur haltet euch raus aus der Politik!

Schon in der alten Rus gab es laut Dmitri Sergejewitsch Lichatschow die *Idee der Unernsthaftigkeit der Welt*, denn sie (wie auch die gesamte irdische Existenz) sei auf Betrug und Sünde gebaut. Die Wahrheit über das Trügerische der Welt besaßen die heiligen Narren, die auf der Straße und in der Kirche, unzüchtig oder überhaupt nicht bekleidet, das baldige Ende der Welt predigten und absichtlich Erhabenes und Niedriges, Leben und Tod, Gotteshaus und Wirtshaus vermischten. Eine ähnliche Rolle spielten die glühenden Anhänger der Altgläubigen unter Führung von Awwakum. Die närrische Kehrseite der Welt ist für den Russen überzeugender als deren Fassade. Nicht von ungefähr trägt die weltweit berühmteste russische Kirche auf dem Roten Platz den Namen des Heiligen Basilius, eines ebensolchen Narren im Grunde. Unflätige Redensarten, Flüche, Lästerungen und schließlich raffinierte Possenreißerei, die jedes Wort bis ins Absurde verdreht, bildeten die Grundlage für den russischen Humor.

Die bedeutendsten Zaren bedienten sich ebenfalls närrischer Methoden. Für Iwan den Schrecklichen sind es die Masken des heiligen Narren, Spinners und Bettlers. Für die Opritschnina, seine berüchtigte Leibgarde, ließ er Liturgien zelebrieren, die Orgien ähnelten, und Orgien, die sich in Hinrichtungen verwandelten. Sünde, Heiligkeit, Gnade, Sadismus, Scharfsinn und Wahnsinn vermengten sich zu einem Klumpen. Auf nicht weniger närrische Weise (die sogenannten Spielregimenter seiner Kindheit usw.) betrieb Peter der Große seine Politik der Umgestaltung Russlands zu einem europäischen Staat. Schließlich existieren zahlreiche Beispiele für den »komischen« Sadismus Stalins. Trotz der ungeheuren Grausamkeit aller hier aufgezählten Väter der Nation befindet sich das Volk bis zum heutigen Tag unter der Hypnose ihres universalen Sinns für Humor. Putins derbe, öffentlich geäußerte Scherze tragen ja auch dazu bei, dass er bei uns eine Art Volksheld ist.

Warum hat in Russland die närrische Gegenwelt triumphiert, die sich in Märchen, Liedern, Sprichwörtern, Redewendungen, Schüttelversen und schließlich auch in Witzen niederschlägt? Es ist eine komplizierte Kombination von Glauben und Unglauben, Hoffnung und Verzweiflung, Kraft und Schwäche eines Volkes, das in seiner Geschichte kein Glück gefunden hat und sich deshalb unwillig von ihr ab- und der närrischen Dimension zugewandt hat. Die russischen Witze sind schließlich zu einem Ersatz für ihre Geschichte geworden, die, in diesen Witzen in tausend Stückchen zersplittert, eine humoristische Färbung angenommen hat.

Mit den ersten Schülerwitzen über Verrückte (»Kommt eine Kommission in die Irrenanstalt …«) und über Tiere (in denen das weiseste Tier der Hase ist – das tierische Gegenstück zum »kleinen Mann«) betritt der Russe die Welt des Witzes, um dann für immer dort zu bleiben. Doch während diese Welt früher verschlossene Türen hatte und sich nur bei besonderer Gelegenheit öffnete, beispielsweise in Männergesellschaft, steht sie jetzt allen offen. So kann der Humor, dem, wie man seit Henri Bergson weiß, *Mitgefühl* vollkommen fremd ist, einen wesentlichen Einfluss auf den nationalen Verhaltenskodex ausüben.

Wir haben es mit einer Art Schichtkuchen des Lachens zu tun. In der heutigen Jugendsprache hat sich der Begriff *prikol* (deutsch etwa »Knaller«) durchgesetzt. *Prikolno* ist alles, was lustig, ungewöhnlich, extravagant, paradox ist. Es ist eines der positivsten Wörter der Jugendsprache. Die Jugend hat eine ganze Subkultur des *prikol* geschaffen, ein Verhaltenssystem, gesteuert durch Lachen, in dem jede Lebenssituation, so dramatisch sie auch sein mag, ihren elementaren Ernst einbüßt: Lachen kann man über alles. Der unabhängige Journalismus seinerseits entwickelte bereits in den neunziger Jahren den besonderen Stil des *stjob* (deutsch etwa »Häme, Spott, Hohn«), der konsequenten Verspottung aller sozialen und kulturellen Werte, eine Art humoristische Bombe. Putins Großmachthumor soll dafür sorgen, dass sich die hitzigen Gemüter einheimischer und ausländischer Kritiker der russischen Regierung beruhigen. Offenkundige Tragödien werden dabei bagatellisiert. So gab der Präsident auf die Frage amerikanischer Journalisten, was mit dem U-Boot *Kursk* geschehen sei, ehrlich zu: »Untergegangen.« Als Reaktion auf diese Erklärung kam folgender Witz auf: »Die letzten Klopfzeichen der U-Boot-Besatzung sind dechiffriert. Sie wünschten Putin noch einen schönen Urlaub und Erfolg bei der Arbeit.« Möglicherweise hatte gerade der Putin'sche Humor aller Welt gezeigt, dass sich die russische Staatsmacht abgeschottet hat wie ein U-Boot und dass die Zeit der Glasnost der Vergangenheit angehört.

So verschwand auch Viktor Schenderowitsch, Autor der Satireserie »Puppen«, vom Bildschirm. Ich traf mich mit ihm in einem Café bei den Patriarchenteichen, die seit dem Riesenerfolg von Bulgakows *Der Meister und Margarita* ein Kultort des Humors sind. Schenderowitsch sah traurig aus, war sich aber seiner Sache sicher. Wir begannen über die Evolution des Humors zu sprechen. An der Wende der 1980-er und 1990-er Jahre verschwanden politische Witze fast gänzlich; sie wurden nicht mehr gebraucht.

»Ich erinnere mich noch gut an mein Gefühl«, sagte Schenderowitsch, »dass wir durchgehalten haben bis *unsere* Regierung dran war. Sie war wenig gebildet, sie trank, war bärenartig, aber man musste ihr helfen.«

Der Wunsch, *seiner* Regierung zu helfen, spiegelte sich in den Witzen jener Zeit wider. Es war der seltene Fall in der Geschichte Russlands, wo der anonyme Urheber eines Witzes sich um das Schicksal eines aufgehenden Sterns der Politik sorgte. Der Witz bot Jelzin gleichsam die rettende Hand:

Auf dem Kongress der Volksdeputierten (auf dem Jelzin eine Minderheit vertrat) kommen Maskierte mit Maschinenpistolen hereingestürmt.

»Wo ist Jelzin?«

»Da sitzt er doch.«

»Boris Nikolajewitsch, ducken Sie sich!«

»Als wir die ›Puppen‹ gemacht haben, war noch unsere Regierung dran«, fuhr Schenderowitsch fort. »Der damalige Jelzin war ein Eisbrecher, aber in welche Richtung er fahren sollte, wusste er noch nicht. Tschetschenien hatte eine blutige Spur hinterlassen. Da begann die Satire.« Jelzin ärgerte sich über diese Satiren. Er wurde den Eindruck nicht los, Hauptzielscheibe der »Puppen« zu sein, dabei war er, wie Schenderowitsch meinte, »sowohl Väterchen Zar, als auch Wohltäter und Tyrann«. Jedenfalls konnte er es sich nicht erlauben, die unabhängigen Medien abzuwürgen. Und doch kam mit der Zeit der Präsident in Witzen immer schlechter weg:

Jelzin und Kutschma sitzen im Flugzeug. »Was glaubst du, welches Volk trauert wohl mehr, wenn wir beide abstürzen, das russische oder das ukrainische?«, fragt Jelzin. Kutschma nach kurzem Nachdenken: »Das weißrussische.« – »Wieso denn das weißrussische?« – »Weil Lukaschenko nicht mit an Bord war.«

Der letzte Witz über Jelzin, einen leidenschaftlichen Tennisfan, unterstrich den Abgrund, der ihn zuletzt vom Volk trennte:

Jelzin kommt aus der Kirche. Eine alte Frau erkennt den Präsidenten und fleht ihn an: »Alles ist so teuer geworden. Ich bitte Sie, Boris Nikolajewitsch, schlagen Sie nicht mehr auf!« –

»Aber Mütterchen, wie soll ich denn aufschlagen?«, wundert sich Jelzin. »Ich hab ja gar keinen Ball und keinen Schläger dabei.«

Auf meine Frage, ob er Witze mag, antwortete Gennadi Chasanow in Anlehnung an den bekannten georgischen Tomaten-Witz (»Giwi, magst du Tomaten?« – »Essen ja, aber sonst nicht.« – Anm. d. Ü.) mit georgischem Akzent: »Hören ja, aber sonst nicht.« Ich unterhielt mich mit ihm in seinem Arbeitszimmer im Moskauer Varieté-Theater. »Im Humor liegt eine grandiose Gefahr«, sagte der Direktor des führenden Vergnügungsetablissements des Landes. »Er ist ein scharfes Instrument, das ständig in Richtung Aggression umzukippen droht, besonders die Satire. Nicht zufällig erfreut sie sich so großer Nachfrage. Früher hatte das ausschließlich sozialen Charakter. Aber jetzt gibt es den ideologischen Stier KPdSU nicht mehr. Die Menschen haben alles, was in ihnen drin war, nach außen gekehrt. Aber jeder Weg, der nicht zum Tempel führt, ist ein Weg ins Nirgendwo.«

Ich sah den reuigen Komiker verblüfft an. »Gott hat mir nicht die Fähigkeiten geschenkt, über der Situation stehen zu können, als ich jung war«, fügte er hinzu. »Aber die Zeit ist vorbei, und ein Gefühl von Scham hat sich eingestellt: Du lachst über Menschen, die kein bisschen schlechter, ja vielleicht sogar besser sind als du.« Meine Vermutung, das Fernsehen gebärde sich so lustig, um die Menschen von der Realität abzulenken, wollte er nicht teilen und fuhr fort: »Fernsehhumor heute, das ist Sand, in dem sich wohl hin und wieder Goldkörnchen finden ließen. Aber er wird sehr nachlässig gewaschen. Humor – das ist ein äußerst billiges Produkt. Ein paar Kameras und Leute, die sich für den künftigen Ruhm ins Zeug legen – mehr brauchst du nicht.«

Es ist noch gar nicht lange her, da galt Arkadi Raikin als das Nonplusultra in Sachen Humor. Er hinterließ eine Schule der moralischen Satire, die an der Grenze zum Andersdenken lag. Michail Schwanezki bewegte sich auf halb legalem Terrain; seine raren genehmigten Auftritte kannten die Leute größtenteils von Tonbandmitschnitten. Woinowitschs satirische Werke schließlich konnten nur im Samisdat erscheinen. Heute gelten diese Leute als Urgesteine der *sowjetischen* Satire (ungeachtet ihrer damaligen antisowjetischen Einstellung), sie werden allseits verehrt und geschätzt. In einer Veranstaltung mit Schwanezki fiel mir allerdings auf, dass das studentische Publikum seinen »intellektuellen« Humor mit zwar wohlwollendem, aber nur müdem Beifall bedachte. Die Jugend steht offensichtlich auf »schärfere Kost«.

Die liegt inzwischen buchstäblich auf der Straße. Man braucht sich nur zu bücken, um jene Fundgrube von Witzen zu entdecken, wie sie Roman in seinem »Trachtenberg-Café« zum Besten gibt, bei dem Jugendliche unter achtzehn nicht zugelassen sind. In der Tat hatte dieser, empört über Chasanows Attacken, allen Grund festzuhalten, dass er selbst sich nichts ausdenke, sondern lediglich sammle, was vom Volk komme. Doch Chasanows Urteil fiel kurz aus: Das sei *poschlost* (deutsch etwa: Abgeschmacktheit, Banalität, Gemeinheit – Anm. d. Ü.). *Poschlost* ist eines der rätselhaftesten Wörter der russischen Sprache, und Nabokov zog es vor, das Wort nicht ins Englische zu übersetzen, sondern transkribierte es in lateinischen Buchstaben. *Poschlost* hat etymologisch damit zu tun, was vergangen ist – *poschlo* damit, was es nicht nur einmal gegeben hat und folglich langweilig und banal geworden ist. Aber das kann man eher als Euphemismus betrachten. So neigen auch Mädchen aus gutem Hause dazu, Pornografie einfach als langweilig zu bezeichnen, um sich nicht auf detaillierte Definitionen einlassen zu müssen. In der russischen Tradition bedeutet *poschlost* jedoch mehr als nur eine Unanständigkeit. Ob ein Mensch, das Leben oder ein Witz als *poschlo* bezeichnet wird – es ist eine Bewertung der Unvollkommenheit der jeweiligen Erscheinung. Im Laufe meines Lebens ist *poschlost* aus der russischen Sprache, weil offenbar allzu vage, verschwunden.

Roman Trachtenberg handelt wie ein Geschäftsmann. Er macht Humor zu Geld. Ich sitze bei ihm in seiner modischen Wohnung auf dem Leningradski-Prospekt und beginne den Sinn seiner Arbeit zu verstehen. Er pflichtet Chasanow darin bei, dass man »Humor, da wir bei uns ja Markwirtschaft haben, am besten verkauft. Doch sobald die Leute genug davon haben, entstehen Fernsehkanäle je nach Interesse: Humor, Nachrichten usw.« Er beglückte mich mit Tonnen von ihm gesammelter Witze, die ich mir als das kollektive Unbewusste des russischen Volkes vorzustellen versuchte. Die komische Gegenwelt existiert in verschiedenen Ausformungen. Doch nichts lässt sich vergleichen mit dem Witz – dem aphoristischen *Aufruhr des Bewusstseins*. Das ist die Lachgranate, in deren Mechanismus der Satz, der den Witz krönt, der Auslöser des Lachens ist. Laut unseren Philologen ist der Witz in seiner heutigen Form schon seit etwa hundert Jahren in Russland bekannt. Man kann ihn als Vorboten des fragmentarischen Videoclip-Bewusstseins betrachten.

Die ersten russischen Witze handelten von Kaufleuten. Der Witz vergöttert die Dummheit. Er nährt sich von der Dummheit, das ist seine Welt. Der feinere Witz liebt das Deplatzierte. Der anonyme Urheber des Witzes stützt sich in der Regel auf »unsere« Werte, auf das »du verstehst schon« (das gilt als gesunder Menschenverstand), seltener auf Zynismus (als Revolte gegen alle Werte), und sein Opfer ist nicht »unser« (dummes, überhebliches, arrogantes, merkwürdiges usw.) Verhalten. Im vorliegenden Fall ist das

Opfer ein sozial unerfahrener Mensch, wie es jeder Emporkömmling ist:

Kommt ein Kaufmann ins Freudenhaus, trinkt und isst etwas. Von der Wirtin verlangt er ein bestimmtes Mädchen, das jedoch gerade beschäftigt ist, ein anderes ebenfalls. »Was hast du denn zu bieten?« – »Ich hätte da zwei Mädchen aus Paris: große Titten und ganz, ganz kleine Fötzchen.« – »Ein Kaufmann erster Gilde wird sich doch nicht mit kleinen Dingen abgeben!«

Die ersten Fremdlinge in vorrevolutionären Witzen waren Zigeuner und Armenier, die erste komische Berühmtheit Tolstoi, der bekanntlich beschlossen hatte, ein einfaches Leben zu führen:

Ein Zug nähert sich Jasnaja Poljana. Die Fahrgäste erstaunt: »Aber man sieht ja Tolstoi gar nicht beim Pflügen!« Der Kondukteur: »Zu pflügen belieben der Herr Graf nur, wenn ein Luxuszug vorbeikommt.«

Stopp. Meiner Meinung nach haben beide unrecht: der Witz und Lew Tolstoi. Die Welt des Witzes wird mir oft zu klein, sein »gesunder Menschenverstand«, sein Wunsch, das Erhabene zu erniedrigen und das Niedrige zu erhöhen. Tolstois einfaches Leben als Amüsement und Heuchelei eines feinen Herrn darzustellen ist eine beschränkte Philosophie. Aber auch das Misstrauen der »konservativen« Intelligenzija gegenüber dem Witz ist mir fremd. Positiv fasst sie höchstens seinen politischen Mut auf. Der Witz als Genre ist nicht für jeden schwachen Witz verantwortlich, ebenso wie ein schwacher Roman nicht den Roman als Genre repräsentiert. Der Witz wie auch der Aphorismus verwandelt die Welt in einen hermetisch abgeschlossenen Raum, gut geeignet für die Abrechnung mit dem Opfer. Der Witz ist eine Enthauptung. Dennoch ist er eine fiktive Abrechnung. Die Wahrnehmung des Witzes hängt von der Erziehung der Gefühle ab. Wer zerstört was: das

Bewusstsein die reale Enthauptung oder die fiktive Enthauptung das Bewusstsein? Die verbale Enthauptung von Tolstoi (oder eines Tschuktschen zum Beispiel) kann den reifen Verstand nicht verwirren, aber eine Versuchung für den unreifen Kopf werden. Der »liberale« Trachtenberg und der »konservative« Chasanow beantworten die Frage der Reife des Volksverstands unterschiedlich – ein ewiger russischer Streit, der nie enden wird. Die Lästerung steckt nicht im Material, sondern in der Fähigkeit seiner Darbietung: Das naive Bewusstsein setzt die Entweihung von Gräbern und den Scherz gleich – und ist bereit, mit dem Scherz auch Gräber zu entweihen. Das konservative Bewusstsein fürchtet den naiven Geist und schützt ihn vor der Versuchung, verhindert damit aber gerade seinen Reifungsprozess. Doch es geht noch eine weitere Stufe nach unten. Während, sagen wir, in Frankreich der lästerliche Humor, der »Humor zweiten Grades«, das Los der Intellektuellen ist, eine Impfung gegen die Schrecken des Lebens, ist bei uns schwarzer Humor keine Abstraktion, sondern eher das Spiegelbild des realen Lebens. Leben und schwarzer Humor laufen um die Wette.

Trachtenberg meint, dass »ein Witz eine einzigartige Schöpfung« und das Rätsel seiner Urheberschaft etwas Mystisches sei. Wer ist dieser geheimnisvolle Unbekannte, was ist sein schöpferisches Potenzial? Richtig komische Witze tauchen nach seinen Berechnungen etwa zwanzig Stück pro Jahr auf. Ich habe in seinen Werken geblättert, um der Frage auf den Grund zu gehen: Worüber lachen die Russen heutzutage? Der Hauptkorpus: böse Ehefrauen, Schwiegermütter, Seitensprünge. Keinerlei Mystik. Neben diesen trostlosen Themen gibt es das typisch russische Misstrauen gegenüber der Familie, die Verspottung des zänkischen Eheweibs, die schon für die altrussische Tradition charakteristisch war. Ein verklemmtes Verhältnis zum Sex ist vorherrschend: »Wenn Abtreibung Mord ist, dann ist Französisch-Lieben Menschenfresserei.«

In Belgien habe ich gehört, dass Witze über Belgier von ihnen selbst ausgedacht werden. Ich weiß nicht, ob das stimmt oder nicht, russische Witze sind jedenfalls nicht gerade schmeichelhaft für die russische Nation: Wir sind die Allerbesten und die Allerschlechtesten zugleich. Der russische Witz ist flexibel, mobil, er wechselt Standpunkt und Weltsicht auf so widersprüchliche Art, wie es sich für die russische Seele gehört. Witze bleiben ihrem Helden niemals treu, sie schonen ihn nicht. Sogar ihre Lieblinge ziehen sie durch den Kakao. Tschapajew, unser Held des Bürgerkrieges, kann mal anziehend, mal abstoßend dargestellt sein. Dasselbe lässt sich über Wowotschka sagen (eine der möglichen Koseformen von Wladimir und das russische Pendant zu Klein-Fritzchen – Anm. d. Ü.), der für wen auch immer stehen kann: »Einmal wollte Wowotschka Präsident von Russland werden – und er wurde es.«

Das Verstoßensein, das Gefühl des Verlorenseins des modernen Menschen, der von seinem Land nicht gebraucht wird, gibt einer der populärsten Witze der letzten Jahre brutal wieder:

> Ein Mann holt sich vor dem Spiegel einen runter und kann und kann nicht zum Ende kommen. Völlig frustriert sagt er schließlich: »Kein Mensch braucht mich … Nicht mal ich selbst!«

Der Witz der Sowjetzeit beleidigte niemals die russische Kirche – eines der Opfer der bolschewistischen Repressionen. Als aber unter Putin Kirche und Staat auf Schmusekurs gingen, änderte sich die Situation:

> Die Heilige Dreifaltigkeit trifft sich. Der Urlaub steht vor der Tür. Gottvater plant einen Besuch im Paradies bei den Gerechten. Christus hat vor, ein wenig im Heiligen Land Palästina zu wandern.

»Und wohin willst du?«, fragen sie den Heiligen Geist.

»Nach Russland. Zur russisch-orthodoxen Kirche.«

»Was willst du denn da?«

»Da bin ich noch nie gewesen.«

Der Witz reagierte auch prompt auf den Schuldspruch für Michail Chodorkowski (acht Jahre Lagerhaft – Anm. d. Ü.) und behielt sich dabei das Recht auf Neutralität vor: »Endlich ist Chodorkowskis Traum in Erfüllung gegangen – er hat gleich zweimal die Amtszeit eines Präsidenten bekommen.« Ebenso schnell reagierte der Witz auf die brennenden Autos in Frankreich, und das, obwohl der Witz genau wie der normale Russe sich in der Regel nicht für das Leben im Ausland interessiert: »Angebot eines russischen Reiseveranstalters: ›Heiße Touren durch Frankreich – mit dem eigenen Auto!‹« Ungeachtet dessen, dass der russische Witz bereit ist, auch auf dem Feld des tiefschwarzen Humors zu spielen, reagierte er auf die Tragödie von Beslan überhaupt nicht; hier hat er sich offenbar vor Entsetzen auf die Zunge gebissen.

Was den Krieg in Tschetschenien betrifft, so schwankt der Witz in der Bewertung der Ereignisse, solidarisiert sich weder mit den russischen Streitkräften noch mit den tschetschenischen Separatisten. Einige der Witze zu diesem Thema haben überraschenderweise beinahe kindlichen Charakter:

Grosny. Nacht. Ein Schuss. Der wachhabende Offizier kommt angerannt. Vor ihm auf der Erde liegt der Weihnachtsmann – tot.

»Was hast du denn da angerichtet?«, brüllt er den Posten an.

»Ich hab ›Halt!‹ geschrien, aber der latscht einfach weiter.«

»Eben. Genau solche Idioten wie du sorgen dafür, dass der Weihnachtsmann schon das dritte Jahr nicht bis zu uns durchkommt.«

Im Gegensatz zu Bassajew, der es nicht zum Helden von Witzen gebracht hat, ist Bin Laden ins Visier des heutigen russischen Humors geraten: »Bin Laden kommt nach Hause und erkundigt sich besorgt bei seiner Frau: ›Hat niemand nach mir gefragt?‹« Nebenbei bemerkt, die Russen spannen Bin Laden außerdem für ihre eigenen Zwecke ein:

> »Hast du schön gehört? Sie haben Bin Laden in Afghanistan geschnappt, in den Bergen.« – »Und?« – »Als sie ihm den Bart abgesäbelt hatten, kam Beresowski zum Vorschein.«

Bevor wir uns verabschiedeten, betonte Roman Trachtenberg noch einmal, dass er es nicht als seine Aufgabe betrachte, Russland zu versauen. Trachtenberg, selbst Jude, erklärte mir, dass »nach jüdischem Gesetz beim Jüngsten Gericht zuerst die Gerechten auferstehen und anschließend diejenigen, die das Volk zum Lachen gebracht haben.« Er zwinkerte mir zu: »Witze lügen nicht!«

Doch die Frage, worüber sich das Volk amüsiert, ist nicht einfach. Isaak Asimov meinte, dass Witze von Außerirdischen in die Welt gesetzt werden. Wenn dem so ist, arbeiten die Außerirdischen für die Russen in verschiedenen Genres. Für das Überleben und für das Zerstören. Die Welt des russischen Witzes besitzt Wurzeln in der Bewegung der Narodniki. Als Kind seiner Zeit bewahrt er auch den demokratischen Geist der Jugendstilepoche. Und mit welchem Ergebnis? Der russische Humor zieht konsequent gegen die kapitalistischen Werte zu Felde. Mit Witzen über die Kaufleute hatte er seine Kapitalismuskritik begonnen. Nach der Revolution nahmen die Witze antikommunistischen Charakter an. Das war die Schule des verbalen Widerstands gegen die Staatsmacht, das psychologische Ventil. Besonders fruchtbar war das Chruschtschow'sche Tauwetter: Es ließ Tausende von politischen Witzen entstehen. Bis zur Zeit der Perestroika konkurrierten sie erfolgreich mit der sowjetischen Literatur. Witze waren eine Möglichkeit, durch verbale Klopfzeichen herauszufinden, auf welcher Seite jemand stand.

In den 1990-er Jahren kehrte der Witz zur Kapitalismuskritik zurück: »›Sag mal, Kumpel, wie viel brauchst du für hundert Meter?‹ – ›Ein paar Tausender müssen schon rausspringen.‹« Der Witz identifiziert Kapitalismus mit Kriminalität und Kulturlosigkeit. Geld versteht er als verlogenen Wert, der den Menschen in eine idiotische Lage versetzt. Der russische Humor nimmt in letzter Zeit mit dem allergrößten Vergnügen die sparsamen Esten, die der EU beigetreten sind, auf die Schippe:

> Ein Este ist mit dem Auto unterwegs. Auf der Straße sieht er eine tote Krähe liegen. Er hält an, nimmt die Krähe, steckt sie mit den Worten »könnte man noch brauchen« in eine Plastiktüte und legt sie in den Kofferraum. Zwei Wochen später kommt der Este wieder an der Stelle vorbei. Er hält an, holt die Plastiktüte aus dem Kofferraum, nimmt die Krähe raus, legt sie zurück auf die Straße und murmelt: »War doch nicht zu gebrauchen.«

Andererseits fällt der Witz, gleichsam im Streit mit Jean-Jacques Rousseau, über den naiven Naturmenschen her, der mit der modernen Welt nicht klarkommt:

> Ein Tschuktsche heiratet eine Französin. Eine gewisse Zeit vergeht, die Verwandten fragen ihn: »Na, wie ist sie?« – »Schmutzig«, antwortet er. »Wieso denn das?« – »Sie wäscht sich jeden Tag.«

Der russische Humor stimmt *gegen alle*, wie nicht selten auch der Russe bei den Wahlen. Der Witz macht sich in der Regel nicht zum Verteidiger falscher Ideen. Aber er hat eine destruktive Nebenwirkung. Er kann zu einer Säure werden, in der sich jeder beliebige Wert auflösen kann. Der russische Humor hat keine Bremsen. Er brilliert gern mit seiner Unsensibilität: »Ein Streckenwärter sieht auf den Schienen eine tote Ratte liegen: ›Ja, wen haben wir denn da – Anna Karenina!‹« Ein alter Pseudokinderwitz kippt unvermittelt um in schwarzen Humor: »Wowotschka, hör auf, Papa an der Nase zu ziehen! Und überhaupt, lass die Pfoten vom Sarg!«

Der russische Witz hält sich selten mit so allgemeinen Themen wie der Erschaffung der Welt und des Menschen auf. Er geht davon aus, dass Russland das Zentrum des Universums oder zumindest der Nabel der Welt ist. Ausländern kommt er selten entgegen.

Bei multinationalen Themen macht sich der russische Witz über die gängigen (nicht nur für den russischen Humor typischen) Charaktereigenschaften von Ausländern und Fremden lustig, aber die Russen selbst stellt er als Leute ohne Regeln und Gesetze dar. So wird sich der Amerikaner – glaubt man den Witzen – in einen Abgrund stürzen, vorausgesetzt, dort findet er eine Million Dollar. Der Franzose wird auch springen – für eine Frau. Der Russe dagegen nur, wenn sich dort ein Meer aus Wodka auftut oder wenn man ihm sagt, dass man nicht in Abgründe springen darf. Eines aber können die Russen unter keinen Umständen hergeben – ihre rätselhafte Seele:

> Was sagen Frauen am Morgen nach einer Liebesnacht? Die Deutsche: »Wann heiraten wir?« Die Französin: »Pierre war aber besser.« Die Russin: »Meine Seele, lieber Fedja, hast du aber doch nicht verstanden.«

Die politischen Witze bringen uns zurück zum »Lachen unter Tränen«. Radio Eriwan – der Inbegriff des politischen Witzes der Sowjetzeit – ironisiert: »Frage an Radio Eriwan: ›Welche Sprache ist schwieriger, Chinesisch oder Hebräisch?‹ Antwort: ›Ukrainisch, denn die Hälfte der Ukrainer kann es bis heute nicht richtig.‹« Der Witz vergisst ab und zu seinen Hang zum Wahnsinn und stellt jedem russischen Regenten eine eigene Diagnose:

Ein fahrender Zug. Plötzlich hören die Gleise auf. Was tun? Unter Lenin: Alle Fahrgäste werden zum Subbotnik rausgejagt und müssen neue Gleise verlegen. Unter Stalin: Weichensteller und Passagiere werden erschossen. Unter Chruschtschow: Die Gleise werden hinten abmontiert und vorn wieder verlegt. Unter Breschnew: Die Fahrgäste bringen die Wagen zum Schaukeln und tun so, als ob der Zug fährt. Unter Gorbatschow: Alle schreien einmütig »Wir haben keine Gleise!« Unter Jelzin: Die Gleise werden ständig weiter geklaut, und für alle Fälle wird beim Internationalen Währungsfonds ein Kredit für die Wiederherstellung der Bahnlinie aufgenommen. Unter Putin: Die Zuständigen schreien wie wild durcheinander und schieben alle Schuld auf die Tschetschenen.

Über Putin kursieren nur wenige Witze. Manche meinen, der Grund dafür sei Angst, doch offenbar liegt es an etwas anderem. Die Breschnew-Ära hat eine ungeheure Menge von gnadenlosen Witzen über das gebrechliche Staatsoberhaupt produziert (»Gestern empfing Breschnew im Kreml den norwegischen Botschafter als amerikanischen und führte mit ihm ein Gespräch.«), trotz aller Versuche des Regimes, ihre Verbreitung einzudämmen. Für die anonymen Urheber von Witzen ist Putin nach wie vor eine undurchdringliche Figur. Allerdings hat der Witz bereits in Putins erster Amtszeit einen historischen Platz für ihn gefunden. Wie es bei Witzen oft der Fall ist, wurden dafür einfach die Protagonisten ausgetauscht. Der ehemalige Untergebene von Andropow hat einen Witz geerbt, der ursprünglich auf Andropow selbst gemünzt war: »Eine neue Apfelsorte ist gezüchtet worden – der ›Putinka‹. Er zieht einem nicht nur den Mund zusammen, sondern auch die Handgelenke.« Später reagierte der Witz auf die Verschärfung des Regimes: »›Hast du schon gehört, Putin hat den Arm gebrochen.‹ –

›Wem?‹« Außerdem spiegelte er die Vertikale der Macht, die auf der Verachtung von Untergebenen basiert:

Putin geht mit dem Sprecher der Duma und einigen Ministern ins Restaurant. Der Ober fragt ihn:

»Wünschen Sie Fleisch oder Fisch?«

»Fleisch.«

»Und das Gemüse?«

»Das Gemüse möchte auch Fleisch.«

Politisch hinkt der Vergleich Putins mit Stalin gewaltig, doch der Witz verlacht vor allem den neuen Personenkult und begründet damit eine Gegenüberstellung der beiden Führer:

Im Porzellangeschäft wendet sich ein Kunde an den Verkäufer:

»Geben Sie mir doch bitte diese wundervolle Porzellanratte.«

»Das ist keine Ratte, das ist Präsident Putin.«

»Was Sie nicht sagen! Na, dann nehm ich gleich zwei davon!«

Der Witz übernimmt die Rolle des altrussischen heiligen Narren, des wahrheitsliebenden Dummen, den die Zaren duldeten. Das Paradigma bleibt das gleiche, altrussisch, nichts ändert sich außer den Details. Die Kritik am neuen »Personenkult« verläuft parallel zur Entthronung von Putin als Sexsymbol. Anstelle des Sportlers, Skiläufers, Reiters und Judokämpfers tritt ein diffamierender Vergleich, der darauf anspielt, wie leicht der Chef zu beleidigen und wie nachtragend er ist. Noch bevor der Witz auftauchte, produzierte Schenderowitsch eine skandalöse Folge der »Puppen«, in der er Putin mit »Krümel Zaches« verglich, dem Dreikäsehoch aus einem bekannten russischen Märchen. »Putin fühlte sich durch das Aussehen der Figur beleidigt«, grinst der Satiriker, »dabei bin ich selbst auch nicht größer als er.«

Schenderowitsch zitiert Fasil Iskander: »Satire, das ist beleidigte Liebe.« Schenderowitsch bekräftigt, dass die Staatsmacht das Volk betrogen habe und deshalb satirische Entlarvung verdiene.

Andererseits ist Schenderowitsch, der das Wesentliche im russischen Witz herauszufinden versucht, meiner Meinung nach allzu optimistisch, wenn er glaubt, dass sich in Witzen beim Volk »ein Humor von höchstem Niveau entwickelt, was wiederum hilft, in diesem Land zu überleben. Der Mensch überlebt durch den Witz.«

Die Staatsmacht behält sich das Recht vor, die komische Gegenwelt notfalls zurückzupfeifen. Wie aber das Chaos in den russischen Köpfen stoppen? Der russische Witz erzählt oft von der Schwäche der Existenz und der Vergeblichkeit der Hoffnungen. Was immer du im Leben tust – mach dich gefasst auf Fallen. Wir leben in einer *fröhlichen Hölle*. Die russische Idee von der Unernsthaftigkeit des Lebens als Ausgleich zum westlichen ernsthaften Verhältnis zur Moral kann für den vom gleichförmigen Leben müden Ausländer durchaus verlockend aussehen, obwohl sie durch ihre politische Unkorrektheit, bisweilen durch Atavismus, Grobheit und Barbarei auch abschreckt. Humor, der sich gegen alle wendet, von den Juden bis zu den Tschuktschen, von Ehemännern bis zu Liebhabern, von Bullen bis Banditen, von Krokodil Gena bis Natascha Rostowa, vom »bösen« Eheweib bis zu Putin, bringt die Karten durcheinander, produziert Absurdes und tritt letzten Endes in Widerspruch zu der für Russland unumgänglichen Anstrengung, Teil der zivilisierten Welt zu werden. Er spiegelt die russische Seele wider und formt sie zugleich. Er ist bereit zum Widerstand gegen Autoritarismus und hegt gleichzeitig Zweifel an einer vernünftigen Struktur des Lebens. Er steckt sich maßlose Ziele und sucht nach Umwegen. Er reduziert das ganze Leben auf einen großen Scherz und wundert sich dann, woher das kommt. Ein Witz fragt Wassili Iwanowitsch Tschapajew, ob er imstande sei, einen Fluss Wodka auszutrinken. Seine Antwort: »Wo soll ich denn so eine Riesengurke herkriegen, die ich dazu essen könnte?« Russland ist erstarrt in Erwartung der Wundergurke.

Solschenizyns Lebenssinn

Der letzte russische Klassiker ist tot. Was meine ich damit? Von seiner ethischen und ästhetischen Konstitution her gehört Solschenizyn der humanistischen Tradition an. Er ist ein kompliziert zusammengesetztes Molekül aus grundlegend russischen Werten. Er stellt eine Legierung aus Schriftsteller und öffentlicher Person dar, aus Kritiker und Regimeopfer, aus Subjekt und Objekt der russischen Geschichte. Er glaubt an die Gerechtigkeit. Er ist bereit anzuerkennen, dass der Mensch von Natur aus gut ist, durch die gesellschaftlichen Umstände aber deformiert und verdorben wird. Um der Idee der Gerechtigkeit eine fundamentale Grundlage zu geben, findet Solschenizyn einen religiösen Nenner: Der Glaube an Gott passt insofern in sein System, als er den Kampf gegen den Totalitarismus rechtfertigt. Als Resultat haben wir eine ganzheitliche Kämpferfigur vor uns. Aus der Perspektive verschiedener philosophischer Strömungen des 20. Jahrhunderts ist das alles schrecklich primitiv, naiv, hilflos, doch wenn es um den Kampf gegen den Kommunismus geht, ist es die einzig mögliche Formel der schriftstellerischen Existenz.

Im Grunde wurde der Schriftsteller Solschenizyn von der ihm feindlichen Gesellschaftsdoktrin erschaffen. Ohne den äußeren Feind hätte er nichts gehabt, worüber er hätte schreiben können – seine Vorstellungen von der menschlichen Natur, von der Geschichte und Eigenart Russlands sind der Idee des moralischen

Widerstands gegen das Böse in Form von Betrug und Gewalt untergeordnet. Für Solschenizyn war der Westen lediglich ein Stützpunkt zur Fortsetzung des Kampfes gegen das verhasste Regime der Sowjetunion. Als Repräsentant einer für Russland schädlichen Ideologie des Liberalismus blieb ihm der Westen immer fremd. Solschenizyn machte kein Hehl aus seiner Abneigung gegen das westliche Leben, dessen Sinngebung in der Konsumorientierung ihn abstieß.

Wofür sollen wir alle Solschenizyn lieben?

Nun, zuallererst für sein Buch *Der Archipel Gulag*. Er hat Zeugnisse von Opfern der Repressionen gesammelt und damit gezeigt, dass der Kommunismus menschenfeindlich ist, und er hat dies am Beispiel der gesamten Geschichte der Sowjetunion bewiesen. Als Ergebnis ist der Eurokommunismus faktisch verschwunden, und in Russland wurde sein Buch zur geistigen Grundlage für die Zerstörung des Sowjetimperiums.

Über alles andere, was Solschenizyn geschrieben hat, kann man streiten.

In seinem Roman *Ein Tag im Leben des Iwan Denissowitsch*, der in der Sowjetunion 1962 in der relativ liberalen Zeitschrift *Nowy mir (Neue Welt)* veröffentlicht wurde und Solschenizyn zum Kultautor der Wahrheit machte, kehrt er zu einem wichtigen Thema der russischen Literatur zurück – zum Thema des kleinen Mannes, der, ungeachtet seiner geringen Bildung, die Welt besser versteht und fühlt als gebildete Menschen, als die Intelligenzija. Grob gesagt, wir haben es hier mit der russischen Variante der Rousseau'schen Philosophie zu tun: Der Naturmensch – das ist der einzige Mensch, dessen Instinkten man vertrauen darf. Das Gleiche sehen wir in seiner Erzählung *Matrjonas Hof*, in der eine arglose alte Frau in den Rang nicht nur einer Gerechten, sondern man möchte sogar sagen, einer Heiligen erhoben wird. Ein slawophiler

Aufruf, zur Heiligen Rus zurückzukehren, faktisch zu einem Mythos, den man nur auf Treu und Glauben annehmen kann.

Auf diese Weise wird Solschenizyn der führende Schriftsteller in der sogenannten Dorfprosa, die die gesamte moderne Zivilisation in Zweifel zieht, die sowjetische und die westliche gleichermaßen. Doch das heroische Schicksal Solschenizyns selbst verdeckte den konservativen Sinn seiner Werke; er kämpfte heldenhaft und erfolgreich gegen das Sowjetregime, das in ihm einen gefährlichen Feind hatte, denn er war für das einfache Volk, so wie die Sowjetmacht theoretisch ja auch, und stellte sich zudem gegen die westlichen Werte. Der »Heiligkeit« des russischen Volkes konnte die Sowjetmacht nach Stalins Tod nur mit unartikuliertem Gebrüll widersprechen; auch sie glaubte an die außerordentlichen Eigenschaften des russischen Volkes. Die politischen Aktivitäten des Kommunismusgegners Solschenizyn indessen führten dazu, dass man ihn 1974 in die Emigration schickte, was zu seinem Weltruhm beitrug. Er wurde Literaturnobelpreisträger und schließlich in Vermont zum Einsiedler. In den USA setzte er sich zum Ziel, ein vollkommen zurückgezogenes Leben zu führen und ein Werk ähnlich Tolstois Roman *Krieg und Frieden* zu schreiben.

Solschenizyn lässt sich schwerlich als großer Schriftsteller bezeichnen. Im Grunde hat er außer Iwan Denissowitsch keine einzige nachhaltig beeindruckende Figur erschaffen. Seine Experimente mit der russischen Sprache, die er zu den archaischen Wurzeln zurückführen wollte, blieben erfolglos. Doch 1994 kehrte er als Sieger nach Russland zurück, und da sahen in den intellektuellen Kreisen ihn viele als »Gewissen der Nation« und setzten große Hoffnungen auf ihn. Solschenizyn kam mit der moralischen Losung »nicht in der Lüge leben« und einem sozialen Programm zur Umstrukturierung Russlands nach konservativem Muster zurück. Das »Gewissen der Nation« stand rasch allein auf weiter Flur.

Die Staatsmacht versuchte, sich seinen Beistand zu sichern. Er schien inkonsequent zu sein. Mit der Jelzin'schen Demokratie fand er keine gemeinsame Sprache, dafür war er, als Putin an die Macht kam, bereit, mit diesem als Restaurator des russischen Staates freundschaftlich zu verkehren, und hörte faktisch auf, dessen Regime zu kritisieren. Solschenizyn wurde in hohen Auflagen gedruckt und in der Schule durchgenommen, was für jeden Schriftsteller gefährlich ist. Er beschloss, sich mit dem wunden Punkt der historischen Präsenz der Juden in Russland auseinanderzusetzen, und in seinem letzten Buch *Zweihundert Jahre zusammen* gab er zu verstehen, die Juden seien der Motor des russischen Kommunismus gewesen. Das war unschön und unwahr. Die jüdischen Revolutionäre waren die logische Folge der antisemitischen Politik des Zarenregimes. Ein Teil der Intelligenzija nahm ihm das übel, viele waren empört. Solschenizyn kritisierte Putin kein einziges Mal für dessen konsequenten Weg zum Autoritarismus – dieses billigende Schweigen war seinem Ruf als Dissident sehr abträglich.

Solschenizyn ist in einem Moment gestorben, da unser Land wieder einmal an einem Scheideweg steht. Welchen Weg wird der neue Präsident Medwedew gehen, welche Chance hat der russische Liberalismus? Darüber kann man nur spekulieren. Jedenfalls hätte Solschenizyn den liberalen Weg nicht akzeptiert. Doch dank seines *Archipel Gulag* wird er immer einer der großen Helden der russischen Geschichte bleiben. Als Autorität in Sachen Gott und Gutes hat Solschenizyn den Kreis der traditionellen russischen Schriftsteller geschlossen. Er hat weder eine literarische Schule noch politische Nachfolger hinterlassen. Er hat sich als Einzelgänger erwiesen. Als erfolgreicher und tragischer zugleich. Sein Lebenssinn war die Beseitigung des Kommunismus. Alles andere sind Details.

II ZWEITER TEIL

Warum russische Schönheiten billiger werden

Warum russische Schönheiten billiger werden

Ein ödes Hotelzimmer. Zwei Schritte entfernt von dem Haus, in dem Lenin wohnte. Ich wusste nichts mit mir anzufangen. Draußen Frühlingsnieselregen, unter Regenschirmen die betont exzentrischen Bürger Zürichs. Bis zu meinem Auftritt in einem mir unbekannten Theater vor einem ebenso unbekannten Publikum, wo ich Auszüge aus meinem neuen Buch lesen sollte, hatte ich eine Menge Zeit totzuschlagen. Ich nahm eine Reklamezeitschrift vom Tisch und begann zerstreut, darin herumzublättern. Der Werbung war zu entnehmen, dass in der Schweiz offenbar viele unterschiedliche Uhren verkauft werden, was ich irgendwie vollkommen vergessen hatte, aber ich wollte keine Uhr kaufen. Ich wollte auch nicht essen oder etwas trinken gehen. Ich wollte nicht Lenins Wohnhaus besichtigen. Ich wollte niemanden anrufen. In meiner Seele graues Nirwana. Ich warf einen Blick in die letzten Seiten der Zeitschrift, die über das Nachtleben von Zürich informierten und lauter auf Brustwarzen aufgeklebte silberne Sternchen zeigten. Irgendein Klub warb über eine halbe Seite für seine hübschen *Girls* aus Russland, der Ukraine, Thailand und Brasilien.

Eine bemerkenswerte Zusammenstellung. Russland zählt zur Avantgarde erotischer Exotik. Das brachte mich zum Nachdenken über das Schicksal meiner Heimat. Es ist für niemanden ein Geheimnis, dass die russischen *Girls*, die Nataschas und Tanjas der internationalen Bordelle, erreicht haben, was der russische Soldat nicht geschafft hat: Sie haben die ganze Welt erobert. Ihre bezaubernden slawischen Gesichter mit dem wüsten und erbärmlichen Grinsen von Prostituierten sieht man von Tokio bis Amsterdam. Verwegene Söldnerinnen. Sie werden von irgendwelchen dunklen Mächten in die Sklaverei verkauft. Sie kreischen, aber sie lassen sich verkaufen. Die Zollbeamten aller Länder picken sie auf ihren Flughäfen heraus; sobald sie ein nur einigermaßen anziehendes allein reisendes Mädchen mit russischem Pass erblicken, schreiten sie unverzüglich zur Ermittlung. Umsonst, denn die Nataschas und Tanjas verstehen es, sich wie Harry Potter unsichtbar zu machen.

Russland hat sein Gesicht verloren. Die russischen *Girls* haben sein Image radikal verändert. Was auch immer du von den Brettern des Zürcher Theaters verkündest, auf der Bühne nebenan rutschen deine Landsmänninnen auf allen vieren herum. Nicht sie, wir alle werden auf eine Stufe gestellt mit Thailand und Brasilien. Und wenn zwischen den russischen und ukrainischen Mädchen nur selten eine weißrussische *Beauty* auftaucht, dann liegt das am Polizeistaat, der den Export unter Kontrolle hat, nach dem russischen Sprichwort: Man trägt den Streit nicht vor die Hütte.

In der russischen Hütte sind Prostituierte, über die viel geschrieben wurde, inzwischen kein Thema mehr, dafür aber die Degeneration der russischen Frauen. Will man den Marxisten glauben, die sich vor ihrer Abreise ins revolutionäre Russland vis-à-vis von meinem Hotel versammelten, dann unterliegt alles materiellen Erwägungen. Schließlich haben vor zehn, fünfzehn Jahren in denselben Zürcher Nachtklubs Polinnen gearbeitet, und in Italien nervten polnische Immigranten an den Kreuzungen alle Autofahrer damit, dass sie ungebeten an den Windschutzscheiben herumwischten. Aber jetzt sind sie wieder verschwunden, und das Elend ist nach Osten zurückgeschwappt. Es existiert ein prinzipieller Unterschied, der sich nicht marxistisch erklären lässt. Das polnische Nationalbewusstsein hat die polnische Prostitution als moralische Katastrophe begriffen. Wir hingegen besitzen kein Nationalbewusstsein, das auf moralischen Traditionen gewachsen wäre, daher gibt es keine Grundlage, hier eine Katastrophe zu wittern.

Die Russin war von der Sowjetmacht weniger an die Wand gedrückt als vom heutigen Zustand der Dinge. Sie kam mit den Qualen des sozialistischen Experiments zurecht, denn das Experiment widersprach sowohl dem weiblichen Wesen als auch der menschlichen Natur. Unterbewusst widersetzte sie sich der Selbstzerstörung, instinktiv zog sie sich in sich selbst zurück. Die Sowjetmacht war vor allem eine männliche Angelegenheit. Die Frau war vielleicht von ihrer falschen Romantik durchdrungen, nicht aber von ihrem scholastischen Wesen.

Die Marktwirtschaft hat sich tatsächlich als Falle für die russische Seele erwiesen. Sie bietet eine Fülle von Versuchungen, und zwar nicht morgen, sondern hier und jetzt. Sie ermöglicht es, real zu vergleichen, wer wie lebt und wer was besitzt. Das russische Volk war schon vor der Revolution mit den Gesetzen der Marktwirtschaft nicht zurechtgekommen. Genau das hat Lenins Sieg vorherbestimmt, die Enteignung der Enteigner. Nicht Neid ist der entscheidende Punkt, sondern die Unfähigkeit zur Verwirklichung der Nation durch Marktbeziehungen. Religiöse Ideen der *Selbstbeschränkung* und moralische Ehrbegriffe haben in Russland noch nie funktioniert.

Das Verhaltensmuster der modernen jungen Russin besteht aus sich gegenseitig ausschließenden Vorstellungen. Sie ist romantisch und pragmatisch, archaisch und kybernetisch, naiv und berechnend, keusch und lüstern. Der Mann weiß nicht mehr, *wen* in ihr er lieben soll. Ein Mann liebt an einer Frau das Geheimnis und nicht das moralische Chaos. Die wachsende sexuelle Aggressivität bei den Nachkommen der Turgenjew'schen Fräuleins führt dazu, dass sie leichter zu haben, aber weniger begehrenswert sind. Die Konkurrenz auf dem weiblichen Sexmarkt führt dazu, dass die junge Russin leidenschaftlich immer dieselbe Rolle des Sexualobjekts spielt. Mit ihrer Kleidung unterstreicht sie ihre erogenen Zonen. Sie provoziert die Männer. Mit fortschreitendem Alter kämpft sie immer verzweifelter um die Verwirklichung ihrer Wünsche. Bereits mit dreiundzwanzig wird sie von ersten Gedanken über ein verpfuschtes Leben heimgesucht, ihr Verhalten ist rastlos, sie versucht den Stress mit Trinken abzubauen, sie registriert und diskutiert mit ihren Freundinnen jede Geste männlicher Aufmerksamkeit, jede männliche Kopfbewegung in ihre Richtung. Nach und nach wird sie zynisch, vorhersagbar.

Die junge Russin von heute besitzt keine philosophische Lebensgrundlage. Der Markt mit seinen Versuchungen, die hauptsächlich auf die Frau zielen, um ihr ein bequemes Leben zu ermöglichen, von der Waschmaschine bis zur Yacht, bringt sie aus dem Konzept. Welche Form von Ideologie ist sie zu wählen fähig?

Sie lebt über ihre Verhältnisse. Sie lebt besser, als es ihre Einkünfte erlauben. Sie strebt nach oben, nach dem Leben der Mittelklasse, sie steht auf Zehenspitzen. Wenn sie allein lebt, muss sie ihre Wohnung bezahlen, das Mobiltelefon, nach Möglichkeit ein Auto halten (das heißt auch das Benzin bezahlen), sich um ihr Äußeres kümmern. Sie wird sich niemals billige Cremes ins Gesicht schmieren, aber fürs Essen reicht es dann schon nicht mehr. Wohl oder übel beginnt sie, falls sie es nicht schafft, jemanden zu heiraten, darüber nachzudenken, wer sie aushalten könnte und wie. Die Ideologie des *Mätressendaseins* dringt in ihre Seele ein. Immer aktiver fordert sie von Männern Geld, sie will, dass man sie schon im frühen Stadium der Bekanntschaft aushält, und reagiert empört, wenn sie eine höfliche oder entschiedene Abfuhr erteilt bekommt. Sie beginnt alle Männer für Geizkragen zu halten, ihre finanziellen Ansprüche entsprechen dem Preis einer Luxushure.

Indes garantieren ihr zufällige sexuelle Beziehungen keine ausreichend sexuelle Erziehung. Die steigende Anzahl der Männer erhöht nicht ihre erotischen Qualitäten, ihre Orgasmen sind problematisch, sie kommt meistens nur bis zum »kurz davor«, denn jedes Mal stört irgendwas, komplizierte Sexspiele überfordern sie gewöhnlich, nichtsdestoweniger hält sie sich für unwiderstehlich. In der Regel überschätzt sie ihre Schönheit und erweist sich als sehr anspruchsvoll. Mit einem Bein steht sie auf dem Feld der klassischen russischen Kultur, genauer gesagt, ihrer Ruinen, mit dem anderen in der Disko.

Die Vergnügungssucht, der Triumph der jugendlichen Subkultur verwandelt die Natur des Diskomädchens. Sie ist außer Rand und Band. Ihr Sexualleben liegt beinahe an der Oberfläche. Sie wird es wohl nicht mit dem Nächstbesten bereden, aber schon bei der ersten Annäherung ist sie bereit zu erzählen, was in den vorhergehenden Generationen jahrzehntelang geheim gehalten wurde. In Bettgesprächen ist sie erschütternd offenherzig. Die Bekenntnisse quellen nur so aus ihr heraus und bezeugen ein weiteres Mal die Kriminalisierung unseres Landes. Mit großer Wahrscheinlichkeit hat sie die Erfahrung einer Vergewaltigung (infolgedessen Flegeleien der Miliz, unfairer Prozess) oder zumindest grober Belästigung machen müssen. Sie erzählt, dass ihre Chefs ihr permanent unzüchtige Angebote machen; das bringt sie in eine schwierige Lage, nicht etwa, weil sie ablehnt, sondern weil sie riskiert, wenn sie mit ihrem Vorgesetzten geschlafen hat, als »gebrauchtes Personal« ihre Arbeit zu verlieren. Ihre Berichte hinterlassen gemischte Gefühle. Einerseits versteht man, wie schwierig es ist, im modernen Russland als junge Frau zu existieren. Gott bewahre, als solche geboren zu werden. Andererseits besitzt sie keine Orientierungspunkte, die ihr helfen würden, ihre Situation richtig zu verstehen. Die Philosophie des Hedonismus taugt in unserem Land höchstens in vollkommen abgesicherten sozialen Verhältnissen, und selbst da nicht immer. Außerdem ist die Philosophie des Hedonismus ein Bastard.

Das Porträt der modernen jungen Russin ist untrennbar verbunden mit der Frage: Hast du das ausprobiert? Seit die Schwulenproblematik in ruhigen Bahnen verläuft, ist die Zeit anderer Formen von Degustation gekommen. Schließlich leben wir nur einmal und wollen etwas haben, woran wir uns erinnern können. Neugier, sexuelle Enthemmtheit, pornografische Nachhilfe per Video, die bei uns relativ neue Idee gleichgeschlechtlicher weiblicher Liebe, das von der Popkultur angeheizte Bedürfnis, beim Sex die aktive Rolle zu übernehmen, schließlich irgendwelche unbewussten ästhetischen Vorstellungen und die Sehnsucht nach *Zärtlichkeit* bringen das Diskomädchen auf lesbische Fantasien, die in der Regel nur zu Imitationen eines Beischlafs in angetrunkenem Zustand führen. Derlei Experimente enden gewöhnlich mit kleinen morgendlichen Gewissensbissen.

Russland entwickelt sich zum Sexparadies. In diesem großen Naturschutzgebiet für unbefriedigte Schönheiten fliegen die Mädchen auf erwachsene Männer, auf »Papis«. Je reicher das Land, desto weniger »ungleiche Ehen«. Während in westlichen Ländern selbst ein betuchter und gestandener Mann nur mit Mühe Kontakt zu einer sehr jungen Frau finden kann, ist bei uns der Altersgenosse beinahe ein Synonym für Unreife. Die russischen Männer reagieren darauf mit einer *Lolitisierung* ihrer Wünsche. Ist ja schließlich ihr gutes Recht. Doch es ist auch ein Anzeichen für die Abwertung der Frau. Ein Mädchen an der Schwelle zur Volljährigkeit hebt sich vorteilhaft ab von einer dreißigjährigen Hedonistin mit nicht mehr ganz festem Busen. Das junge Mädchen, dem am Kiosk keine Zigaretten verkauft werden, besitzt den Vorzug, dass es gerade erst beginnt und noch nicht abgebrüht ist. Auf die Gewissensfreiheit der Mädchen reagieren die Männer mit der Schlussfolgerung, dass Frauen überhaupt verlogen und untreu sind. Das schützt sie vor Überraschungen. Sie haben immer ein Argument parat, um eine junge Frau vor die Tür setzen zu können. Auf jeden Fall sind ihre Absichten aufgedeckt, und sie ist entlarvt.

Was für ein Verhalten ist charakteristisch für ein anständiges Mädchen? Vom Standpunkt der allgemeinen Moral aus gesehen, vor dem Hintergrund der anderen, in den Augen der Freundinnen steht sie da als *dumme Gans*. Sie hat keine Chance, ihre Position zu verteidigen, umsonst beharrt sie darauf. Es ist aus der Mode, ein unnahbares Mimöschen zu sein, langweilig ist das, und wofür soll das gut sein? Während aus den regenbogenfarbigen Handys der Freundinnen das ersehnte, männlich gegrunzte »Hi« tönt, fragt auf ihrem Handy die Großmutter besorgt, wo sie denn um Himmels willen sei. Ungleiche Ausgangspositionen. Nichts leichter, als ein anständiges Mädchen der Frigidität zu verdächtigen.

Die heutige Generation der jungen Russinnen sieht sich vor heikle Probleme gestellt. Es fehlt an Männern, die imstande wären, einer Frau ein normales Leben zu bieten. Das reale Verhältnis zwischen Frauen und Männern ist numerisch schwer zu bestimmen, aber es ist nicht ausgeschlossen, dass auf zehn Frauen nicht »neun Jungs« kommen wie in einem bekannten russischen Lied, sondern gerade mal ein einziger Mann. Die anderen sind entweder arme Schlucker oder drogenabhängig, sexuelle Krüppel, Alkoholiker, Verrückte oder alles zusammen.

Auf der gesellschaftlichen Bühne erscheint ein neuer Typ Frau, der leicht für eine ordentliche Summe zu kaufen ist, aber nach menschlichen Maßstäben billiger wird. Ohne moralische Werte, die ihr Verhältnis zum Leben korrigieren könnten, verwirrt sich die Frau in den Begriffen, kommt aus dem Konzept. Wie zuvor träumt sie von der ewigen Liebe, doch während sie darauf wartet, ist sie leicht zu haben und austauschbar. Sie verliert solche Qualitäten wie Aufopferungsbereitschaft. Wie das gehen soll? Was das bedeutet? Sie misst alles an ihren Interessen. Schließlich verliebt sie sich, sie liebt vielleicht sogar. Plötzlich stellt sich heraus, dass sie ihre glücklich erworbene Natur nicht mehr ändern, von ihren Interessen nicht mehr absehen kann. Sie liebt, solange es für sie interessant ist. Bloß – mit ihr zusammen zu sein ist uninteressant geworden.

Hausfrau

Hausfrau war bis vor kurzem ein unangenehmes Wort. Dabei dachte man immer an die Hauswirtin (Russisch dasselbe Wort: chosjaika – Anm. d. Ü.), ein gemeines Biest mit ewigen Beanstandungen, der man Geld zahlen musste, das man nicht hatte. Doch Puschkins Zeile »mein Ideal ist nun die Hausfrau« ist wieder aktuell geworden. In der geräumigen Küche von großen Stadtwohnungen und Häusern im Grünen hat sich eine Leerstelle aufgetan. Ein zappeliges Flittchen lässt man hier nicht rein. Es sei denn, es verändert sich von Grund auf. Die Leerstelle will mit jemandem gefüllt werden.

Alle Frauen träumen von der großen Liebe. Sie stellen sie sich als endloses Glücksgefühl vor. Als würden die Vorhänge zur Seite gezogen und die Sonne würde ein neues, starkes Licht durch das weit geöffnete Fenster auf die gewohnten Gegenstände werfen. Dieses Glück ist unteilbar und unbestechlich. Man darf es nicht in geistige und materielle Sphären des Lebens trennen. Es durchdringt schwere wie leichte Zeiten. Jede Frau weiß: Wenn sie glücklich ist, lackiert sie sich anders die Fingernägel, kämmt sich anders das Haar vor dem Spiegel, liest anders Bücher und schneidet schließlich in der Küche anders Zwiebeln. Sie schneidet sie und lacht und weint dabei.

Das Beispiel mit den Zwiebeln bezeugt ein weiteres Mal, dass frau, wenn sie sich dem Leben von ihrer glücklichen Seite zeigt, die traditionellen weiblichen Rollen, die ihr bisweilen lästig vorkommen, leicht und mit Freude ausfüllen kann. Mehr noch, mit Liebe. Es ist genauso wie mit dem Geld: Geld bringt Geld, eine frohe Lebenseinstellung bringt Glück. Positives ist attraktiv. Ach, könntet ihr sehen, wie Bernadette, meine französische Bekannte, eine Suppe aus Artischocken und Zucchini zubereitet! Natürlich, sie lebt auf einem paradiesischen Fleckchen Erde, in Südfrankreich, am Meer, aber geht es denn etwa nur darum? Sie ist einfach eine Fee, um nicht zu sagen, eine Zauberin. Fröhlich, schmal und jung, liest sie mit ihren fünfzig Jahren nicht nur Frauen aus der Hand, ob das nächste Kind ein Junge oder ein Mädchen wird, sondern kocht zum Besuch von Freunden ein Abendessen, dass diese, wie verhext, gar nicht mehr gehen wollen. Geduldig löst sie mit einem Teelöffel das Weiche aus jedem Artischockenblatt heraus, dann schneidet sie die Zucchini. Geduld ist nicht nur eine Charaktereigenschaft, sondern auch maßgeblich für das Talent der Hausfrau. Eine Frau, die nicht kochen kann, hat eine besondere Frigidität der Seele.

»Weißt du«, sagt sie, »für mich ist das Schnipseln von Gemüse die beste Meditation. Es ist so unterschiedlich und hypnotisiert mich mit seinem Innern! Fleisch ist etwas anderes. Es blutet. Das Schneiden von Fleisch hat etwas von Opferung.«

Ich wähle aus ihren Worten den Begriff »Meditation«, hier im Zusammenhang mit Gemüse, und beginne zu verstehen, was unseren Hausfrauen fehlt – den Organisatoren der panischen Kocherei und der Hysterie vor dem Eintreffen der Gäste. Wenn Bernadette das Abendessen zubereitet, vertieft sie sich in ihre Liebe zu den Gästen. Zuerst kocht sie das Weiche aus den Artischocken, dann die Zucchinistückchen mit verschiedenen Gewürzen. Sie passiert die Zucchini, dann kocht sie sie wieder, diesmal alles zusammen. Und wie viel Zeit nimmt das in Anspruch?

»Dafür braucht es vor allem *grand amour*!«, lächelt sie.

Ihre Küche ist ein Raum der großen Liebe. Küche in beiden Bedeutungen: Raum und Essen. Alles hängt zusammen. In ihrem Haus ist die Küche nicht vom Esszimmer isoliert; beide werden lediglich durch einen zusätzlichen Küchentisch voneinander getrennt, der die Küche in ein Quadrat mit einer offenen Seite verwandelt. Darin ist alles rasch bei der Hand: von den neuesten Pfannen und Mixern bis zu Omas gusseisernem Kochgeschirr. Zahlreiche Olivenöle und Essigsorten mit verschiedenen Zusätzen – alles, was man für Salate braucht. Gewürze und Zutaten werden in grünen provenzalischen Töpfchen, bemalt mit einem Zweig schwarzer Oliven, aufbewahrt. Eine solche Küche fürchtet weder Vorspeisen noch Desserts. Bernadettes Ehemann spielt in der Küche die zweite Geige, dafür ist er der Chef in Sachen Wein.

Für uns in Russland, die wir die Welt der Küche nach Jahrzehnten des Küchenverfalls wiederentdecken, ist es noch weit bis zu Bernadettes Harmonie. Die Frau in der russischen Küche hat sich bisher noch nicht definiert, und die Bezeichnung »Hausfrau« fürchtet sie wie Feuer. Mit Küchenmeditation sieht es bei ihr mau aus. Das ist nicht weiter verwunderlich: Die russischen Familienwerte sind nicht weniger nebulös als die nationale Idee. Die Anspruchslosigkeit und Monotonie des täglichen Essens sind nicht die beste Übereinkunft zwischen Mann und Frau. Die Familie zu ernähren und Gäste zu bewirten, das sind bei uns bisher zwei verschiedene Dinge. Ein Restaurantbesuch ist für die Mehrheit der russischen Familien keine gewöhnliche Unternehmung, sondern ein festliches Ereignis. Indes formen gerade das alltägliche Essen und die Liebe zum gewohnten Platz in der Küche den Körper, bestimmen den Geist und das Selbstbewusstsein.

Viele von unseren Frauen betreten die Küche als einen Raum zweiter Wahl. Dabei ähnelt inzwischen die Rolle der Küche in der Wohnung der Rolle der Unterwäsche – damit muss alles anfangen.

Die »Küchenkultur« der Sowjetzeit zeichnete sich aus durch Gespräche und nicht durch das Essen. Wir haben aus dieser Zeit eine Diskrepanz geerbt, die für unterentwickelte Länder typisch ist: In manchen Küchen wird noch vergeblich gegen Mäuse und Kakerlaken gekämpft, während die Neureichen mit immer extravaganteren Luxus-Designerküchen protzen. Allerdings sind wir bereit, dazuzulernen, uns umzusehen, zu reisen und Erfahrungen anderer zu übernehmen. Den Geschmack an gutem Essen haben wir nicht verloren. Im Gegenteil, Russland stellt gerade den Status eines Landes wieder her, das zu essen versteht und das Essen liebt. Doch ohne das Glück einer Frau ist jedes Essen kalt.

Der ideale Gatte

Der ideale Gatte, ein Mann aus Watte. So was in der Art behauptete Oscar Wilde in seinem altmodischen, aber geistreichen Theaterstück. »Gott sei Dank!«, würde die große russische Literatur hinzufügen. Wer ist ihr positiver Held? Ein Mann der Idee. Sein Privatleben kommt an zehnter Stelle. Wir sind die Kinder einer familienfeindlichen Intellektuellentradition. Feueranbeter, kurz gesagt.

Schürzenjäger vom Schlage Onegins und Petschorins haben wir reichlich. Gab es wirklich keinen idealen Gatten in unserer Literatur? Na, vielleicht den altväterlichen Gutsbesitzer von Gogol. Ebenso könnte man seinen Manilow zu den idealen Gatten zählen. Pierre Besuchow? Lewin aus *Anna Karenina*? Bei allem Realismus Tolstois – als Ehemänner sind sie nicht besonders glaubwürdig. Dostojewski zog es vor, mit dem *Ewigen Gatten* das Thema abzuhaken. Kann man sich die Brüder Karamasow als ideale Gatten vorstellen?

Dennoch, es gibt einen aussichtsreichen Anwärter: Erinnern Sie sich an Doktor Dymow aus Tschechows *Flattergeist*? Ein kluges und anständiges Arbeitstier. Zudem – als vorrevolutionärer Arzt – durchaus kein armer Mann. Und? Abserviert! Der Flattergeist zieht den Künstler vor. Doch das ist ein ziemlich einfacher Schachzug.

Der ideale Gatte ist ein Fantasiegebilde. Die ideale Ehefrau gibt es. Sie ist treu, schön, tüchtig im Haushalt. Und noch dazu eine gute Mutter. Eine objektive Figur. Sie variiert, aber sie hat einen Kern. Der ideale Gatte hingegen existiert ausschließlich in der Fantasie der Frauen. Er muss gar nicht unbedingt schön, nicht einmal treu sein. Die Frau formt willkürlich das Bild ihres Auserwählten. Die Schönheit liegt im Auge der Betrachterin. Aus einem Affen macht sie einen Puschkin, aus Puschkin einen Affen. Sie lügt sich selbst und ihren Freundinnen in die Tasche: Ich liebe ihn, so wie er ist. Bei Tschechow, von dem schon die Rede war, stanzt sich das *Seelchen* seine idealen Gatten zurecht. Nur auf den ersten Blick ist es ein Dummerchen, bereit, mit jedem auszukommen. Das ist echt weibliches Talent. Mit dieser glücklichen Eigenschaft ist nicht nur ihr Charakter, sondern auch ihre Liebe gesegnet.

Idealer Gatte und geliebter Mann – wie fallen Kimme und Korn zusammen? Nicht zufällig ist der ideale Gatte bisweilen der Gatte einer anderen. Die Frau vibriert oftmals zwischen den Bildern des Mannes, der intellektuelle Qualitäten besitzt, und desjenigen, der für sie biologisch anziehend ist. Das Bild des idealen Gatten bleibt bestehen, solange es nicht plötzlich im Kopf der Frau platzt. Penelope webt ihren Stoff – Odysseus darf getrost umhersegeln.

Dem Mann liegt das Ideal des »idealen Gatten« in der Regel fern. Der Begriff »Gatte« wird mit der Zeit lästig. Der Mann ist von Natur aus weniger Gatte als die Frau Gattin. Der »Flattergeist« ist das Modell für die Zerstörung des Familienlebens, das »Seelchen« das Modell für dessen Erhaltung. Ach, zur Hölle damit! Ja, dann schon lieber Feueranbeter sein.

Frauenumkleide

Heute bist du allein hierhergekommen, ohne Freundinnen. Sie konnten nicht, hatten keine Lust, sind zu ihrem Rendezvous gelaufen, haben Angst vor der Grippe. Du aber bist gekommen. Du hast für dich selbst, für deinen Körper eine Verpflichtung, und wenn du heute nicht herkommst, wozu dann überhaupt hierherkommen? Du hast einfach einen starken Charakter. Aber ohne Freundinnen im Umkleideraum, die schwarze Tasche mit deinen Sportsachen in der Hand hin und her schlenkernd, das ist was ganz anderes. Zusammen mit den Freundinnen erscheinen dir die anderen wie Schatten ohne Bedeutung, du bemerkst sie nur am Rande. Doch wenn du allein hier bist, um zu schwimmen, zu laufen, dein Pensum zu absolvieren, dann erfasst dich beim Lärm fremder Stimmen, zuschlagender Türen und Spinde, quietschender und knarrender Bänke unwillkürlich ein Gefühl der Einsamkeit: Entweder beeilst du dich dann, oder du setzt dich ganz im Gegenteil einen Moment hin und blickst dich um.

Meine Güte, was riecht das hier komisch! Das ist natürlich nicht dieser ätzende Geruch ungewaschener Achselhöhlen, den du seit deiner Kindheit aus dem Sportunterricht kennst. Hierher kommen Mädels mit Geld im Rücken, woher auch immer, und sie benutzen extravagante Parfüms und Desodorants, aber deine Einsamkeit errichtet eine Mauer zwischen deiner Welt und dem übrigen Umkleideraum. Sportschweiß ist süß, das hast du selbst oft nach deinen Übungen bemerkt. Er ist wie ein Geschenk für deine Anstrengungen, die Dankbarkeit des Körpers für deine Treue. Vor dem Fitnesstraining riechen Frauen anders. Es ist eine Mischung von bei der Arbeit und im Alltag verbrauchter Energie, von trüben Problemen, die sie alle mitgebracht haben. Vielleicht sind sie ja gerade deswegen hierhergekommen, um mit dieser Last abzurechnen.

Klappern und Knirschen hoher Absätze auf den leicht feuchten Fliesen. Du hebst den Blick. Eine einfache Frage kommt dir in den Kopf: Wo beginnen und wo enden deine Zeitgenossinnen, wo sind sie real und wo Fiktion? Dort, jenseits der Tür, oder hier? Sie kommen herein wie angemalte Räubertöchter, wie Schminkprinzessinnen: Ihre dünnen, engen Hosen und Blusen unterstreichen die Schönheit des Fleisches, Jacken geben ihnen wie ein Grundstück ums Haus gerade den nötigen Raum am Körper, modische Röcke aus der Boutique, Haar, das als blonde Welle auf die Schultern fällt, das selbst erfundene Gesicht – dieses ganze Outfit hält sie in einem vampirartigen Bereitschaftszustand. Sie sind eine Armee, nur dass jede ihre eigene Waffengattung, ihren eigenen Kampfauftrag hat. Doch im Umkleideraum löst sich der Kriegszustand in die Einzelteile des sich entblößenden Körpers auf. Als legten sie nicht Klamotten ab, sondern kugelsichere Westen! Je weiter sie sich ausziehen, desto weniger gehören sie der weltweiten Attacke an, dafür umso sichtbarer aber der gegenständlichen Welt. Solange sie noch Unterwäsche anhaben, sind sie zur Verteidigung imstande, doch kaum haben sie den Slip ausgezogen, wird auch das ewig Weibliche zum Objekt eines kühlen Konkurrenzkampfs: Die nach der letzten Mode rasierten Schamhügel sind ein pathologisch-anatomischer Indikator der Zeit.

Du bemerkst diese flinken Blicke, die unter getuschten Wimpern hervorgeworfen werden, auf dich gerichtet, auf andere, auf alle. Blicke wie Schatten aus Gruselfilmen, sie huschen über Brüste, Bauch, Po, Beine. Sie wirken nun wirklich nicht ermutigend auf dich – sie entwerten dich, sie führen dich vor. Manche sind einfach wie Messerstiche. Du lässt dich selbst auf dieses schnelle Spiel ein: Hier stimmt's bei dir nicht, meine Liebe, und da sieht's auch nicht so toll aus. Ungenügend, setzen! Hauptsache, Ironie und Selbstironie bewahren, sich nicht wie eine Schätzerin aus dem Pfandhaus benehmen. Doch der Mensch ist schwach, denkst du dir. Also, was kreischen und gackern diese dummen Hühner denn da herum? Was da so lustig sein soll! Ach, sie gucken sich die neuesten Seifchen an und cremen sich gegenseitig mit angesagten Lotions ein. Sehr erotisch geht es dabei nicht zu, doch die Brustwarzen haben sich aufgestellt: Körperkontakt. Und die da, wie viele eklige Muttermale sie hat, du meine Güte! Nein, die da geht noch, bloß die Beine sind voller Pickelchen. Die reinsten Hühnerbeine! Eine Dicke mit gefärbten Haaren dreht dir ihren Zellulitis-Hintern zu, bückt sich plötzlich und rempelt dich an – na, prost Mahlzeit, ein Arsch ist das –, so sieht also Männerglück aus!

Du springst auf, ziehst unwillkürlich eine Grimasse. Du weißt: Du hast eine freundliche Grimasse wie ein Äffchen. Du gehst in den Duschraum, bemüht, nur ja niemanden zu berühren. Nicht, dass du dich ekelst – du willst einfach nur für dich sein. Deine stolzen Augen stehen dir. Du hast allen Grund, von dir eine gute Meinung zu haben. Bloß halt der Bauch … was hast du eigentlich gegen deinen Bauch? Was bedeutet dir eigentlich dein geliebter Körper? Vielleicht lebe ich ja nicht richtig? Jetzt mach aber mal 'nen Punkt! Weg mit, nieder mit den philosophischen Dummheiten! Es ist nicht die richtige Epoche dafür. Durchsichtige Duschkabinen ohne Tür. Schon wieder eine Ansammlung von sich waschenden Missgeburten. Und die da mit dem Riesenschamhügel und den blauen Venen an den Beinen wäscht sich – stundenlang –

und guckt sich dabei heimlich um – hier und in der Sauna auch schon – elende Voyeurin … Sch…erotik! Soll ich sie ihr zeigen? Nur so, spaßeshalber? Spinnst du? Also echt, Mädels … Alle haben sie nur eines im Sinn, einen Gedanken, eine Leidenschaft – unterzukommen. Sich festzusaugen. Miststücke … Ich mag es nicht, wenn es so viele sind – diese nackten Weiberkörper. Schweig! Was rede ich da? Sind Männer etwa besser?

Du drehst das Wasser auf. Das Rauschen des warmen Wassers weckt die Illusion, geschützt zu sein. Du kommst allmählich zu dir. Das Wasser ist voller Chlor! Nein, du bist heute einfach nicht gut drauf. La-la-la! Das geht vorüber. Die Dusche löst alle Fragen in Wohlgefallen auf, und später – nach deinen Fitnessübungen – fühlst du dich leicht wie ein Vogel. Du fliegst zurück in den Umkleideraum mit dem Frühlingsschrei:

»Mädels, ihr seid alle wunderbar! Ich liebe euch!«

Puschkins Fehler

Immer häufiger scheint mir, dass Puschkin unser NICHTS ist. Nicht weil ich die allgemein verbreitete Ansicht, er sei unser ALLES, bestreiten wollte, sondern weil er in unserer Kultur dasteht wie eine vornehme Villa, allein auf weiter Flur. Er ist keinem ähnlich und keiner ist ihm ähnlich. Übrigens, davon will ich gar nicht reden.

Was tun, wenn deine Frau sich für einen anderen interessiert? Du hast das nicht von ihr erwartet? Du hältst dich für den Besten und Erfolgreichsten. Wenn nicht, hat deine Frau allen Grund, sich in einen anderen zu vergucken. Aber wenn du dich selbst liebst, wie kann sie es da wagen, mit unverhohlenem Interesse ein Auge auf einen anderen zu werfen? Wahrscheinlich hat sie den Verstand verloren (falls sie welchen hatte), oder du hängst ihr mit all deinen großartigen Erfolgen zum Hals heraus, oder sie hatte einfach Lust auf was Neues anstelle von etwas Altem (wie lange sind Sie schon zusammen?). Gut, wenn du ihr Interesse im ersten Stadium einer noch unentschlossenen Verliebtheit bemerkt hast. Das ist wie das frühe Stadium bei Krebs. Es ist operabel. Aber trotzdem: Krebs ist Krebs. Ihre Augen leuchten, wenn sie mit ihm spricht, sie möchte ihn die ganze Zeit berühren, sie zieht sich nur für ihn an (bevor sie sich eines Tages auszieht), sie ergreift jede Gelegenheit zum Gespräch über ihn, sie nervt dich sogar mit ihren Meinungen über ihn. Doch der Eigentümer bist du. Allein der Gedanke, ein anderer könnte ihren Körper besitzen, macht dich rasend, du schließt die Augen und siehst deutlich, wie beide zusammen in seine Karre einsteigen und weiß-der-Kuckuck-wohin fahren. Dabei verhält sie sich dir gegenüber kühler als früher, deine Interessen beschäftigen sie weniger denn je, aber du hast es immer noch eilig, ihr deine großartigen Gedanken mitzuteilen, von deinen Problemen mit den Eltern zu erzählen, die sie früher schon weniger mochte als du, falls sie sie überhaupt je gemocht hat.

Ist dir nie der einfache Gedanke gekommen: Sie hat dich auch weniger geliebt als du sie? Seinerzeit hast du sie erobert, seinerzeit hat sie sich dir hingegeben, wie man sagt, und das Leben bewegte sich in Richtung einer Liebesbeziehung, die mit der Ehe endete. Eben: endete. Du hast sie verwöhnt; sie hielt das für die Norm. Du hast deinen Freunden von ihren kulinarischen Talenten erzählt – sie schwieg. Du hast dich endlos an ihr entzückt, es erregte dich, wie sie auf dem Liebeslager manchmal heiß atmete. Aber sie hat sich in einen anderen verguckt und findet, dass er und sie ähnliche Charaktere, ähnliche Ansichten über das Leben hätten. Kurzum, sie ist verliebt.

Na und, solltest du ihn etwa zum Duell herausfordern?

So dachte offenbar Alexander Sergejewitsch Puschkin. Und – warf den Handschuh.

Was, wenn er es nicht getan hätte? Ich will gar nicht davon sprechen, dass Russland dann noch reicher an Versen und Prosa wäre, dass ein geniales Werk über die Natur der Frau entstanden wäre und schließlich ein umfangreiches Gesamtwerk den allgemeinen nationalen Zerfall gestoppt hätte. Ich schäme mich für den Dichter. Alle – nicht nur Schukowski, selbst Wjasemski – waren unangenehm überrascht von seiner unangemessenen Reaktion. Seine Seele muss so gelitten haben, dass sie ihn in einen armseligen Hahnrei verwandelte. Jeder Mann ist armselig in seiner Eifersucht, aber der große Dichter wirkt in seiner Eifersucht auf Georges d'Anthès einfach lächerlich. Alles geschah im 19. Jahrhundert mit den damaligen Vorstellungen von Ehre, aber die menschliche Natur war nicht anders als heute. Die Frauen wollten Vergnügen, die Männer auch. Die Männer erlaubten sich Seitensprünge, den Frauen war dies nicht erlaubt. Natalja Nikolajewna, gleichgültig geworden gegenüber der Genialität ihres Mannes, verliebte sich in einen flotten französischen Emigranten ihres Alters. Diese Leidenschaft wurde vor den Augen von ganz Petersburg ausgelebt. Zu dritt, zusammen mit dem Feigenblatt Jekaterina, Nataljas Schwester, fuhren sie im Schlitten spazieren. Dampf kam aus ihren Mündern. D'Anthès roch nach Sperma. Um den Skandal zu vertuschen, ehelichte d'Anthès großmütig die unattraktive Jekaterina. Dennoch setzte er die Affäre fort. Nun gut, aber wie lange hätte das noch so weitergehen können? Natalja Nikolajewna gefiel es, anderen Männern zu gefallen. D'Anthès wären seine Familiensorgen allmählich über den Kopf gewachsen, er wäre mit seiner sexuellen Orientierung nicht mehr klargekommen und Puschkins Gattin auf die Nerven gegangen: Sie wäre seiner schließlich überdrüssig geworden. Sie hätte von ihm abgelassen – Puschkin hätte erleichtert aufatmen können.

In der Folge hätte er sich mit d'Anthès vertragen, wie das oft bei Leuten geschieht, die einen gemeinsamen Skandal durchlebt haben. Natalja Nikolajewna hätte sich in den nächsten Kavalier verliebt. Dann in noch einen. Dann endlich hätte der begriffsstutzige Puschkin verstanden, dass sie ein rechtes Miststück ist, Vertrauen nicht verdient und keinerlei moralischen Prinzipien hat. Und er hätte sich von ihr wie von einem dreckigen Weibsstück kühl getrennt und sich eine andere Frau gesucht, die seine Gedichte geliebt hätte und im Bett besser gewesen wäre als die letztlich kalte Natalie.

Oder er hätte sich nicht getrennt, sich weiter gequält und diese Giftschlange geliebt – denn das war sein Los. Karma bleibt Karma. Wenn du ein großer Dichter bist, heißt das nicht, dass deine Frau kein Flittchen sein kann.

Liebt uns unsere Heimat?

Du liebst Russland. Punkt. Niemand hat dich gezwungen, es zu lieben. Du bist hier geboren. Hier haben deine Lieblingspuppen gelebt. Deine Babuschka trug im Sommer einen bunten Sarafan und machte leckere Marmelade aus schwarzen Johannisbeeren ein, mit Schaum obendrauf. Als kleines Mädchen liefst du an einem heißen Tag barfuß zum träge dahinplätschernden Flüsschen. Die Schule hast du, wenn nicht als Klassenbeste, so doch als Patriotin abgeschlossen. Auf dem Abschlussfest hast du, in weißen Schühchen mit hohem Absatz daherstöckelnd, keinen Gedanken daran verschwendet. Dein Klassenkamerad Petja hat dich weit mehr interessiert als die Heimat. Die Heimat lag nicht direkt im Schatten, aber damit war – im Gegensatz zu Petja – alles mehr oder weniger klar. Sie war eine ungetrübte Liebe, ohne Hindernisse, natürlich wie das Atmen.

Du legst deine Hand aufs Herz und sagst auch heute, dass du dich weiterhin als Patriotin bezeichnest, egal wie sehr diverse politische Halunken die Idee des Patriotismus verhunzen oder damit Manipulation betreiben mögen. Das Pathos dieses Wortes irritiert dich nicht, und damit hast du möglicherweise auch recht: Es geht hier um hohe Materie. Mehr noch, mit diesem Glauben machst du deine Karriere, in diesem Glauben erziehst du dein Kind. Als Patriotin reist du nach Paris oder Rom, und als Patriotin kehrst du zurück, bezaubert, ohne jedoch vor der ganzen Herrlichkeit des

Auslands zu kapitulieren. »Sicher gibt es da Dinge, die man lieben kann«, sagst du zu deinem Mann, »aber Russland lieben wir nicht wegen irgendwas, sondern deswegen, weil es hier interessanter ist und immer wieder Überraschungen gibt. Wie auf der Achterbahn – man fliegt rauf und runter, mit Ohs und Achs, Kreischen und Kichern. Außerdem ist unsere Kultur auch nicht schlechter. Und die Sprache? Wenn man sich bei einem internationalen Event das Gezischel der Polen und das Vogelgezwitscher der Tschechen anhört, dann versteht man die Macht unserer melodiösen imperialen Sprechweise!« Dein Ehemann wird dies ganz gewiss nicht bestreiten.

Doch es gibt eine Frage, die jeden russischen Patrioten verwirrt, ob Mann oder Frau. Diese Frage kann sogar einen Menschen entmutigen, der Erfahrung in Diskussionen mitbringt. Da lebst du nichts ahnend vor dich hin, liebst deine Heimat, und die Heimat erlaubt dir gern, sie zu lieben, aber – liebt sie dich auch?

Liebt Russland uns?

Die meisten von uns, unsere Verwandten, Freunde, Bekannten und uns unbekannte Menschen leben unter ungeheuerlichen Bedingungen, aus denen sie sich auf keine Weise befreien können. Elende Wohnungen, halb verfallene Häuser – da hat uns unsere Heimat einquartiert. Die Bürokraten verhöhnen die Bevölkerung. Die Miliz ist gemeingefährlich. Die Gehälter sind lächerlich. Guck selbst, wie du zurechtkommst.

Gut für dich, wenn du nicht krank bist, wenn man dich nicht bestohlen hat, nicht vergewaltigt, wenn es bei dir zu Hause nicht gebrannt hat, wenn du die Möglichkeit hast, dein Kind in einer anständigen Geburtsklinik zur Welt zu bringen. Gut, wenn du bis zum Alter noch viele Jahre vor dir hast. Gut, wenn aus dir keine Alkoholikerin geworden ist. Gut, wenn du nicht aus Versehen in ein russisches Gefängnis geraten bist. Aber wenn du in einem schweren Moment die Hilfe deines Landes brauchst – dann mach dich auf alles gefasst.

Man kann über die Naivität der Amerikaner lachen, aber Amerika hat konkrete soziale Hilfsprogramme für Alte und Arbeitslose, Bedürftige und Behinderte geschaffen. Diese Programme werden von Menschen umgesetzt, die ihre Arbeit lieben und fähig sind, Menschen in Not zu helfen. Nicht nur Amerika, die ganze zivilisierte Welt gewährt jungen Familien einen Kredit für den Erwerb von menschenwürdigem Wohnraum. Das nennt man ein normales Leben.

Wir sind viele – Russland gibt es nur einmal. Es ist einzigartig in seinen vielen Gesichtern. Ich habe es als Sekretärin auf der Meldestelle gesehen, die mir die nötige Bescheinigung verweigerte, als Krankenschwester, die angewidert durch mich hindurchschaute, als Milizionär, Vorgesetzten, Schwein im Ministeramt. Das Land der Schlagbäume mit Schild unter der roten Ampel: »Die normale Position des Schlagbaums ist ›geschlossen‹«. Russland füttert uns bestenfalls mit Versprechungen. Es verhält sich gleichgültig sogar seiner Armee gegenüber, die es dazu auffordert, nicht nur das Land zu verteidigen, sondern auch dem Rest der Welt ein bisschen Angst zu machen. Zu seiner Rechtfertigung kann Russland nur sagen, dass es sich früher noch schlimmer aufgeführt hat: Wer mit der Regierung unzufrieden war, den verbannte es nach Sibirien oder ließ ihn erschießen. Es erfand unmenschliche Utopien, kontrollierte jeden Schritt. Aber die Heimat hat ihre früheren Übeltaten nicht bereut, sie trickst und stümpert bei jeder Gelegenheit. Sie hat bis heute nichts unternommen, um die demografische Katastrophe abzuwenden, die Kriminalitätsrate zu senken, die Lebenserwartung der Menschen zu erhöhen.

»Aber das«, wendest du ein, »ist nicht das Russland, das ich liebe. Das ist nicht das Russland meiner Babuschka im sommerlichen Sarafan. Das ist der Staat. Den kann man nicht lieben.« Das ist ja der Punkt, dass man uns in Russland ein X für ein U vormacht. Der Staat gibt sich als Land unserer Kindheit aus:

»Liebt mich!«

Er reißt sich unsere Gefühle unter den Nagel. Wie ein Falschspieler mischt er bewusst die Begriffe zu seinem eigenen Vorteil. Deine Liebe zu Russland beruht nicht auf Gegenseitigkeit. Aber besteht der russische Staat etwa nicht aus Menschen, also aus uns selbst? Verkaufen wir uns denn nicht selbst für dumm? Wie konnte es passieren, dass der Staat sich ungestraft erlauben kann, unzulänglich zu sein, und dabei immer neue Generationen von Untertanen verschlingt?

Auf diese einfachen himmelschreienden Fragen gibt es bei uns in Russland noch keine Antwort, die uns helfen könnte, uns aus dem vertrauten Wahnsinn zu befreien. Träge und desinteressiert, wie wir sind, haben wir weder Zeit noch Kraft, uns richtig zu konzentrieren. Du hast ja auch gerade darüber nachgedacht, dass du dir mal ein Paar neue Schuhe kaufen könntest. Schuhe sind natürlich was Stärkeres als der Staat. Viel Spaß beim Einkaufen!

Französischlieben

Wenn ich eine Frau kennenlerne, dann frage ich mich, während ich ihr mit einem liebenswürdigen Lächeln in die Augen sehe, irgendwie immer, ob sie wohl gut französisch Liebe macht. Und wieso sollte ich eigentlich an etwas anderes denken? Was interessieren mich ihre Mühen und Tage? Denn Französischlieben – das ist schließlich die grundlegende Bestimmung im Leben einer Frau, Ausdruck ihrer ewigen Weiblichkeit, ihrer natürlichen Gaben und geistigen Fähigkeiten. Und wenn sie nicht selbst darauf kommt oder dergleichen Angebote heftig ablehnt, dann heißt das, sie kann nicht französisch lieben, oder sie tut es stümperhaft, mit gefühllosem Mund. Gott mit ihr: Sie ist geschaffen für irgendwelche nebensächlichen Tätigkeiten, unwichtige Themen, kühle Fingerübungen.

Die Geschichte der Fellatio hat tiefe biblische Wurzeln. Chinesische Archäologen haben festgestellt, dass Eva Adam regelmäßig französisch liebte, aber aus dem Paradies verjagt wurden sie nicht deshalb: Eva hatte auch ein Auge auf den Satan geworfen, um den Unterschied zwischen ihm und dem Manne besser zu verstehen, doch sie konnte keinen besonderen Unterschied ausmachen. Im antiken Griechenland war die Fellatio eine olympische Disziplin, eine nicht weniger populäre Wettkampfart als heutzutage das Paarlaufen auf dem Eis. Im Mittelalter wurde laut Montaigne den Männern zur Behandlung von Lungenentzündung Fellatio verschrieben, seltsamerweise auch gegen Angina. Die Inquisition benutzte die Fellatio als Mittel, um Hexen zu entlarven. Die Frauen, die besonders kunstvoll französisch liebten, behielten die Inquisitoren für sich, zogen vorläufig die schweren Anschuldigungen gegen sie zurück und verbrannten sie erst dann, wenn sie genug von ihnen hatten. Der große japanische Dichter Mazuo Basjo (1644–1694) forderte die Kurtisanen dazu auf, »nicht ein Tröpfchen« zu verlieren, wenn sie ihn französisch liebten. Das indische Kamasutra spricht schon viel früher von der »Perlenflüssigkeit« als Resultat des »Saugens an der Mangofrucht«.

In Russland kam die Fellatio in der Zeit der Wirren in Mode. Sie wurde gern angewandt zur Steigerung des Patriotismus und Festigung der kriegerischen Qualitäten im Kampf gegen die Polen, in der Bauernschicht indes war sie aus hygienischen Gründen verboten. Die marxistische Philosophie in der Sowjetunion hielt die Fellatio ebenso wie den Tod für einen Widerspruch in sich, obwohl sie gerade hierzulande wirklich große Popularität erlangte.

Heute, da die Fellatio eine der grundlegenden menschlichen Tätigkeiten geworden ist, hat sich herausgestellt, dass die russischen Frauen sie mitunter inbrünstig betreiben und in dieser Kunst die meisten Ausländerinnen überflügeln. Darum kann man die russische Fellatio auch als eine Form der nationalen Idee betrachten, die unsere Machtministerien sowie das Kulturministerium bereits in ihr Waffenarsenal aufgenommen haben.

Wenn man in die Kneipen- und Partyszene eintaucht, in der es sehr viele sich ähnelnde junge Frauen gibt, obwohl jede sich selbst für einzigartig hält, sollte man daran denken, dass weder ein leicht geöffneter Mund noch üppige Lippen oder eine ein wenig heraushängende Zunge Anzeichen für Perfektion bei der Fellatio darstellen. Die Meisterin verrät sich durch bescheidene schamlose Augen.

Ich möchte durchaus nicht sagen, dass eine, die sich wie eine Verrückte auf mich wirft, schmatzend und schnurrend, bereit zu- und abzubeißen wie ein tollwütiger Hund, den hohen Rang der Meisterin im Französischlieben verdient. Doch die Gleichgültigen und Trägen können mir auch gestohlen bleiben. In den Mund nehmen ist noch keine Fellatio. Einfach blasen ist noch keine Kunst. Sich winden auf Schlangenart muss nicht sein. Das Allerletzte ist, sich im Physiologischen festzubeißen. Mechanischer Rhythmus ist nicht zu verwechseln mit Beherrschung der Zunge. Sich aufplustern und gackern – auf Wiedersehen! Es gibt keine Lehrbücher, aber irgendjemand erwähnte einmal zu Recht einen tiefen Rachen. Die Fellatio – das ist ein Spiel mit dem Feuer. Die Fellatio – das ist die Fähigkeit, mit der Waffe umzugehen. Halte das Rohr! Doch nur diejenigen erlernen es, die es schon von Anfang an können. Und es straucheln jene, die Fellatio für ein Handwerk halten. Es lohnt nicht, sich groß anzustrengen – Fleiß hilft nicht. Die professionelle Meisterin der Fellatio ähnelt einer Arbeiterin, die mehrere Maschinen gleichzeitig bedient: Schwerstarbeit schmückt nicht die Frau, sondern nur die Ehrentafel der Bestarbeiter. Ich brauche keine roten Wimpel – im Wettbewerb der Meisterinnen des Französischliebens, nach Vorrunden und süßen Abstimmungen, siegt schließlich die trunkene Leidenschaft. Die zärtlich die Liebe frisst, die ist auch eine Oberpriesterin der Liebe. Eine Meisterin im Französischlieben – das ist wie Silvester! Nimm die Champagnerflasche in die Hand, spritz an die Decke und trink direkt aus der Flasche, trink sie leer, dann dreh dich um zu uns und leck dir genüsslich die Lippen.

Haben Männer Angst vor klugen Frauen?

Das Thema, beschwert von feministischem Denken, ist aus dem Westen zu uns gekommen. Ich hatte eine deutsche Freundin, eine radikale Journalistin. Sie bezichtigte alle Männer der Feigheit. Von einer italienischen Freundin bekam ich in etwa das Gleiche zu hören: Männer haben Angst vor klugen Frauen, sie wollen vor ihnen nicht als mickriger Wicht erscheinen, und deshalb heiraten sie dumme Blondinen. Mit mir kann man über alles diskutieren, sagten nacheinander die Deutsche und die Italienerin, aber Männer brauchen das nicht; was sie brauchen, ist Macht über die Frau. Vielleicht war das ja der feministische Blick, aber mir schien aus irgendeinem Grund, dass in den Worten meiner Freundinnen die gewöhnliche Gekränktheit der unbefriedigten Frau durchschimmerte.

In Russland ist das Thema der klugen Frau von den Klassikern entstellt worden. Dostojewski, Tolstoi und Tschechow bemühten sich mit unbegreiflicher Sturheit, den weiblichen Verstand zu desavouieren, die kluge Frau als intellektuelle, diese Rolle beanspruchende Hochstaplerin darzustellen. Solche Frauen begegnen einem in der Tat, und von ihnen hält man sich am besten fern. Sie haben auf alles eine Antwort parat. Doch auf solche Karikaturen lässt sich die Frage des weiblichen Verstands nicht beschränken.

Der weibliche Verstand ist in unseren Gefilden ein heikles Thema. Der russische Mann hat nie gelernt, mit klugen Frauen umzugehen. Wir haben so lange in einer Gesellschaft gelebt, die, obwohl sie nach streng hierarchischen Gesetzen lebte, eine Philosophie der Gleichberechtigung predigte, dass wir ganz verwirrt waren, wer eigentlich nun wem tatsächlich gleich war. Der weibliche Verstand ist dem männlichen nicht gleich. Er ist anders. Indes sind viele Männer auch heute davon überzeugt: Es gibt per definitionem keine klugen Frauen. *Je dümmer ein Mann, desto hitziger stellt er den Verstand der Frau in Abrede.* Kerle brauchen was Schlichteres. Frei nach dem Motto: Kerle sind Schweine und Weiber dumme Gänse. Zum Totlachen! Bei unseren Kerlen gibt es keine Wahrheit ohne schallendes Gelächter; alles andere ist feindliche Propaganda.

Es gibt auch kluge Männer, die am Vorhandensein des Verstands bei Frauen zweifeln. Ihnen scheint, dass dieser Verstand nebensächlich sei, eine Parodie auf den männlichen Verstand, denn einen weiblichen Sokrates, das gibt es ja nicht. Indessen ist die Natur des Verstands bei der Frau von zweierlei Art, wenn nicht gar doppeldeutig. *Der Verstand der Frau ist logisch, aber der weibliche Verstand ist intuitiv.* Diese Kombination bringt eher Hexen als einen Sokrates hervor. Männer haben einen einzigen Verstand, Frauen aber zwei, und zwar sehr verschiedene. Da kann man leicht durcheinanderkommen. Die Frau ist fähig zu männlichem Verstand, aber sie besitzt auch einen rein weiblichen Verstand – einen Verstand von sprunghaften, nicht zu vervollständigenden Gedankengängen. Er ist vergesslich, kapriziös, undurchschaubar. Für den Mann ist er anziehend, aufregend, abstoßend.

Natürlich hat der Mann Angst vor der Frau, die ihn mit ihrem Verstand erdrückt. Zugleich gibt es eine ganze Gattung von fügsamen Männern, die sich starken Frauen geschickt unterwerfen und es verstehen, mit ihnen auszukommen.

»Das ist mein Mann«, sagt die erfolgreiche Chefin und zeigt auf ein Wesen, das mit entschuldigendem Lächeln neben ihr steht.

Je klüger du bist, desto weniger Grund hast du, dich für eine kluge Frau zu halten. Der Verstand zieht *sich selbst* in Zweifel. Du sagst nicht zu deiner Freundin: »Was bin ich für eine kluge Frau!« Das ist peinlich, unbescheiden, unschön. Nichtsdestoweniger verdienst du dir deinen Lebensunterhalt mit deinem Verstand. Du fällst Entscheidungen, die deine Position untermauern. Verstand – das ist die Fähigkeit, den verschiedenen Existenzniveaus entsprechend zu leben. Der weibliche Verstand »baut ein Nest« (um mit Rosanow zu sprechen). Der männliche Verstand fliegt aus dem Nest heraus, er schwebt hoch oben, in der Welt der Abstraktionen.

Doch wir sind alle weit entfernt vom Ideal. Wenn du eine wirklich kluge Frau bist, dann fürchte dich selbst. Verstand ruft Neid hervor, Angst, Hass und Ehrfurcht. Eine gefährliche Waffe. Man sollte ihn nicht in der Erde vergraben, ebenso wenig wie sein Talent, doch man sollte ihn auch nicht wie eine Fahne vor sich hertragen. In Russland richtet sich der Verstand oft gegen dich, zielt auf deine Zerstörung. Der Verstand kann dich mit der Frage »warum?« quälen. Warum lebst du mit dem einen und nicht mit dem anderen? Warum machst du Karriere, strebst nach Erfolg? Verstand untergräbt oft die Lebensmotivation, verunsichert den Menschen, treibt ihn in die Melancholie. Du willst in allem die Rückseite des Mondes sehen, an jedem Mann die Schönheitsfehler bemerken. Du meinst, das müsse so sein, doch das ist nur das hilflose Getue des Verstands.

Lass deinen Verstand für dich arbeiten. Kluge Frauen sind selten glücklich? Klug und unglücklich – das heißt, sie ist eben nicht richtig klug. Deiner Rettung zuliebe bemühe dich, Verstand mit Liebe zu verbinden. Und schau dir an, was dabei herauskommt.

Männliche Gemeinheit

Im Volk wird gern darüber geklatscht, dass Chefs mit Sekretärinnen schlafen und Regisseure mit Schauspielerinnen. Das Volk hat recht: Dergleichen kommt tatsächlich vor. Dabei stellen sich die Frauen als Opfer männlicher Willkür und Nötigung dar. Indessen nötigt wohl eher das Volk selbst, in Gestalt von Vergewaltigern und Triebtätern sowie anderen Irren, die Frauen dazu, die Beine breit zu machen. Warum sollte sich eine Frau für einen verpickelten Jüngling oder einen betrunkenen Proleten interessieren? Zieh Leine! Dann ist er gekränkt, und aus so einer Kränkung kann sich ein gefährlicher Triebtäter entwickeln.

Alle Männer sind Frauensammler, nur mit unterschiedlichem Erfolg. Chefs haben öfter Glück als Untergebene. Das Paar Chef – Sekretärin ermöglicht einen für beide Seiten vorteilhaften Austausch. Sogar die romantischste Sekretärin findet die Macht ihres Chefs, die sie direkt vor Augen hat, aufregend und berauschend: Dem einen bläst er den Marsch, den anderen schmeißt er raus. Oraler Sex entsteht ja gerade aus dem Entzücken über dieses »Marschblasen«. Auch den gröbsten Chef erregt der junge Busen seiner Sekretärin. Ein Chef ist der Samen der Macht. Den erotischen Kern des Chefs zu schlucken heißt, der Elite anzugehören. Die beiderseitige Hypnose steckt voller Vorteile. Beide nutzen ihre Lage, er die berufliche Position, sie die hohen Absätze. Je vollwertiger der Mann, desto magnetischer wirkt er auf die Frau. Je mehr der Chef Vollmachten wie ein Bill Clinton erlangt, desto öfter träumt die Sekretärin davon, sich in der Rolle einer Monica Lewinsky wiederzufinden. Hast du die Leistengegend des Chefs berührt, ist er für dich kein Chef mehr. Sex zwischen Chef und Sekretärin bedeutet Bruderschaft; der Zugang zum Körper nivelliert für einen Moment, was sich weder durch Freundschaft noch durch Respekt ausgleichen lässt. Das ist ein Unglück – nicht nur für das neidische Volk, sondern auch für die eifersüchtige Ehefrau des Chefs.

Der legale »Fuck« mit der Ehefrau wird in der Regel unternehmungslustigen Männern, aus denen sich heutzutage Chefs entwickeln, rasch langweilig. Der leidenschaftliche Mann schätzt am Sex eher den Sieg als die Gewohnheit, umso mehr, da Frauen im Ehebett selten erfinderisch sind: Unter ihnen gibt es mehr Megären als Hetären. Ausnahmen kommen jedoch vor: Daniil Charms besang in Gedichten die »Liebessäfte« seiner Ehefrau – nicht umsonst war er der König des Absurden. Es kommen auch seltene Hochzeiten zwischen Chef und Sekretärin vor.

In seiner sexuellen Verbindung zur Sekretärin verhält sich der Chef teilweise ähnlich wie Berühmtheiten aus Kunst und Kultur: Schriftsteller, Maler, Schauspieler und nun auch Fernsehmoderatoren, die gewöhnlich mit ihren Verehrerinnen schlafen. Aber ebenso wie aus der Verehrerin kein Fernsehstar wird, wird auch aus der Sekretärin keine Chefin. Aufgrund des männlichen Charakters beginnt der Chef schließlich über ein neues Techtelmechtel nachzudenken, und die Sekretärin guckt in die Röhre. Und in dem Moment beschwert sie sich beim Volk darüber, sie sei Opfer geworden.

Was der Sekretärin nicht gestattet ist, das darf sich die junge Schauspielerin erlauben – nach Meinung des Volkes ein anderes Opfer von Gewalt. Die junge ehrgeizige Schauspielerin verspürt ein Interesse an dem Regisseur, von dem ihr Erfolg abhängt. Er ist, wenn nicht gerade ihr Idol, so doch zumindest ein Meister. Heute fürchtet die Frau, die beim Film arbeitet, Sex nicht mehr als der Mann, der ihn dreht. Wer hier wen ins Bett kriegt, das ist sehr individuell. Vom ethischen Standpunkt aus ist ein solcher Interessensaustausch so ähnlich wie der Fall mit dem Chef und der Sekretärin. Aber hier gibt es mehr Nuancen. Die junge Schauspielerin kann, wenn sie sich nach oben durchboxt, selbst eine Berühmtheit werden, zu einem anderen Regisseur gehen und damit dem ehemaligen Gönner Schmerz zufügen.

Freie Berufe zeichnen sich überhaupt durch erotische Grausamkeit aus. Auf diesem Gebiet betrügen Frauen die Männer nicht seltener als umgekehrt. Dann wohl doch lieber Chef sein. Obwohl das langweiliger ist. Und überhaupt ganz langweilig ist es, Volk zu sein, das Chefs und Regisseure finster beobachtet und sie männlicher Gemeinheit verdächtigt. Zu Recht.

Wer braucht dich eigentlich?

Die Jungfrau von Orléans alias Jeanne d'Arc wurde von Frankreich als Banner des Sieges gebraucht, von England jedoch wurde sie allem Anschein nach nicht gebraucht. Sonst hätten die Engländer sie nicht auf dem Scheiterhaufen verbrannt. Jeanne d'Arc, warte nicht auf Applaus von den Engländern! Deinen Feinden nützt du nur als Asche.

Venushügel à la Versailles

Was tun mit der weiblichen Schönheit? Jedenfalls war die *schöne Maid* in der alten Rus kein Objekt der Verehrung. Im nationalen Drehbuch stattete man sie mit Bescheidenheit aus und gab ihr die passive Rolle der Heiratskandidatin. Hochzeit, Hochzeitsnacht, und dann – Finsternis! Die schablonenhaften Rollen der Ehefrau, Mutter und Greisin. Schönheit wirkte als schreckliche Macht auf ängstliche Männer tatsächlich abschreckend: Besser die Finger davon lassen, das bringt nur Unheil! Und was gab es da noch? »Mutter Feuchte Erde« – so ein feuchtes Bild der heidnischen Mutter lässt sich kaum als erotisch bezeichnen. Die Jahrhunderte vergingen. Alexander Blok bestimmte als führender Dichter des russischen Symbolismus den göttlichen Status der Frau als das ewig Weibliche. Doch der Status erwies sich als zu nebulös. Das Fehlen von Orientierungspunkten hat jedenfalls zur Folge, dass die junge Russin bis heute immer wieder bei null anfängt.

Was haben wir? Erotische Schönheit ist für sie das wichtigste Mittel zur Selbstbestätigung und Eroberung der Welt. Sie wirkt herausfordernd, verlässt sich nur auf sich selbst, ist aber zugleich unsicher als Persönlichkeit. All das spiegelt sich in ihrer Kleidung. Ausländer, die zu uns nach Moskau kommen, sagen, dass unsere Frauen sich vor allem als Sexualobjekt präsentieren. Als ich einen ganzen Sommer zwischen Moskau und Paris pendelte, fiel mir auf, dass in Moskau die weibliche Welt überall, auf der Straße, in den

Geschäften, Cafés, im Kino sehr viel deutlicher wogt als in Paris. Im Vergleich zu den »Unsrigen« sind die Pariserinnen geradezu Nonnen der Mäßigung und Sorgfalt, was die Kleidung angeht. Alles bei uns hier schwimmt, flimmert, schillert, tänzelt, gluckst übermütig. Hier sind alle auf der Suche. Männer sehen die jungen Mädchen, wie in dem bekannten sowjetischen Lied, schüchtern-kokett von der Seite an. Die Kleidung ist so draufgängerisch wie das Leben. Mir gefallen die riskanten Träume dieser flammenden Mädchenspielhölle. Unsere Mädchen kennen keine Grenzen. Es könnte beinahe so wirken, als ob sie, so wie sie sich anbieten, ohne Zeit zu verlieren, zur Fortpflanzung des menschlichen Geschlechts übergehen wollten; dafür sind sie ja geboren, um zu gebären, doch das ist eine trügerische Vorstellung. Die russische Erotik ist extrem egoistisch, selbstbezogen. Und während an der Oberfläche ein Feuerwerk abgeht, ist das unterschwellig eine Form von gekränkter, misstrauischer Erotik: Entweder wurde die Besitzerin mehr als einmal betrogen, oder sie wurde schlecht erzogen.

Bei der französischen Mademoiselle sitzt die Kleidung wie angegossen. Der Grad der Entblößtheit ist nicht von Bedeutung: Sie ist sogar am Mittelmeerstrand angezogen, wo sie mit flink auf und ab hüpfenden Brüsten Ball spielt. Das Signal, das sie für den Mann aussendet, zeugt von Eleganz und Geschmack. Diese Qualitäten werden dann auch zu geheimen Zeichen ihrer Erotik erklärt. Erziehung gilt in diesem Fall als angeboren.

Doch es existiert auch eine andere Position. Im Westen gibt es inzwischen viele Frauen, die man als Widerspruch in sich bezeichnen kann. Sie haben aus ihrer Kleidung jeden Hinweis auf sich als Sexualobjekt entfernt: Der Louvre ist voll von solchen Touristinnen. Die Gioconda blickt befremdet auf deren schlabberige T-Shirts und Windjacken. »Sie wollen sich zuerst als Mensch und dann als Frau geben«, räsoniert die Mona Lisa. »Einigen gelingt das ausgezeichnet, merkwürdig, dass sie nicht auch noch die Pariser Pissoirs benutzen.«

Dafür quellen unsere hübschen Frauen mit dem ganzen Körper aus ihrer Kleidung heraus: Sie hält sich nur mit Mühe an ihnen fest. Die Mädchen zeigen nicht nur ihren Bauchnabel, sondern den ganzen Bauch:

»Da, hier hast du! Was glotzt du so?«

Der Venushügel bleibt nur optisch bedeckt. Am Venushügel arbeitet sie unermüdlich: Im Unterschied zum Orient, wo alles abrasiert wird, und zum Westen, wo man pragmatische Rasur bevorzugt, haben wir bei uns keine einfache Schambehaarung, sondern Meisterwerke der Parkarchitektur. Venushügel à la Versailles.

Die erotische Attacke der Französin ist zielgerichtet. Sie ist nicht für die ganze Straße bestimmt, sondern für den Mann, mit dem sie am Abend ins Restaurant geht. Hier unterstreicht sie ihre Reize, zeigt offenherzig ihren Busen. Unsere Wilderin wirft ihr großes Netz aus und betäubt den Mann mit einer Granate (wo immer sie einschlägt); die Französin fängt ihn mit der Spinnangel. Die Französin findet, sich für alle und jeden als Sexualobjekt zu präsentieren, *it's cheap*! Die hat gut reden! Die westlichen Frauen sind von Anfang an besser geschützt. Ihr erotisches Spiel ist über Jahrhunderte definiert. Ritterturniere und Marienkult sind in ihrem kollektiven und individuellen Unterbewusstsein eingegraben. Aber hier haben wir es mit einem Boom eines unbekannten, unverhofften Lebens zu tun. Die da müssen nicht mit ihren Freundinnen wild konkurrieren, um sich nutzlose Kerle vom Hals zu halten und einen zu angeln, der ihnen ein normales Leben gewährleistet. Nein, unser Mädchen ist bereit, selbstlos zu lieben, aber man heiratet schließlich nicht irgendeinen Petja aus einem Provinznest! Da lachen ja die Hühner! Je stärker sie jedoch im Leben Fuß fasst, je weniger ihr Mann einem Petja ähnelt, desto seltener fallen ihr die

Klamotten vom Körper. Wie ein Pendel verfällt sie ins andere Extrem: Auf einmal ist sie konservativ bis ins Mark! Die kluge Frau durchlebt hier dasselbe, wenn auch weniger übertrieben: Das Land ist doch für alle ein und dasselbe.

Mutterschaft

»Warst du bei der Geburt dabei?«

»Ja. Hat sich irgendwie so ergeben.«

Ich rechtfertige mich schon fast. Ich spüre den Argwohn. In Moskau muss man aus irgendeinem Grund bei jeder Gelegenheit in seinem Leben Erklärungen abgeben. Umso mehr, wenn man bei der Geburt seines Kindes anwesend war! Sonst denken die Leute, dass wir aus der Geburt ein Happening oder eine Fotosession gemacht haben. Und das ist natürlich nicht gut, nicht schön. Tatsächlich hat es sich zufällig ergeben. Es war nicht geplant. Der Arzt fragte mich vorher:

»Wollen Sie dabei sein?«

Schenka und ich sahen uns an.

»Ich weiß nicht. Ich bin nicht sicher.«

Irgendwo in der Nähe, ja, aber nicht im selben Raum.

Das war in Paris. In der Praxis von Doktor Marc Laleux.

Er wechselte das Thema:

»Wie wollen Sie es nennen?«

»Das sagen wir nicht.«

Der neunte Schwangerschaftsmonat. Wir wohnten in einem Hotel an den Champs-Élysées. Anfang Juli. Spätabends wollten wir uns einen Film auf DVD ansehen. Schenka kam aus dem Badezimmer:

»Ich habe einen anderen Vorschlag.«

»Was denn?«

»Fahren wir in die Klinik.«

Wir nahmen ein Taxi und fuhren los. Keine Panik!, sagten wir einander schweigend. Nur der Taxifahrer wurde leicht nervös. Es war nicht weit zu fahren. Alles geschah am nächsten Abend. Ich sitze in einer Bar. Ich warte auf einen französischen Schriftsteller, wir wollen zusammen zu Abend essen. Ich bekomme einen Anruf aus der Muette-Klinik. Direkt in der Bar. Schnell. Die Wehen haben eingesetzt. Ich schnappe mir im Hotelzimmer die Tüte mit den Babysachen. Komme an. Wohin? In den Kreißsaal. Man gibt mir etwas, was aussieht wie eine dünne blaue Schürze, und blaue Plastiküberzieher für die Schuhe. Ich gehe hinein. Sehe: Schenka (die unregelmäßigen Wehen den ganzen Tag, die Ungewissheit haben ihr zugesetzt) läuft im Kreißsaal herum, hüpft ein bisschen.

»Was machst du denn da?«

»Ich hab starke Wehen. Es tut ein bisschen weh.« Man merkt an ihrem Atem, dass es weh tut!

Michelle, die Hebamme, bereitet ruhig die Periduralanästhesie vor. Das soll eine Hebamme sein? Lebhaft, lustig, gescheit, wirkt sie wie eine Schauspielerin aus einem guten französischen Film. Wir kommen ins Gespräch. Marc Laleux taucht auf. Aus demselben Film.

»Na? Kriegen wir's jetzt?«

Man knipste grelles Licht an, wie bei Filmaufnahmen. Wegzugehen wäre jetzt peinlich gewesen: Alle versammeln sich, und ich verschwinde. Man bot mir einen Stuhl an. An der Seite. Sie scherzten noch ein wenig, und dann machten sie sich zu dritt an die Arbeit. Auf Französisch gebären – das ist Arbeit.

»Die russischen Mädchen sind stark. Sie gebären gut«, lächelte Doktor Laleux. Er verschränkte die Finger in den durchsichtigen Handschuhen und konzentrierte sich.

Schenka enttäuschte uns nicht. Sie bekam leicht und schmerzlos ihr Kind. Als wäre es nicht zum ersten Mal. Sie nahm nicht einmal die Brille von der Nase. Nach zwanzig Minuten kam das Köpfchen unseres Töchterchens zum Vorschein.

»Schauen Sie«, rief mich der Arzt. »Sie ist ganz der Vater.«

»Ja.« Ich stand auf, lächelte, und erst da fühlte ich, wie angespannt meine Gesichtsmuskeln waren, dass ich wahnsinnig aufgeregt war. Mutterschaft – das ist Entwertung der Sexualität, Geduldsqualen: wie damit fertig werden!

»Wie heißt sie?« Michelles erste Frage, kaum hatte sie Maja auf den Arm genommen.

»Ein schöner Name«, nickten die Franzosen.

»Was für lange Finger sie hat!«, sagte ich stolz.

Maja lag schon auf Schenkas Brust. Ich hörte, wie sie nieste.

»Gesundheit!«, wünschte ihr Schenka.

»Dünn und lang«, konnte ich mich nicht beruhigen. »Ein sportliches Mädchen!«

Die Franzosen lachten. Majas Fingerchen klammerten sich fest an den Griff der Schere, mit der die Nabelschnur durchschnitten wurde, und wollte ihn nicht loslassen.

Eine Stunde später saßen der Arzt, der Schriftsteller und ich in der Hotelbar und tranken Champagner. Der Arzt erwies sich als Fan dieses Schriftstellers. Sie fanden rasch eine gemeinsame Sprache. Und ich, trotz allem sogar glücklich, trank Champagner und dachte ein wenig über Lew Tolstoi nach. Ich erinnerte mich, wie er am Schluss seines Romans Natascha Rostowa beleidigt, indem er die Details ihrer Mutterschaft ironisiert. Wieso? Und warum haben wir sie nie verteidigt, sondern sie unter »Kleinbürgerin« abgehakt? Was hier abgeht: Das Kind pisst und kackt, wie es sich gehört, die Mutter freut sich darüber – und für diese Freude muss sie sich im Ekelprozess des russischen Genies verantworten? Körperlichkeit hat ihm nicht gefallen! Vielleicht kommt daher unser ganzes Unglück? Denn diese Tolstoi'sche Fassungslosigkeit angesichts grüner Babyköttelchen ist ja gerade der Stillstand des Lebens, die Unterbrechung seines Zyklus. Dann überlegte ich noch: Warum hat Puschkin nicht erwähnt, ob Tatjana Larina mit dem General Kinder hatte? Warum hat »unser Alles« keine Gedichte über die Geburt seiner Kinder geschrieben? Warum hat er Natalja Nikolajewna nicht als Mutter besungen? War ihm das peinlich? Da war Natalie gekränkt und fühlte sich zu dem Franzosen hingezogen ... Seit wann eigentlich hält man bei uns die Geburt für eine beschämende Angelegenheit? Wissen Sie, Kinder werden aus einem unanständigen Körperteil geboren! (Die Franzosen, stellen Sie sich vor, rasieren der Kreißenden nicht einmal das Schamhaar – die Frau darf getrost behaart gebären!) Und noch etwas. Die meisten unserer Zaubermärchen enden so: »Und von nun an lebten sie glücklich und im Überfluss.« Von Kindern ist auch hier nicht die Rede. Während der Sowjetzeit war Mutterschaft dazu da, Soldaten und andere Erbauer des Kommunismus zu gebären. Wir haben alles dafür getan, um die Mutterschaft in einen blöden, pathetischen Zustand zu verwandeln ... So entstand die Idee, Maja dort zur Welt zu bringen, wo in den Geburtskliniken und auf der Straße Babys angelächelt werden – *einfach so.*

Drei Tage nach der Entbindung kam Schenka aus der Muette-Klinik. Kinderschwestern unterschiedlicher Hautfarbe, weiße, gelbe, schwarze, wie auf einem Plakat zum Thema Völkerfreundschaft, begleiteten sie wiederum mit ihrem jungen, liebevollen Lächeln. Maja erwartete ein grüner Sportwagen, hergestellt in Norwegen. Wir legten sie in den Wagen, kauften ihr in einem Natalys-Geschäft ein rosa Stoffmützchen und gingen los, fuhren zu dritt zum Abendessen in ein kleines Restaurant auf der Place des Ternes.

Vaterschaft

Der Schwanz erwachte früher als der Wecker. Die Schreie des Babys zerstreuten erotische Visionen. Es schien, für immer. Es erwies sich, für lange. Wie jedem Mann stehen mir ein flacher Bauch und ein steifer Schwanz.

III DRITTER TEIL
Sprache der Offenbarung

Metamorphosen der Freundschaft

Selten erneuern wir unsere Vorstellung von Freunden und Freundinnen. In unserem Verhältnis zueinander leben wir vielmehr in einer Welt der Stereotype, die noch aus Urgroßmutters Zeiten stammen. Wir sind gern bereit zuzugeben, dass Familie und Ehe sich im Laufe des letzten Jahrhunderts grundlegend verändert, die Geschlechterrollen von Mann und Frau sich verschoben haben, doch die Institution der Freundschaft bleibt wie eh und je eine der unerschütterlichsten konservativen Konzeptionen. Uns scheint, dass uns Freunde ein für alle Mal gegeben sind, dass ein alter Freund besser ist als viele neue Freunde und Freunden treu zu sein dasselbe ist, wie sich selbst treu zu sein. Die einzige Frage, die bis heute endlose Diskussionen hervorruft, ist – kann ein Junge mit einem Mädchen (ein Mann mit einer Frau) uneigennützig befreundet sein, oder entsteht in ihrer Beziehung zwangsläufig ein sexueller Aspekt?

In der heutigen Welt, in der Erotik stark ausgeprägt ist und sich über die ganze Oberfläche des Lebens ergossen hat, wäre es seltsam zu denken, dass Sex bei hetero- oder homosexuellen Freundschaften außen vor bleibt. Wenn man der Freundschaft Grenzen setzt und die Sphäre des Vertrauens, die Möglichkeit, alles, auch Intimes, zu besprechen einschränkt, kann man dann überhaupt von Freundschaft sprechen? Etwas anderes ist es, wie man mit den Spielregeln, die man für Freundschaftsbeziehungen aufstellt, umgeht. Hier hängt alles von der Intuition ab, von der Flexibilität der Moral und des Charakters. In meinen Freundinnen habe ich immer auch die Frau gespürt, durch die freundschaftliche Kleidung schimmerte ihre weibliche Nacktheit hindurch; ich sah keinen Grund dafür, mich zu kastrieren. Noch schwieriger als die Frage, wie Freundschaft und Sex zusammengehen, ist übrigens die Frage, wozu wir Freunde brauchen.

Die russische Freundschaft ist ein besonderer Fall. Sie ist weitaus anspruchsvoller als westliche freundschaftliche Bindungen. Was bei uns der Kamerad ist, ist bei ihnen der Freund. Freund bei uns ist Ehepartner bei ihnen. Die russische Freundschaft ist zum Beichten da. Bei uns wäscht man sich durch die Freundschaft von seinen Sünden rein. Wenn du deinem Freund etwas verheimlichst, wirst du aus der Freundschaft ausgestoßen. Zudem ist die russische Freundschaft konspirativ. Nicht zufällig haben unsere Dichter der sechziger Jahre, heimliche oder offene Oppositionelle, die Freundschaft besungen. Der Freund weiß Dinge von dir, die der Staat nicht wissen soll. Außerdem darf deine Ehefrau sie nicht wissen (sie ist ja nicht selten eine Furie). In jeder russischen Freundschaft steckt zumindest eine ganz kleine Verschwörung gegen die Staatsmacht und die Ehefrau. Darum hat in Russland das Thema Freundschaft und Verrat auch immer wieder eine schmerzliche Komponente bekommen.

In der jungen Generation ist der Konflikt zwischen Freundschaft und Staat für eine gewisse Zeit schwächer geworden. An die Stelle von Front- und Ideenfreundschaft, an die Stelle von feurigen Schwüren und Umarmungen auf den Sperlingsbergen über Moskau ist eine rege Amüsierfreundschaft getreten. Freunde – das ist etwas Fröhliches, mit ihnen kann man super seine Zeit verbringen. Sie sind die Erweiterung unserer Wünsche und Möglichkeiten. Sie schaffen ein warmes Mikroklima für unseren Lebensraum. Aus reiner Freundschaft kann man auch mal bumsen – wo ist das Problem? Das ist ein oberflächlicher, aber sehr süßer und nützlicher Aspekt heutiger Freundschaft.

Begeben wir uns tiefer hinein. Freunde sind unsere Lebensverbündeten. Wir sind stolz auf unsere Freunde und Freundinnen. Uns wurde das Sprichwort vermacht: »Besser hundert Freunde als hundert Rubel …«, doch die Zeit bringt ihre Korrekturen ein. »Hast du viele Freunde?« – das klingt heute sozusagen wie »Wie viel verdienst du?« Freunde sind unser Kapital und unser Mehrwert. Wir laden ihnen unsere Probleme auf, und sie machen das mit. Sie sind bereit, uns nicht objektiv zu sehen und zu akzeptieren, mit all unseren Schwächen und Fehlern. Ihre Liebe zu uns kennt keinen Zweifel, selbst wenn wir uns irren oder krank sind, eine Pechsträhne haben. Solche Freunde nennen wir wahre Freunde – sie lieben uns nicht nur, sie sind auch bereit, uns als Last zu ertragen.

Dass sich der Freund im Unglück beweist, ist nur der banale Teil der Prüfung. Ich zum Beispiel habe Freunde, die mich im Unglück hingebungsvoll liebten und gerade dann verschwanden, als mein Erfolg größer wurde als der ihre. Freundschaft ist dem Neid ausgesetzt. Mehr noch, vielleicht ist Neid stärker als Freundschaft. Es heißt, dass besonders weibliche Freundschaft einen doppelten Boden habe, dass der Freundin oft das Glück nicht verziehen werde. Ich weiß nicht. Ich liebe die Zartheit der weiblichen Freundschaft, die leichte Verliebtheit zwischen Freundinnen, ihr sorgloses Zwitschern über Gott und die Welt, ihren besonderen Ton von Vertrautheit, was übrigens bisweilen schräge Blicke, Heuchelei und plötzliche aggressive Ausbrüche nicht ausschließt.

Aber ich kehre zu meiner Geschichte zurück: Selbst die Freunde, die sich über meinen Erfolg freuten, erwiesen sich nicht als die besten Verbündeten. Sie standen am Ufer und schrien: Wohin willst du? Komm zurück! Sie blieben in der Welt, der ich entwachsen war, und alle ihre Ratschläge liefen darauf hinaus, ihre Welt sei die bessere. Ich begriff, dass Freundschaft ein Hemmschuh sein kann. Ich hatte genug davon und wechselte, ohne zu zögern, den Freundeskreis.

Neue Tischgenossen, neue Verbündete, neue Neider. Nur das Hinfallen ist sehr viel schmerzhafter geworden.

Erben

Drei Wörter verbinden uns mit der Vergangenheit: Erbe, Erbschaft, Vererbung. Doch wir machen uns nichts aus der Vergangenheit. Wir sind ja ein Land aus Holz, bei uns fault alles, oder es verbrennt. Darüber lässt sich besonders gut in Rom nachdenken. Wenn man sieht, wie hier mit der ganzen Vergangenheit korrekt umgegangen wird. Sie drückt nicht und sie drängt nicht. Doch eine Bewegung, die die Verbindung zwischen den Zeiten wiederherzustellen sucht, hat auch bei uns eingesetzt.

Im Unterschied zu unseren Erbschaften besitzen wir nur ein Erbe. Vermutlich sollte das Erbe ein kulturelles sein, darauf muss man stolz sein, man muss es bewahren und retten. Man hat den Eindruck, dass das Erbe wie einer, der nicht schwimmen kann, in Russland andauernd untergeht. Man wirft ihm einen Rettungsring zu, aber es fängt ihn nicht. Da tauchen bärtige Onkel auf und sagen, dass wir Russland nicht lieben, sie aber sehr wohl. Sie riechen nach Zwiebeln, und je mehr sie Russland lieben, desto mehr riechen sie nach Zwiebeln. Erbe ist ein pathetisches Wort, damit soll man möglichst korrekt umgehen, seinen Gebrauch nicht überstrapazieren, sonst wird der Zwiebelgeruch richtig aufdringlich. Zum Erbe soll man ein warmes und herzliches, aber kein vereinnahmendes Verhältnis pflegen. Wenn man den Bogen überspannt, wird es zu einem großen Knüppel, mit dem man gut auf alles Neue, was den Alten unverständlich ist, einschlagen kann. Ich persönlich möchte nicht zum kulturellen Erbe werden, aber das bietet mir sowieso keiner an.

Die Erbschaft musst du unbedingt durchbringen, sonst bist du kein russischer Erbe. Die Bolschewiki haben nicht umsonst die Idee der Erbschaft an sich abgeschafft. Erbschaft ist schlecht für den Druck des Staates auf den Menschen: Wenn du eine Erbschaft gemacht hast, macht dir der Staat keine Angst mehr. Dafür ist die Erbschaft ein Gegenstand des Neids. Du hast nichts getan, aber etwas bekommen. Glück gehabt. Ein anderer hat kein Glück gehabt, und darum ist das unkameradschaftlich. Von klein auf lehrte uns jemand, dass alles kameradschaftlich zu sein hat. Gern würde ich eines Tages diesem Jemand begegnen und ihn fragen, warum er das meint, obwohl doch die reale Welt anders gestrickt ist. Wenn du keine Erbschaft gemacht hast, dann richte es so ein, dass deine Kinder eine machen, und sei nicht neidisch auf deine lieben Mitmenschen, denn deine Kinder werden ihre Erbschaft ohnehin auf den Kopf hauen.

Die Erbschaft – das ist Gratisgeld für den Empfänger und das materielle Äquivalent für das, was du aus dem Leben gemacht hast, was du erreicht hast, bevor du dich ins Jenseits verabschiedest. Wenn man bedenkt, dass wir von unseren Großmüttern und Großvätern gewöhnlich je eine Tasse ohne Untertasse geerbt haben, hatte es also in unserem Land bis vor kurzem absolut keinen Sinn, irgendetwas in dieser Richtung zu unternehmen. Da fing man besser frühmorgens mit dem Trinken an.

Erbschaft steht in direkter Beziehung zum Tod, oft zum Tod eines geliebten und nahestehenden Menschen. Du weinst, aber dein Verwandter schickt dir aus dem Jenseits ein letztes Geschenk. Gut wäre der unbekannte Onkel aus Amerika, der goldene Traum des russischen Habenichts. Wer in Russland eine Erbschaft hinterlässt, verfasst in der Regel kein Testament: Wir Russen leben alle ewig, obwohl wir sogar früher als in anderen Ländern sterben. Darum ist klar, dass es in Russland demnächst massenhaft Familienskandale geben wird, die die Vorstellungen von einer heilen Familie untergraben, sofern ein solches Modell überhaupt irgendwann in Russland existiert hat.

Vererbung ist in der Regel eine üble Angelegenheit. Der eine hat einen Alkoholiker zum Vater, der andere einen eingefleischten Stalinisten. Was man da machen kann? Am besten gar nicht daran denken, nicht an Genetik glauben, Mitschurin verehren. Betrachtet man all diese Erbschaftsangelegenheiten aus römischer Perspektive, möchte man am liebsten seine Fahrkarte zurückgeben. Wenn man dann aber nach Moskau kommt, scheint alles ganz in Ordnung zu sein: Die Erbschaft wurde nicht abgeschafft, mit dem Erbe befasst man sich, schlechte Vererbung steht noch nicht in allen Gesichtern geschrieben. Ein dringender Grund, sein Eigentum in eine Erbschaft zu verwandeln, scheint bisher nicht in Sicht zu sein. Also darf man wohl noch einmal irgendwie nach Rom reisen.

Blutige Beinchen

Wie verirrte Schafe blöken die antiquarischen Einzelstücke herzerweichend auf den modernistischen Weiden meiner Moskauer Wohnung. Die vorrevolutionären kleinen Rhomben des Eichenparketts, die Flügeltüren, die Bronzeriegel an den Fenstern, die aussehen wie Gewehrschlösser – ihnen wird nach und nach das ausgetriebene Gedächtnis zurückgegeben, doch ihr Weg ist weit, und das Ziel ist nicht klar. Angesichts dieser Möbel-Amnesie, dieses Irrenhauses der Sachen denke ich oft darüber nach, wie es bei uns gewöhnlich läuft: Am Morgen trinkst du noch Kaffee oder Kakao statt Tee und am Abend – der Kanonenschuss der Aurora und der Sturm auf den Winterpalast, wo das Proletariat in die Vasen pinkelt. Wenn jede menschliche Bagatelle leicht in eine Makrokatastrophe umschlagen kann, dann bedeutet das, bei uns ist das mystische Projekt Lebensordnung noch nicht vollendet: Alles ist heiß, riskant, gefährlich, voneinander abhängig, unvorhersagbar.

Manche werden sagen, in einer solchen Situation solle man am besten antiquarische Möbel sammeln. Doch die überwältigende Mehrheit des russischen Volkes steht, wie ich glaube, dieser Lösung skeptisch gegenüber. Ist es denn vernünftig, sich in einem kalten, aber feuerspeienden Land mit antiquarischen Möbeln zu beschäftigen, wenn Letztere die Fähigkeit besitzen, in Flammen aufzugehen? Ist es nicht besser, altes Porzellan zu sammeln? Zumindest ist zerbrechen nicht dasselbe wie verbrennen. Vielleicht sollte man sich überhaupt nichts anschaffen, auf nichts hoffen? Man möchte meinen, in Russland sei es wichtig zu erstarren, unauffällig zu werden, den Begriff Leben überhaupt abzuschaffen. Doch ausgehend von der historischen Erfahrung, sieht man, dass Bescheidenheit auch zu nichts Gutem führt. Mag sich der Russe auch in der Finsternis seiner Kommunalka verstecken, eines Tages wird er trotzdem aus Versehen auf eine Ameise treten – und sofort bricht eine Staatskrise aus.

In Anbetracht der Paradoxie des russischen Lebens ist es trotz allem besser, Sammler zu werden. Wer, wenn nicht der Sammler, stellt sich gegen das Chaos und trägt mit dem Sammeln von Möbeln aus der Epoche Zar Pawels, des Empire oder des Art déco zur erfolgreichen Vollendung des mystischen Projekts in Russland bei, womit er zugleich sowohl die häusliche als auch die gesellschaftliche Atmosphäre stabilisiert. Mag er ein Ästhet sein oder bloß ein reicher Dummkopf – wer immer er ist, der Sammler antiker Möbel sagt dem barbarischen Schicksal den Kampf an, und der Fortschritt beginnt gerade bei ihm.

Das Schlimme ist nur, dass Sachen in Russland überhaupt nicht neutral sind, vor allem nicht alte Sachen. Sie sind Zeugen der Anklage. Jeder Sessel hat einen aufgeschlitzten Bauch. Jedes Tischchen hat blutige Beinchen. Sie sind nicht durch die Arbeit eines Handwerkers zu übertünchen und nicht aus der Gewalt der Schlossgespenster zu befreien. Nach der Restaurierung verwandeln sie sich in Zombie-Gegenstände mit einem bedenklich hohen Grad an magischer Energie. Esoteriker haben mir gesagt, russische Antiquitäten seien nachtragend und rachelüstern. Wer kennt nicht die Tragödien, die sich in Häusern abspielten, die mit ausgesuchten Antiquitäten vollgestopft waren – grausame, unvergleichliche Tragödien? Ich weiß noch, als ich klein war, gab es einen bedeutenden sowjetischen Politiker, der die Herde des häuslichen Widerstands, die Antiquitäten, unterdrücken wollte und diese absichtlich erniedrigte, indem er Aluminiumtöpfe mit Stampfkartoffeln auf die Intarsien stellte und sich unreife Sekretärinnen und Hausmädchen aus dem Kolchos ins Empire-Bett holte. Es half nicht: Die verstümmelte Antiquität begleitete ihn unter fröhlichem Quietschen auf die letzte Reise.

Der Hedonist ist kein Anarchist

In den verschneiten Weiten der Heimat tritt eine neue Figur auf – der Hedonist. Oh, sieh doch: Neben ihm steht die Hedonistin. Ein hübsches Ding. Applaus! Beide tragen witterungsbedingt klasse Filzstiefel, aber sie halten sich selbst keineswegs für *grobe Filze.* Ihre Augen verstrahlen Partywärme, versprühen Energie. Hedonisten sind physisch beweglich, psychisch mobil, außerdem stehen in der Garage zwei tolle Schlitten. In den Gesichtern die nicht verblassen wollende Bräune fremder Länder. Ach, wozu Applaus – diese quirligen Menschen befinden sich bereits mitten unter Ihnen, tauchen immer häufiger auf Partys auf, und Sie selbst haben ja auch nichts gegen Energie.

Von den alten russischen Bräuchen haben sie sich die Leidenschaft für das Dampfbad bewahrt, mit Birkenzweigen und dem Bademeister Wassja, der sich in den schweren Jelzin-Jahren die Kunst der Thai-Massage angeeignet hat. Begeisterungsschreie aus dem Eisloch. Dampfend und puterrot am ganzen Körper, laufen sie, die aktiven FKK-Anhänger (er mit rasierter Scham und der Mode entsprechend rasierten Eiern), zum Essen, leicht in Laken gehüllt. Auf ihrem Tisch stehen bester russischer Wodka und dazu luxuriös schlichte russische Häppchen, angerichtet auf besonders köstlich eingelegtem Kraut. Die französischen Weine, von denen sie was verstehen, passen gut zur Hammelhaxe. Er ist ein Feinschmecker mit einem Hang zur Völlerei, was ihm peinlich ist

(Waage im Badezimmer), sie ist einfach eine geborene Feinschmeckerin. Dann gibt es Sex mit Kognak, gewöhnlich zu zweit, manchmal, je nach Laune, auch zu dritt. Die dritte ist ebenfalls einfach eine geborene Feinschmeckerin, vollbusig, rotblond wie Pfifferlinge. Ihre Welt der Zerstreuung ist groß, aber am besten ist es, wie Graf Koks am Kasino vorzufahren. Kultur ist ebenfalls vorgesehen – die Bekanntschaft mit Mozart und einem angesagten Galeristen. Mode ist Kompass, aber keine Sklaverei, Rebellionen gegen ihr Diktat sind möglich. Reisen sind extrem komfortabel, aber noch besser sind komfortable Extremreisen. Fliegen und Tauchen hat der Hedonist schon gelernt. Was noch fehlt, ist eine Lebensphilosophie.

Am nettesten sind die asiatischen Religionen mit ihren Wohlgerüchen. Sie mildern die russische Bitterkeit. Shambala – *yes*! Schamanen – die sollen bleiben, wo der Pfeffer wächst! Hauptsache, positiv. Mitgefühl wie Wodka – in Maßen. Wenn dein Onkel gestorben ist, sei nicht knauserig und kauf zur Beerdigung so viele Rosen wie möglich. Ungute Gefühle halte an der Grenze des Bewusstseins und lass sie nicht unter die Haut. Angst vor dem Tod ist ein Zeichen für Uneingeweihtheit in die hedonistische Materie. Fitness und Cremes besiegen das Alter – das reicht. Politik, das ist interessanter Schmutz, aber Schlammbäder sind interessanter. Der Hedonist ist kein Anarchist. Alles in allem ist er Patriot, obwohl er, kaum in Scheremetjewo gelandet, mürrisch zu seiner Freundin sagt: »Da wären wir wieder …« Der Hedonist liebt seine gesunden Kinder als reale Verlängerung des Lebens und ist immer froh, sie möglichst weit weg von sich und der Heimat zum Studieren zu schicken.

Wenn man dem russischen Hedonisten auf die rechte Wange schlägt, hält er nicht die linke hin, denn früher mal hat er kriminellen Anschauungen nahegestanden, theoretisch zumindest. Aber

Russland selbst ist der große Widersacher. Das ist das größte Problem des Hedonisten. Wie die Palme, die auf seiner Datscha in einem Kübel wächst, muss der Hedonist sich rechtzeitig in einen warmen Raum begeben und sich vor extremen klimatischen Bedingungen schützen. Sonst sitzt er in der Falle. Aber das blüht ihm sowieso. Die Philosophie des globalen Vergnügens ist beweglich und mobil wie der Hedonist selbst. Wenn du Glück hast, bringt sie dich weit, wenn nicht, schubst sie dich in die nächste Pfütze. Hauptsache, du nimmst alles nicht zu schwer und bist nicht allzu gescheit, Hedonist! Übrigens, Verstand hast du gerade richtig abbekommen. Nicht mehr als nötig.

Hundert »Orwell«

Ich weiß nicht, was aus dem jungen Eric Blair, dem angehenden Schriftsteller mit dem Pseudonym George Orwell, geworden wäre, wenn er Ende 1936, als er auf dem Weg nach Spanien in Paris haltmachte, auf den Rat von Henry Miller gehört hätte. Unverblümt erklärte ihm Letzterer, seine Idee, gegen den Faschismus zu kämpfen, sei ausgemachter Quatsch. Doch Orwell verstand dies als erklärte Verantwortungslosigkeit.

In Spanien wurde er schwer verwundet. Noch ernster waren seine politischen Verletzungen. Er war von seinen revolutionären Überzeugungen enttäuscht, und das Thema Enttäuschung gab ihm die Möglichkeit, sich selbst zu finden. Orwells Werke riefen nicht weniger Skandale hervor als die Bücher von Henry Miller, doch aus einem anderen Grund. Trotz der europäischen intellektuellen Mode, den Marxismus und die russische Revolution gut zu finden, ungeachtet dessen, dass die Sowjetunion der Verbündete des Westens im Kampf gegen den Nazismus war, nahm Orwell eine unversöhnliche Position im Verhältnis zum Totalitarismus ein. Er verspottete im Jahr des gemeinsamen Sieges über Deutschland die sowjetische Geschichte in seiner *Animal Farm*, dem literarischen Vorboten des Kalten Krieges: »Alle Tiere sind gleich. Aber manche sind gleicher.«

Überzeugend ist die Orwell'sche Konzeption des *Neusprech* – einer künstlichen Sprache, die kein Andersdenken zulässt. Das

Ziel des Totalitarismus ist nach Orwell nicht die Angst, sondern deren Umwandlung in aufrichtige Liebe zum Big Brother. Big Brother ist Orwells Markenzeichen und nicht weniger bekannt als Nabokovs Lolita. Doch trotz seiner antikommunistischen Haltung und seiner schriftstellerischen Fantasie konnte sich Orwell nicht vorstellen, wie das Leben in einer Diktatur wirklich aussieht. Big Brother ist ebendarum schrecklich, weil man ihn sich nicht vorstellen kann. Vor allem diejenigen, die nicht unter ihm leben.

Ich weiß nicht, wie *groß* George Orwell als Schriftsteller war, aber es ist seiner würdig, wenn wir in Analogie zu physikalischen Größen die Finsternis diktatorischer Regimes in Orwell-Einheiten messen würden. Den Despotismus des ausgereiften Stalinismus würde ich mit dem Höchstmaß von 100 »Orwell« einstufen. Nordkorea, wo das Volk dem »lieben Führer« für Trinkwasser dankt, hat nicht weniger »Orwell« verdient. Auch Kuba ist Champion: Man darf nicht ohne polizeiliche Erlaubnis von einer Stadt in die andere fliegen. Kuba bekäme 80–90 »Orwell«. Ein ähnlicher Wert gebührte Turkmenien. Der verstorbene Schriftsteller Wassil Bykow, der gezwungen war, Lukaschenko-Land zu verlassen, verglich die Wirklichkeit in Belarus mit Orwells Werken. Er hätte Lukaschenko nicht weniger »Orwell« gegeben als Turkmenien. Eine Menge »Orwell« hätten auch die Länder des Nahen Ostens, der Iran, Pakistan und China verdient …

Das alles ist offensichtlich. Anders steht es mit dem Westen. Seit dem Ende des Kalten Krieges wird er immer stärker vom Geist der Strenge und der Unterordnung unter eine Autorität durchdrungen. Die westlichen Länder mit traditioneller Demokratie verdienen Orwell'sche Punkte, wenn sie überheblich im Namen der Wahrheit sprechen und mit politischer Korrektheit spekulieren. Ein Westen, der für die Russen allmählich keine kulturelle Alternative mehr darstellt – das ist die Untergrabung der russischen Zivilisation. So einem Westen mag man nicht folgen. In welche Richtung soll man gehen? Die westlichen »Orwell« vergrößern die Chancen für eine russische Apokalypse.

Die Vernichtung der »Orwell« in anderen Ländern, die wie der ehemalige Irak von Diktatur verseucht sind, wird vom Westen oftmals à la Orwell durchgeführt. Bush und Putin könnten bei ihren Treffen sich gegenseitig benoten und ihren persönlichen »Orwell-Stand« vergleichen. Die orthodoxe Kirche klimpert, ebenso wie der ihr verhasste polnische Katholizismus, mit Orwell'schen Silberlingen. Die russischen »Orwell« haben in den letzten Jahren jedes Maß überschritten, wenn sie auch das Niveau sowjetischer Zeiten bisher nicht erreichen.

Im Grunde sind die »Orwell« unausrottbar. Sie gehören zur Natur der Staatsmacht, ihres Selbstwerts, ihrer Selbstzufriedenheit, ihrer Straflosigkeit. »Der Zweck der Repressionen sind Repressionen. Der Zweck der Folter ist Folter. Der Zweck der Macht ist die Macht«, schrieb Orwell in der Antiutopie *1984*. Die Apokalypse ist für Russland der Normalzustand. Aber auch der menschlichen Natur würde ich nicht wenige »Orwell« geben.

Mode in Mode

Da kaufst du dir für eine ordentliche Summe eine Sonnenbrille, und ein Jahr später wirkt sie lächerlich. Du begreifst, ohne dass dich jemand darauf hinweist, dass sie veraltet ist, und du wirst sie niemals mehr auf die Nase setzen; sie liegt in einer Schublade in ihrem gealterten Etui, wie in einem kleinen Sarg, als Museumsplunder. Woher kommen die mikroskopischen Details des Alterungsprozesses, die einen Gegenstand vernichten? Ich verneige mich vor der unerbittlichen Magie der Mode.

Ein Mönch oder ein strenggläubiger Moslem sind für die Mode überflüssige Leute. Die Mode fängt sich denjenigen, der auf Veränderungen hofft, der anders sein will, als er ist. Schriller, unabhängiger, schöner, reicher, bedeutender – ein Mensch im eitlen Fluge. Die Mode fängt sich denjenigen, der sich seiner selbst nicht ganz sicher ist. Es kann sein, dass die Zahl solcher Leute gewachsen ist, wahrscheinlich sind sie sogar in der Mehrheit. Mode ist die alte Sehnsucht nach Neuem. Wenn es im Leben an fundamentaler Größe mangelt, entsteht die Versuchung, die Kleider zu wechseln. Dieses Spiel nimmt immer mehr Raum im Leben ein. Der Sinn des Spiels besteht im Ersetzen eines umfassenden Sinns, in der Verdrängung »abgedroschener« absoluter Werte. Karneval ist das Füllen von Leere. Mode ist ein Versteckspiel des Menschen mit seinem eigenen Bild. Aber ihrer selbst noch unsicherer sind diejenigen, die es nicht zu spielen verstehen, die das Spiel ärgert. Ernsthaftigkeit ist das Merkmal der Schwachen. Das heißt, es gibt mehrere Ebenen des Spiels. Doch sie werden heute nicht verfolgt. Etwas ist aus dem Takt geraten. Die Balance ist verloren gegangen. Das ist eben das 21. Jahrhundert. An die Stelle von Idealen (religiösen, gesellschaftlichen, politischen, beliebigen) tritt eine Theatralisierung des Lebens. Nicht umsonst geben in der Mode die Homosexuellen den Ton an. Die Mode hat Positionen in der Kultur eingenommen, die sie nie zuvor hatte.

Mode ist in Mode gekommen. Teilweise ist das ihr eigenes Verdienst. Vielmehr jedoch ist das die Folge einer realen Krise der Kultur. Die Mode ist aus ihrer sozial niedrigen Stellung herausgewachsen. In der Kultur hat die Mode immer im Souterrain gewohnt. Sie wusste, dass der Streit zwischen Klassizisten und Romantikern oder zwischen Physikern und Lyrikern wichtiger ist als die Weite der Hosenbeine. Allerdings rühmte der Totalitarismus bisweilen die Mode, in der Absicht, sie in die Schranken zu weisen. Bekanntlich kämpfte man bei uns gegen die sogenannten Stiljagi, die Modegecken der Sowjetzeit – die Partei bevorzugte Uniformen, die Geist und Gesetz des Dienens verkörperten. Doch in der universalen Welt der Kultur kannte die Mode ihren Platz. Man trug der Mode Rechnung, man liebte sie, manche beteten sie geradezu an, da sie darin einen weiblichen Sinn des Zeitvertreibs fanden, man versuchte, immer up to date zu sein – aber all das betraf die äußeren Hüllen, die Zirkustricks der Selbstbestätigung.

Schneiderin, Schnittmuster, Nähmaschine – der stille Charme der Mode noch vor zwanzig Jahren. Jetzt lenken Modistinnen und Köchinnen zwar nicht den Staat, aber grundlegende Instinkte. Zur Belohnung für den Sieg über die materielle Kultur wurden die Bezeichnungen der in der Modebranche Tätigen aufgewertet und umbenannt. Die materielle Kultur rühmte sich selbst: Aus dem Friseur wurde ein Stylist, aus dem Schneider ein Couturier, aus dem Kellner, der die Weinflasche öffnet und am Korken riecht, ein Sommelier. Die ausländischen Bezeichnungen haben das Publikum hypnotisiert. Zwar hießen auch zu Zeiten der Schwarzhändler Schuhe *shoes*, doch dieser armselige Humor ist passé. Nicht mit der Mode zu gehen ist wie den Zug zu verpassen: Du bleibst allein auf dem menschenleeren Bahnsteig zurück, zusammen mit herrenlosen Hunden.

Aus der Kultur ist die Luft raus; sie hat sich auf Gesten und Schuhe reduziert. Sie hat sich auf die Horizontale verlegt und die Vertikale des *Kreuzes* verlassen. Die Mode ähnelt inzwischen der Statue der Mutter Heimat, die vom Mamajew-Hügel herunter ihren Sieg mit dem Schwert in der Hand hinausschreit. Das einzige Ventil bei der heutigen Mode: ihr Pluralismus. Sie überlässt dir die Möglichkeit, deine eigene bescheidene Wahl zu treffen. Du kannst dich entblößen oder verhüllen, den Kopf kahl rasieren oder dir die Haare bis auf die Schulter wachsen lassen, weite oder auch enge Hosen tragen. Du kannst einen gleichgültigen Blick aufsetzen und dich *cool* geben oder auch ein etwas aufregenderes, ethnomäßiges Outfit tragen. Aber dann gehört die Freiheit nur der Mode – die Freiheit der Rotation.

Der Lebensraum verändert sich, die Mode geht in die Tiefe. An die Stelle modischer Cocktails, modischer Zeitschriften, modischer Restaurants und modischer Songs tritt die Idee des *modischen Menschen*. Modische Politiker und modische Komponisten steigen im Wert. Ein bekannter Schriftsteller zu sein ist zu wenig, man muss unbedingt in Mode sein. Um dich herum entsteht ein besonderes, blasiertes Milieu. »Was, den haben Sie nicht gelesen? Sie sind ja wahnsinnig!«

Gestern warst du noch nicht in Mode, aber heute bist du es; allein durch die Tatsache deiner Existenz stampfst du unmodische Leute in Grund und Boden. Du hast eine *fette* Website. Konsum,

Markt, Werbung, Hype – all das steht dir zur Seite. Jemand, der hinter dir steht, profitiert davon. Und morgen kommt die von dir enttäuschte Mode dich holen, nicht mehr mit dem Schwert, sondern mit der Sense, neue modische Leute verbuddeln dich schnell – das ist eben Rotation.

Die Philosophen schreiben Bücher über den Untergang der Kultur. Einige Philosophen kommen ebenfalls in Mode.

Wendekreis im Krebsgang

Was sollen Eltern tun, wenn sie in der Schultasche ihrer fünfzehnjährigen Tochter zufällig ein Foto finden, auf dem sie nicht nur nackt, sondern in unanständiger Pose abgelichtet ist? Was soll der Ehemann tun, wenn sich seine vierzigjährige Ehefrau in ebensolcher Weise hat fotografieren lassen und zufällig ihre Aktbilder in der Einkaufstasche in der Küche vergessen hat?

Es ist kein Geheimnis, dass hierzulande jedes Jahr mehr und mehr Leute Nacktfotos von sich machen lassen. Davon wissen Fotolaboranten, Schullehrer, Galeristen, Miliz und Geheimdienst. Früher gaben Nacktfotos eine wunderbare Grundlage für kompromittierendes Material ab, heute dagegen ist der entblößte Körper vor allem eine ästhetische Kategorie, zu der sich jeder frei nach Schnauze seine eigenen Vorstellungen über Erotik und Pornografie machen kann. An der Geschichte der Fotografie kann man sehen, dass sie fast von Beginn an zum nackten Körper strebte: Die Bewohnerinnen der Pariser Bordelle und die Marseiller Matrosenbräute sind in den verführerischsten Posen abgebildet.

Die bürgerliche Moral hielt lange Zeit die Geschlechtsorgane für abstoßend und nicht nur der Darstellung, sondern auch der Diskussion für unwürdig. Besonders ekelhaft war das männliche Glied, egal wie sehr die Kulturen der Antike und der Renaissance es auch rühmten. Kurzum, das Glied hatte besonderes Pech, und wenn es dennoch von Künstlern dargestellt wurde, so war es dermaßen unschuldig und erhöht (im besten Sinne des Wortes), dass es alles andere als realistisch war. Andererseits existierten Kanons für die Darstellung des weiblichen Körpers, wonach keinesfalls eine sich bückende Frau von hinten dargestellt werden durfte.

Die Malerei des 20. Jahrhunderts blickte der Frau in den Anus. Sie machte aus dem nackten Körper eine große Provokation, indem sie mit allen möglichen Tabus spielte. Es endete damit, dass die Tabus durchbrochen wurden. Alles war möglich. Das Unmögliche zog weiter zu den Körpern berühmter Leute. Dies spornte die Amateurfotografie an. Seine Erdkundelehrerin oder den Chefredakteur der Lieblingszeitschrift nackt zu fotografieren ist bei weitem interessanter als am Nacktbadestrand einen anonymen Fleischklumpen zu knipsen, der in der Sonne brät. Der Gedanke, dass Geschlechtsorgane schön sind, erobert zunehmend das Massenbewusstsein. Die Leute können nicht genug davon kriegen, sich nackt zu verewigen; Spiegel an der Decke sind längst nicht mehr ausreichend. Der Spiegel bewahrt ja nicht ihr Abbild fürs Alter oder für Freunde. Die Fotografie garantiert ihnen eine private Ewigkeit, die sie bereitwillig mit verschiedenen, manchmal zufälligen Leuten teilen.

Wäre d'Anthès Fotograf gewesen, was wäre aus Natalie geworden? Aber Puschkin starb, kurz bevor die Fotografie aufkam. Wo befindet sich heute die Demarkationslinie zwischen anständig und unanständig? Jeder hat seine eigene, sie lässt sich nicht verallgemeinern. Die Grenze zu Verbot, Betrug und Verrat hat sich verschoben oder ist sogar ganz verschwunden. Wir befinden uns auf einmal in einer neuen Welt mit einem erweiterten Schönheitsbegriff. Wir haben den *Wendekreis im Krebsgang* erreicht – junge Frauen wollen sich neuerdings in den gewagtesten Posen fotografieren lassen. Wer sagt denn, dass diese Stellungen abstoßend aussehen und Brechreiz auslösen? Oftmals ist der Anblick eines Mädchens von hinten interessanter und geheimnisvoller als ihr Gesicht. Warum soll man sich in einer Welt veränderter Vorstellungen vom Schönen dessen schämen, wovon die Mehrheit der Männer träumt? Warum schließlich sollen junge Frauen ihre Kavaliere nicht mit gespreizten Beinen fotografieren? Wie, gibt es denn da etwa keine Schönheit?

Wir haben lange darüber diskutiert, warum in unserem Land der Körper etwas Verbotenes ist. Der Körper hat sich emanzipiert, ohne uns zu fragen. Wir werden noch lange nach psychologisch motivierten Hintergründen für die Handlungen suchen, die wir unwillkürlich begehen. Uns fehlen eindeutig die Worte für eine Selbstrechtfertigung. Wir haben lange darauf gewartet, dass sich die Welt zum Besseren wendet, wir nannten das bekanntlich Kommunismus. Die Welt hat sich so geändert, wie sie wollte, und das schon wieder, ohne uns zu fragen. Auch das radikalste Nacktfoto schafft die familiären Werte nicht ab, auch wenn es diese nicht gerade bestärkt. Junge Mädchen und vierzigjährige Damen träumen nicht nur von der Liebe zur Fotografie, doch mit ihren Fotos muss man rechnen wie mit einer Laune, die selbst eindeutige Mehrheiten in der Duma nicht verbieten können.

Vom Spielzeug zu den Sternen

Was nicht zerbrochen ist, wird zerbrechen. Was nicht untergegangen ist, wird untergehen. Ich stürze mich ins Spiel. Ich will Kinder – ich will Kindheit. Morgens Aa machen, abends Sex. Ich stelle um auf natürliche Lebensführung. Tannenzapfen und Täublinge sind Metaphern für das Gewissen. Die Kunst schlägt die Wirklichkeit im Spiel. Das Hauptkunstobjekt ist die Welt der Spielzeuge. Es gab die Kunst als Spiel – sie ist zum Spielzeug geworden. Das Spielzeug ist Museumsexponat, aber es muss zuerst durch den Kindergarten. Vom Minimalismus zum Kindergarten ist es nur ein Schritt, aber einer muss ihn als Pionier tun. Vom Spielzeug zu den Sternen?

Auf der Vernissage hatten sich so viele Künstler, Kunstkritiker, Mäzene und Journalisten eingefunden, dass es schien: Gleich wird hier ein Manifest der Entfremdung der Kunst von sich selbst verabschiedet. Aber die Kunst ist weiser als der Künstler, und sei es auch nur, weil den Künstler sein Verstand hindert, er selbst zu sein. Die Kunst tritt zur Seite, damit ihr nichts auf den Kopf fällt. Es geht nicht um Macht, sondern um Glückseligkeit. Die Kunst zieht Nieselregen jeder Ideologie vor und Selbstgebrannten jedem anderen Getränk. Vielleicht ist das ein schlechtes Zeichen für den Staat, aber er wird sich damit nicht rumschlagen, denn er hat zu viele andere Sorgen. Die Kunst gibt sich kein radikales Ziel außer dem Programm des Fehlens jeglicher Programmatik.

Der banale Kampf um den Markt, das Publikum, die Verantwortung für etwas oder jemanden ist im Sand verlaufen. Art-Objekte sind von Anfang an bereit zur ökologischen Selbstliquidierung. Noch nicht ganz fertig, noch im Projektstadium, sind sie bei weitem deutlicher als das, was sie für kurze Zeit in Wirklichkeit darstellen. Sie erheben keinerlei Anspruch auf irgendetwas, denn sie entbehren das Pathos der Anmaßung. Sie haben der älteren ernsten Kunst ebenso wenig entgegenzusetzen wie der heutigen Massenunterhaltungskunst. Das ist ihnen vollkommen egal. Mit Urheberschaft haben sie überhaupt nichts am Hut. Ausländer sind entzückt über die Spontaneität und das Fehlen jeglichen Hinweises auf irgendeine Institution hinter dem gemeinsamen Projekt. Organisatoren und Veranstalter lösen sich in der kühlen Luft auf. Niemand dürstet nach Existenziellem oder Geistigem. Ironie steht an letzter Stelle. Die Exzentrik verhält sich still. Der Patriotismus scharrt nicht mit den Hufen. Die Kljasma ist kein Klistier. Zwei Biotoiletten versprechen: Scheiße wird es keine geben. Nein, die russische Kunst hat sich trotz allem in Glückseligkeit eingehüllt.

Während ich in der Dämmerung unter mäßig angetrunkenen Besuchern, vollkommen nüchternen Exponaten und Wachleuten umherschlenderte, dachte ich, dass die Wirklichkeit, die parallel zu ihnen existiert, durchaus nicht vernünftig und wohl kaum durchdacht ist. Ein Kunstprojekt aus einem Stück zeugt nicht von Entleertheit, sondern von der Demut der Seele vor dem Ursprung metaphysischer Handlungen. Zur Nacht hat der Himmel aufgeklart. Über dem Meer Moskau hängt ein Mars von der Größe eines sowjetischen Fünfkopekenstücks. Im durchsichtigen Schwitzbad sitzen zum Tode Verurteilte. Der Wind steht plötzlich still wie eine Straßenbahn an der Endhaltestelle.

Heiliger Che

Ich ertappe mich bei dem Gedanken, dass mir diejenigen, die T-Shirts mit dem kanonisierten Che-Guevara-Porträt tragen, und diejenigen, die Letztere dafür verurteilen, gleichermaßen fremd sind.

Aus offensichtlichen Gründen würde ich Che Guevara nicht auf der Brust tragen. Idealisten, die auf der ganzen Welt Bomben hochgehen lassen, sind seine unehelichen Kinder. Warum dann nicht ein T-Shirt mit Bin Laden anziehen? War er es nicht, der das Tor zu einem neuen Jahrhundert aufgestoßen hat? Es lebe die Originalität! Seine Erfolge im Kampf gegen das weltweite Dorf und den amerikanischen Imperialismus sind weitaus beeindruckender als die kubanische Revolution. Aber diese allzu direkte Logik irritiert die Träger Che Guevaras keineswegs.

Che Guevara trägt man in der Regel nicht wegen seines Terrorismus. Es ist ein Protest-T-Shirt, das supercool wirken soll. Wer es anzieht, erhebt keinen Anspruch auf Konsequenz seiner Gedanken. Das eigene Hemd ist dem Körper näher als jener, der darauf abgebildet ist. Der Träger möchte sich abheben, interessant wirken.

Ein Schnappschuss von Che, für die italienische Ausgabe seines *Bolivianischen Tagebuchs* aus einem Gruppenfoto ausgeschnitten, das 1960 bei einem Begräbnis gemacht wurde (ein Schiff mit Waffenlieferungen für Kuba war in die Luft geflogen), hat die Welt auf den Kopf gestellt. In dieser Fotografie wurde eine Bedeutung gefunden, die vom revolutionären Gerechtigkeitsunsinn noch übrig war. Die Fotografie verschönert das T-Shirt; diese Schönheit überträgt sich als Widerschein auf den Träger. Guerillaromantik, Freiheitsdrang, Ungebundenheit. Kommunist oder Ökonomist? Egal! Das ist stärker als Ferrari. Brust raus! Der Träger ist nicht für die gesamte Biografie von Che Guevara verantwortlich, sondern nur für den unvergesslichen Teil, in dem Che Guevara zwar nicht Märtyrer einer Idee ist, sondern nur wie einer aussieht, dies aber überzeugend. Die Augen rollend, traurig, langhaarig, das asketische Barett wie eine Dornenkrone auf dem Kopf, Christus gleich, ist er bereit zu Rache, bewaffnetem Kampf und Selbstaufopferung – also zu all dem, was die bürgerliche Moral, die mit Heldentaten knausert, entwaffnet. Che sagt mit seinem Äußeren, dass der Mensch nicht das Maß aller Dinge ist, wie es der westliche Humanismus nun schon seit vielen Jahrhunderten wie ein Papagei wiederholt, sondern der Träger höchster Werte, denen er ergeben dient. Wäre ein anderes, auch sehr bekanntes Foto von Che, eine Zigarre paffend, auf dem T-Shirt gelandet, der Kontrast zwischen der Welt und dem Revolutionär wäre nicht gelungen: Der T-Shirt-Träger wäre der Gelackmeierte. Dagegen funktioniert der Heiligkeitseffekt – heiliger Che – in der gottlosen Welt tadellos. Aber das ist noch nicht alles. Das Coole an der heiligen Formel besteht in der Fälschung: Sie als Betrachter verneigen sich vor dem Heiligen, und der ist ein Revolutionär, ein Rächer des Volkes. Die Kalaschnikow ist sein Genosse. Das T-Shirt hat Sie betrogen – genau das ist der Schuss der Revolution.

Die Beliebtheit der Che-T-Shirts zeugt vom endgültigen Irrationalismus der menschlichen Natur, die in einem Anfall revolutionärer Romantik dazu neigt, Heiligkeit mit Selbstvernichtung zu verwechseln und in pubertäre Begeisterung auszubrechen. Lieber nicht auf Banalitäten hereinfallen.

Doch die Hüter der politisch korrekten Moral, die der Welt signalisieren, es gebe zwischen Che und Bin Laden keinen prinzipiellen Unterschied und das Tragen eines T-Shirts mit dem revolutionären Spross der lateinamerikanischen Aristokratie sei also verwerflich, passt mir auch nicht. Das provokative Che-T-Shirt ist eine Warnung, die bis in alle Ecken der Welt geschickt wird. Es gibt zu viel Dummheit. Benachteiligung ist das Los der Massen. Die ausrasierten Nacken der Generäle aus dem Pentagon sind wenig sympathisch. Die Bäuche und Hirne der russischen Haudegen lassen zu wünschen übrig. Konformismus ist abstoßend. Es ist mir zuwider, was Che Guevara auf Kuba und danach in Bolivien gemacht hat, aber die ihn verraten und getötet haben, sind *ebenso* üble Gestalten. Einzelzelle des Gedankens. Das Che-T-Shirt schlägt mit unpassenden Mitteln auf unpassende Ziele ein. Die Lage ist aussichtslos. Wenn die Sonne wieder aufgeht, wird Gott die Menschen wie lästige Fliegen mit der Hand verscheuchen und fast zärtlich sagen: »Was kann man denn von euch Narren schon verlangen!« Tatsächlich. Bin Laden wird man auch mal auf der Brust tragen. Da können Sie Gift drauf nehmen. Es steht jedem frei, daraus seine Schlüsse zu ziehen.

Liebe ist nur ein Scherz

Vom Himmel steigt Alexander Wertinski herab und sagt mit französischem Zäpfchen-R:

»Seid gegrrrüßt!«

Das Gerücht geht um, dass er demnächst in Moskau sein neues Konzertprogramm geben werde. Was es nicht alles gibt auf der Welt! Ich weiß nicht, was Schlagersänger Iossif Kobson dazu sagen wird. Der Kartenvorverkauf hat begonnen, überall in der Stadt hängen Werbebanner: »Ich liebe es, aus Zimmermädchen Königinnen zu machen.«

Runde um Runde galoppieren lebende und tote Reiter über die Pferderennbahn. Setzen Sie nicht voreilig auf ihre Pferde. Heute sind Sie der Erste, und morgen hinken Sie abgeschlagen als Letzter hinterher. Die großen Dichter des Silbernen Zeitalters würden sich wundern, verblüfft den Mund aufsperren, wenn sie erführen, dass zu Beginn des 21. Jahrhunderts nicht Chlebnikow oder Majakowski in Führung liegen, sondern der bescheidene Skandalmacher der Restaurantbühne, das affektierte Gespenst im Pierrot-Kostüm, die Randerscheinung, der Sänger seiner von halb ernsten, halb scherzhaften Leidenschaften gebrochenen Lieder oder besser Liedchen.

Seine Liedchen sind ein geniales Maß für die allgemeine Verflachung, die große Zwergenhaftigkeit der Gefühle dieser Zeit. Er singt über eine Sache, erschafft dabei Poeme aus Kadavern, über komische, unglückliche Liebesgeschichten, ein Pelzkrägelchen-Kokain-Mädelchen, und heraus kommt etwas anderes. Allem Anschein nach geht es bloß um Holunder im Garten, in Wirklichkeit aber um Kiew und dazu noch um einen Onkel. Und was für ein Kiew der junge Wertinski zu bieten hat! Was für ein Onkelchen! Es gibt willkürliche Verdrehungen von Begriffen, wie sie für die Außenseiterkunst typisch sind. Er selbst hat es ausgeplaudert: »Ich brauche keine Frau. Ich brauche nur ein Thema.« Die Worte sind anscheinend leichtgewichtig und, zusammengefügt, wenig bedeutsam. Doch es funkelt das Bild: »Madame, Ihre Finger riechen nach Weihrauch.« Schreckliche Dinge tun Sie, Alexander Nikolajewitsch, Sie denken zu viel über den Tod nach! Aus dem Liedchen schaut kühn der zerlumpte Sinn heraus; sein Raum erweitert sich, indem es den Zuhörer einbezieht, unabhängig von dessen Moral, und jeder versteht diesen Kreislauf auf seine Weise.

Wertinski hat nicht nur die Idole seiner Zeit überrundet, sondern auch diejenigen, die den Musikgeschmack nach seinem Tod bestimmt haben. Ob wir das akzeptieren wollen oder nicht, Wertinski ist als Sänger populärer als die pathostriefenden Okudschawa und Wyssozki, die sozusagen im Namen ihrer Zuhörer singen. Wertinski fordert niemanden dazu auf, einander an den Händen zu halten, er will sich auch nicht in eine Ecke zurückziehen. Er ist ein Außenstehender in einer Welt gemeinsamer Gefühle. Nur einmal und zur rechten Zeit, im Oktober 1917, als er zusah, wie in den Tod geschickte Junker begraben wurden, da hielt er es nicht mehr aus und beschimpfte Russland als unbegabtes Land.

Nicht nur die Reiter galoppieren im Kreis, auch unsere Geschichte rotiert. Wertinski passt hinein. Auf der Tagesordnung steht wieder der Abgang, wenn nicht die Flucht ins Private, in Spinnereien, Träume und Tränen. Wieder lockt das Bananen-Zitronen-Singapur. Gleichgültigkeit, wohin man schaut. Wirkungen erzeugen Gegenwirkungen. Die Vorahnung der inneren Emigration ist abstoßend in ihrem Déjà-vu. Enttäuschung, Verachtung, leichte Misanthropie ist ein nützliches Beruhigungsmittel für eine dekadent verwegene Lebensführung. Was bleibt, ist Verzweiflung mit Musik. Wieder alles verschissen.

Allen Ernstes den Wechsel gesellschaftlicher Stereotype durch Liebeslyrik zu verstehen ist unmöglich. Alles verwandelt sich in ein Spiel, mal ein nettes, mal ein grausames. Die Junker sterben wie eh und je. Das Land ist zum Tode verurteilt. Man muss wählen zwischen Emigration nach Paris oder Kompromiss sowie für den Rest des Lebens den Grad der Nostalgie bestimmen.

Die Kettenhunde des russischen Gewissens, Achmatowa und Pasternak, werden dem Heimkehrer sagen: Warum bist du zurückgekommen? Lawruschinski-Gasse. Ein missglücktes Abendessen. Pasternak geht am Tisch entlang wie Staatsanwalt Wyschinski. Sie wollen weg, denn hier ist der Horror, und der will unbedingt zurück. All das äußerte sich in intellektuellem Geblöke. Wertinski war kein Intellektueller. Er wusste, dass man mit einer jungen Frau vor allem Geduld braucht, aber wie man Pasternak behandeln sollte, das hatte ihm niemand beigebracht. Beim Verhör erhielt er eine Drei minus. Benahm sich irgendwie gar nicht klug und begriff nicht, was man von ihm wollte. Er wollte doch nur nach Hause, und er bekam so viel Heimat, dass sie ihm zu den Ohren heraushing. Er wurde ein Tournee-Sisyphos, er sang seine alten dekadenten Liedchen in der Taiga vor Bauern mit Schalen von Sonnenblumenkernen an der Lippe und in Wüsten vor Volk mit mittelasiatischem Käppchen und Rosinenaugen – ein Verfremdungseffekt vom Allerfeinsten. Aber Moskau und Petersburg verstanden ihn und empfingen ihn mit einem Stückchen ungetrübten Bewusstseins. In den Jahren des Kampfes gegen Kosmopolitismus wollte man ihn als schädlichen Exoten einsperren, doch Stalin gefielen seine Singapur-Lieder. Sein Haus stand für alle offen an den seltenen Tagen, an denen er nicht auf Tournee war, aber Freunde besaß er keine. Er konnte sich mit seinen Auftritten gut ernähren, erwarb sogar eine Datscha bei Moskau, aber die Kulturfunktionäre machten ihm das Leben schwer, und der gütige Gott hatte Erbarmen und nahm ihn aus der Heimat zu sich in den Himmel.

Mit bittersüßer Ironie schmieren wir unsere verrosteten Hoffnungen wie mit Gänseschmalz und verstecken sie im Gefechtskeller bis zu besseren Zeiten. Liebe hilft nicht. Sie ist nur ein Scherz.

Der französische Loser

Ein Joke ist kein Scherz, und ein Loser ist nicht dasselbe wie ein Pechvogel. Es ist eine neue Mode, die Welt und die Frauen zu erobern. Alles in allem, eine Arbeitsmethode der Existenz.

»Diese Kellerassel arbeitet vielleicht subtil!«, flüsterte mir der deutsche Schriftsteller Peter Schneider ins Ohr. »Du kannst mir altem Schürzenjäger, dem in der Jugend alle Schwulen Berlins zu Füßen lagen, ruhig glauben, dass er sie heute Nacht in seinem Hotelzimmer durchfickt.«

Michel Houellebecq ist wirklich eine Kellerassel. Und vielleicht eine Mischung aus Engel und geistig Behindertem. Außerdem sieht er aus wie ein Embryo. Tags zuvor hatten wir jeder vier Gläser griechischen Rotwein getrunken und waren, ohne das Ende des Festival-Empfangs abzuwarten, zum Abendessen in ein Prager Restaurant gefahren. Entweder war er schon sternhagelvoll oder hochgradig erschöpft. Klein, entrückt, naiv, zynisch. Michel Houellebecq, Sänger der Masturbation und Feind gesellschaftlicher Illusionen, Kettenraucher. Französischer Schriftsteller mit Weltruf.

»Ich scheiß auf Europa«, sagte er vertraulich zu mir, in Prag, im Herzen Europas.

Das beste tschechische Bier war »nicht überzeugend«. Wir gingen wieder zu Rotwein über. Moskau gefiel ihm nicht – »eine brutale Stadt«. Frankreich hat er verlassen – »ein sterbendes Land«. Dort »isst man schlecht«. Er lebt in Irland – am Rand einer Kleinstadt. Mit Frau. Langweilig. »Hör mal, diesen Wein kann man nicht trinken!« Wir bestellten wieder Bier. Céline, den alle für seinen Lehrer halten, nannte er einen »vulgären Schriftsteller«. Er lehnte es ab, Prag zu besichtigen – uninteressant. Dafür lebte er auf, als es um Balzac ging – den liebt er. Er ist fast fertig mit einem neuen Roman. Mit jedem neuen Roman schreibt es sich schwerer; man sieht die eigene Unvollkommenheit besser. Er sprach so leise und undeutlich, dass die Hälfte der Wörter nicht zu verstehen war, aber der Sinn war klar. Michel, der seine große Portion »Tatar« aufgegessen hatte, nahm sich linkisch und ungeniert – lass mal probieren! – von den Schweinerippchen auf meinem Teller, biss hinein und brach sich einen Zahn im Unterkiefer ab. Er machte den Mund auf und entblößte schrecklich schwarze Zähne und eine Lücke. »Das ist ein künstlicher Zahn«, sagte er. »Ein Teil einer Brücke.« Was tun? Er sprach jetzt mit einem Pfeifen. Ich zuckte mitleidig die Schultern und brachte ihn ins Hotel. »Das war die Rache Europas«, dachte ich beim Einschlafen. »Es ist nicht gut, im Herzen Europas auf Europa zu schimpfen.« In der Nacht träumte ich von Matrjoschkas mit russischen Märchenmotiven auf der Karlsstraße.

»Wir sind doch ein fantastisches Land«, dachte ich, als ich mir morgens die Zähne putzte. »Die Tschechen haben Abbildungen von trunkenen Freudentänzen und Denkmälern der materiellen Kultur auf ihren Bierkrügen. Und wir malen Werwölfe, Pfauenfedern und mystische Spiegel auf unsere Matrjoschkas. Das muss ich Michel erzählen.«

Abends im überfüllten Saal, die Zahnlücke, um nicht zu pfeifen, mit dem Zeigefinger zuhaltend, in Sommerschuhen und ohne Socken, las er seine Prosa über unglückliche Liebe, einen misslungenen Mord und Masturbation. Er sah selig aus. Es schien, als habe man ihn gerade mit Urin oder Salböl besprengt. Das Publikum rutschte leise auf seinen Sitzen hin und her, bereit, sich ihm hinzugeben. Statt des Publikums nahm er zum Abendessen eine niedliche Journalistin aus Minsk mit. Offensichtlich hatte er von Belarus keine Ahnung. Doch die Ignoranz gereichte ihm nur zum Nutzen. Später gingen wir in eine laute Stripbar, tranken schlechten Sekt, schimpften wie gewöhnlich darüber, wie blöd Striptease sei, verabschiedeten uns von Peter Schneider, der Spuren früherer deutscher Schönheit in seinem Gesicht bewahrt hatte, jedoch zu der späten Stunde bereits ein ideologischer Feind des Misanthropen Michel geworden war, und traten hinaus auf den hell erleuchteten nächtlichen Wenzelsplatz.

»Wie findest du deine ehemalige Kolonie?«, fragte Michel, sich umblickend. Er steckte sich eine an und hielt die Zigarette in der Faust wie ein geistig Schwerbehinderter.

»Bringst du ihn ins Hotel?«, fragte ich das niedliche Mädchen mit den kleinen braunen Brustwarzen.

»Theoretisch ja«, sagte sie taktvoll.

»Na dann tschüss!«, sagte ich zu Michel.

Er küsste mich sabbernd, und wir fassten ein Treffen ins Auge, ohne unsere Telefonnummern ausgetauscht zu haben. Vielleicht in Paris, vielleicht in Irland. Ich betete ihn an. Die Journalistin auch. Er ist ein hervorragender Loser. Ein cooler Pechvogel! Sie fuhren davon ins Hotel.

Am nächsten Morgen erfuhr ich von der Journalistin ...

Aber ist ja auch egal.

Nein, trotzdem ...

Am nächsten Morgen erfuhr ich von der Journalistin, dass er sich auf der Schwelle des Hotels von ihr verabschiedet habe. Ich weiß nicht: Hat sie vielleicht gelogen?

Sprache der Offenbarung

In unserer Zeit haben Katastrophen Systemcharakter angenommen. Nimmt man sie zusammen, die fernen und die nahen, die großen und die kleinen, dann ergibt sich, dass rationale Zuckungen über die Erde laufen, die einen Teppich von Zeichen bilden. Aber wir glauben wie eh und je, der Mensch sei der König der Natur und bewältige jedes Übel. Verallgemeinerungen interessieren uns nicht. Vor uns liegt auch so schon die nicht einfache Aufgabe, ein kurzes Zeitfragment in der Länge eines Lebens zu leben. Das Gedächtnis kotzt alles aus, was stört. Eine mächtige Computertechnik suggeriert die Illusion von Beständigkeit. Uns scheint, dass die Welt jene Werte bewahrt, derer wir uns mehr schlecht als recht mit Hilfe der Kultur bemächtigt haben.

Die Sprache der Offenbarung, in der Katastrophen sprechen, passt so gar nicht in menschliche Koordinaten. Eher schickt sie uns in den fantastischen Garten eines psychedelischen Thrillers, der das biblische Buch der Bücher krönt. Für diesen Thriller haben sich die Russen in schicksalsschweren Zeiten so oft begeistert, dass er die Konturen eines religiösen Nervenleidens angenommen hat. Doch man braucht ihn nur mit frischem Verstand zu lesen, und es wird klar, dass wir in einem Land leben, in dem die Apokalypse gesiegt hat, alles Versprochene in Erfüllung gegangen ist und was sich noch nicht erfüllt hat, im Begriff ist, es zu tun.

Die »Apokalypse« ist wie das Drama *Verstand schafft Leiden* in

Zitate zerlegt worden, mit dem einen Unterschied, dass wir vergessen haben, woher sie stammen. Sogar jene Tiere, »voller Augen, vorne und hinten«, kennen wir eher durch ein Lied als durch den ursprünglichen Passionstext. Bücher »mit sieben Siegeln«, das blasse Pferd, der neue Himmel, der »Wermut«-Stern, das Armageddon, die Zahl 666, Alpha und Omega – das alles sind Splitter eines zerbrochenen kollektiven Bewusstseins, durch russische Schreihälse von Dostojewski bis Wyssozki verbreitet, die es aus der »Apokalypse« entlehnt haben.

In dieses Buch mit Donner und Blitz, Leuchtern und gläsernen Meeren schauen Kirchenmänner nicht gerne hinein. Seine Interpretation ist nahezu eine Flucht in die Häresie. Das Buch selbst, das dem Heiligen Johannes im Traum erschien, erinnert ja an ein anderes Buch, über das sich der apokalyptische Engel so rätselhaft äußerte: »Nimm und verschling's! Und es wird dir bitter im Magen sein, aber in deinem Mund wird's süß sein wie Honig.« Darin spricht Gottes Sohn aus der Position des Mächtigen: »... wie auch ich Macht empfangen habe von meinem Vater.« Doch hier erklingt auf seltsame Weise die göttliche *Verzweiflung* über die Kraft des Teufels, eines Drachens mit sieben Köpfen und zehn Hörnern, der »in mächtigem Zorn« auf die Menschen herniederkam. Nicht nur einfache Menschen, sondern auch Könige sind hilflos angesichts der Sünde: »Komm, ich will dir zeigen das Gericht über die große Hure, die an vielen Wassern sitzt, mit der die Könige auf Erden Hurerei getrieben haben; und die auf Erden wohnen, sind betrunken geworden von dem Wein ihrer Hurerei.« Das ist über das gefallene Babylon, die Antithese zum heiligen Jerusalem. Doch dem mächtigen Zorn Satans steht der nicht weniger mächtige Zorn von Alpha und Omega gegenüber. Auf die Erde ergießt sich das Blut der Sünder, ein Drittel der Menschheit ist vernichtet. Die Strafe ist so groß und schrecklich, dass die göttliche Zensur in das Buch eingreift: »Und als die sieben Donner geredet hatten, wollte ich es aufschreiben. Da hörte ich eine Stimme vom Himmel zu mir sagen: Versiegele, was die sieben Donner geredet haben, und schreib es nicht auf!«

Tatsächlich: Nicht Frieden, nicht Demokratie, sondern das scharfe zweischneidige Schwert. Die strenge Unzufriedenheit mit der Welt, zu dem das Reich Gottes geworden ist, ruft Freude und Ehrfurcht der Gerechten hervor: »Und die vierundzwanzig Ältesten, die vor Gott auf ihren Thronen saßen, fielen nieder auf ihr Angesicht und beteten Gott an …« Doch es wird alles gut, nur nicht für jeden: Jenseits der Tore der Ewigkeit »sind die Hunde und die Zauberer und die Unzüchtigen und die Mörder und die Götzendiener und alle, die die Lüge lieben und tun«.

Wie viel Prozent würden bei uns in Russland in so eine Himmlische Duma gewählt? Daher also kommt bei uns die im Volk so verbreitete Begeisterung für Bestrafung! Eine überaus große Versuchung für die nächste Diktatur.

VIERTER TEIL

Das sprechende Pferd oder die Kritik der russischen Apokalypse

Die Unsichtbaren

Ich möchte kein Dissident sein, aber ihr Leute treibt es zu weit. Den Kommunismus habt ihr nicht hingekriegt, Kapitalismus läuft auch nicht, dafür Apokalypse vom Feinsten.

Aus einem Interview

Sie wissen, dass in unserem Land ein Staatsstreich stattgefunden hat? Was heißt hier: *wann*? Das genaue Datum zu nennen ist unmöglich, denn es gab ja keins. Es war einfach so, dass irgendwie Wind aufkam, der Himmel sich zuzog und Regen einsetzte. Da haben Sie den ganzen Staatsstreich. Eine Naturkatastrophe. Normal für das Klima in unseren Breiten. Es schüttet wie aus Eimern, aber Sie laufen immer noch ohne Schirm herum, weil man Ihnen sagt, dass die Sonne scheint. Nun ja, nicht ganz so. Man sagt Ihnen, dass die Sonne scheint, aber Sie wissen doch, dass sie nicht scheint, und haben sich schon für alle Fälle einen Regenschirm gekauft, ihn sogar aufgespannt, tun aber so, als liefen Sie ohne Schirm herum. Diejenigen, die immer noch schirmlos unterwegs sind, längst bis auf die Knochen durchnässt, haben Probleme. Sie niesen, aber man wünscht ihnen besser nicht »Gesundheit!«, denn erstens hilft ihnen das sowieso nicht mehr, und zweitens ist es besser, einen großen Bogen um sie zu machen, um nicht selbst krank zu werden.

Auf den ersten Blick erscheint es natürlich höchst merkwürdig, dass niemand den staatlichen Wetterumschwung groß verkündet hat. Niemand hat Klarheit in diese Angelegenheit gebracht. Anderswo, in Südamerika oder Zentralafrika zum Beispiel, würden sie geradeheraus und im Befehlston sagen: Jetzt sind wir an der Macht und bestimmen, wo's langgeht. Also gehorcht gefälligst, oder wir stellen euch an die Wand! Aus Militärflugzeugen würden sie ein paar Hundert Oppositionelle ins Meer werfen, ohne Fallschirm, versteht sich, und finito. Dann wäre klar, was Sache ist. Dies darf man nicht tun und jenes nicht einmal denken. Solche Klarheit, das wär was für uns! Unsere Bevölkerung würde die starken Männer und Folterknechte womöglich mit Blumen in der Hand willkommen heißen, doch nein, es ist ohne Blumen abgegangen. Wahrscheinlich haben wir nicht einmal Klarheit verdient. Darum werden wir auch nass unter der neuen Sonne.

Das heißt, ganz so nass werden wir nun auch wieder nicht. Wir haben uns doch lieber Regenschirme besorgt und bemühen uns, am besten erst gar nicht auf die Straße zu gehen. Wir bleiben lieber schön zu Hause. Und hören Musik. Aber der Regen bei uns in Russland ist bösartiger Natur. Er ist imstande, Überschwemmungen anzurichten. Du wachst morgens auf, und alles im Haus schwimmt: Schuhe, Kinderspielzeug, Hunde, Katzen. Lustig geradezu! Eine Überschwemmung! Genau wie in New Orleans! Aber niemand fischt dich raus, niemand braucht dich nassen Sack. Man sieht ja gleich, dass der Hausbesitzer das Dach vernachlässigt und sich verrechnet hat.

Nun, nicht alle trifft die Flut sofort, sondern anfangs nur wenige auserwählte Pechvögel. Doch dann nimmt sich die russische Natur allmählich das Ihre, überschwemmt viele und schließlich alles und jeden.

Und was haben die Unsichtbaren aus der Überschrift damit zu tun? Deshalb sind sie ja unsichtbar, auf dass man nicht über sie schreibe. Wir alle wollten als Teenager wohl wenigstens einmal unsichtbar sein. Der eine, um während des Krieges Hitler umzubringen, der andere, um auf dem Weg von der Schule nach Hause mal ins Frauendampfbad zu gehen. Die Tarnkappe ist eine märchenhafte Waffe. Bei uns, so scheint es, ist sie endlich erfunden worden. Es heißt, die Kappe sei schön, aus Persianer, und sie habe eine bemerkenswerte unsichtbare Kokarde. Man könnte ihr als Erfindung den Friedensnobelpreis verleihen – wenn diese metaphysische Entdeckung nicht geheim gehalten würde. Aber nicht Kinder haben sich Tarnkappen übergestülpt, sondern irgendwelche hochwichtigen Leute, die niemandem Rechenschaft über ihre getane Arbeit ablegen. Ob sie nun alles neu aufteilen und dabei einen gewissen Teil sich selbst, den Unsichtbaren, vorbehalten oder unser Volk auf besonderen Wegen zum Kapitalismus führen wollen, das weiß nur der liebe Gott. Das Wetter aber, so viel steht fest, haben diese Zauberkünstler bereits versaut.

Das sprechende Pferd

»Gut, dass ich kein Major bin«, fügte ich hinzu. »Sonst müsste man mich auf Staatskosten beerdigen, und ich würde den Staat schwächen, ohne es zu wollen.«

»Immer machen Sie Witze.« Fröstelnd warf er sich den Uniformmantel über. »Wir sind Todgeweihte. Dserschinski ist bei der Arbeit verbrannt. Menschinski wurde vergiftet. Jagoda, Jeschow – na ja, das ist bekannt … Beria wurde in einem Keller erschossen.«

»Bei uns im Volk hat man Tschekisten immer schon gemocht, über sie werden Legenden erzählt.«

»Wer waren unsere ersten Tschekisten? Die drei Recken der Kiewer Tafelrunde unter Führung von Ilja Muromez … Aljoscha Popowitsch … Und dieser … Dobrynja Nikititsch …«

»Da liegt die Grenze zwischen den Welten. Feinde … die Pest.«

Sein Gesicht wurde ernst.

»Ja, das sind sie!«

Er zog eine Grimasse wie bei Sodbrennen:

»Diese Pest will uns von Grund auf verändern.«

»Von Ilja Muromez bis hin zu Stierlitz, dem Held aus dem sowjetischen Fernsehen …«

»Stierlitz hat ein Denkmal verdient. Um unter allgemeinem Jubel die gähnende Leere auf dem Lubjanka-Platz auszufüllen …«

Er stand auf, blickte in Richtung des Pferdestalls.

»Diamant …«, rief er.

»Ich weiß nicht, ob es irgendwann in der Sowjetunion Sozialismus gegeben hat …«

»Eine Frage an Marx. Wir sind Todgeweihte. Bei denen drüben im Westen sagt sogar der Papst, sie seien von Gott abgefallen. Die Luft hier … die Holzfäller von Archangelsk … Diamant … Die Sowjetunion hat so viele Jahre durchgehalten, trotz feindlicher Umzingelung und trotz des groben Missverhältnisses zwischen sowjetischen Werten und grundlegenden Bedürfnissen der menschlichen Natur. Warum? Dank der Sympathie unseres Volkes für utopische Projekte und dank uns – der Institution der Tschekisten.«

»Die Tschekisten haben sich als die konsequentesten *Staatsdiener* innerhalb der Machtstrukturen der Wiege der Weltrevolution gezeigt. Während die Partei ständig schwankte zwischen ideologischen Hieroglyphen und dem Aufbau des Staates, entwickelten sich die Tschekisten schon ab Ende des Bürgerkrieges zur ersten intelligenten Bombe der Welt mit flexibler Kaderpolitik und zahlreichen Initiativvorschlägen, die man schlicht und ergreifend auch als Provokationen bezeichnen kann.«

»Der enorme Charme dieser Organisation …«

»Wir in Russland konnten in den zwanziger Jahren den Anschein ökonomischer Freiheit schaffen. Wir haben uns die Emigrantenzentren gefügig gemacht oder sie einfach von vornherein organisiert …«

»Die Intelligenzija hat unseren Charme am eigenen Leib gespürt. Zuerst haben wir die Ungehorsamen zu Tode erschreckt, die Philosophen ins Ausland geschickt, und dann haben wir eine Möglichkeit gefunden, mit zaudernden Elementen zu arbeiten, sind mit der schöpferischen Elite in engen Kontakt getreten.«

»Gorki, Majakowski, Babel, Fadejew … wer hat nicht davon

geträumt, mit der Führung der Tschekisten gut Freund zu sein? Die Geschichte der Freundschaft zwischen Intelligenzija und Tschekisten ist noch nicht geschrieben. Man fühlte sich zu uns hingezogen. Wir waren wahre Patrioten. Wir haben Stück für Stück die auseinandergefallene Heimat wieder zusammengesetzt.«

»Wir sind Todgeweihte. Die tragische Geschichte der Tschekisten ist noch nicht geschrieben. Wir haben dem kommunistischen Staat unsere Fähigkeiten geschenkt, wir haben Kirche und Kulaken zerschlagen. Und? Wie viele von uns sind umgekommen? Wir waren gezwungen, in den Jahren des großen Stalin'schen Terrors, ohne mit der Wimper zu zucken, unsere eigenen Genossen zu foltern und zu töten. Los, zieh dich aus, du Dreckskerl! Wir waren unsere eigenen Henker.«

»Nichtsdestoweniger haben die Tschekisten über sich selbst den Mythos der alles sehenden, alles wissenden, strafenden Organisation erschaffen. Dieser Mythos hat den Zerfall der UdSSR überlebt.«

»Hallo, ja, jetzt nicht, später ...«

»Und das Öl ist unser heißer Motor.«

»Hinter uns stand die Macht, aber Geld hatten wir keins. Ungerecht? Wir haben die Konsequenzen gezogen.«

»Russland ist am Ende.«

»Für unser Leben reicht es noch. Jegor, bring mir mal ... na, diese ... wie sagt man gleich ... Sülze. Nachdem Russland die Utopie als Grundlage der nationalen Idee verloren hat, hat es sich selbst zu einer neuen und der einzig möglichen Ideologie gebracht. Ihr Name ist Tschekismus.«

Ich streichelte das Pferd:

»Wie alt ist es?«

»Fünf. Das Turnier ist am Sonntag. Kommen Sie?«

Er sah sich nach allen Seiten um:

»Das ganze Heer der Tschekisten ist aufgerufen zu erscheinen – von den Neulingen bis zu den Ehemaligen.«

»Teschkismus, würde Lenin sagen, ist das letzte Ventil. Die Bedeutung des Phänomens ist nicht eindeutig.«

»Äpfel. Der Antonowka-Apfel. Was für Johannisbeeren wir im Garten haben!«, rief Natascha aus. »Wo wollen Sie hin? Da fallen einem Flugzeuge auf den Kopf.«

»Wenn die Westler normale Werte hätten, dann könnten wir noch überlegen … Aber so – eine einzige *Bijouterie*!«

Er lachte laut. Musste husten: »Russland ist eine Braut.«

»Russland ist eine Braut, und das Volk ist Scheiße.«

»Ruhig Blut.«

»Getreu seiner Natur erschafft und kultiviert der Tschekismus zwei Feinde in einem: einen inneren und einen äußeren. Der Feind soll Russland beleidigen, ihm Schaden zufügen.«

»Mit dieser Idee wird das Volk, selbst bei all seiner Erschöpftheit und Eingeschüchtertheit, nicht einverstanden sein.«

»Das Volk ist die schlagkräftigste Idee des Tschekismus. Der Tschekismus will das Volk als Kunden wiederbeleben, der ständige Bevormundung braucht. Natürlich ist Volk ein archaischer Begriff. Aber in Russland sind die Ressourcen des Volkes noch nicht ausgeschöpft. Bei geschickter Führung der Dinge lässt sich das ausnutzen.«

»Den äußeren Feind Russlands kann man beliebig bestimmen. Aber was den inneren Feind betrifft, so strebt der Tschekismus die Organisation einer einzigartigen nationalen Nische an. Unsere Eigenart ist das *Steckenpferd* des Tschekismus.«

»Du lügst, denk an die Niederlage der Ersten Reiterarmee in Polen!«

»Tschekismus und Patriarchat müssen in einer Skulptur à la Muchina erstarren.«

»Wir haben jetzt zwei innere Feinde: Kommunismus und Kapitalismus.«

»Da haben wir den Salat … Wir sind vollständig eingekesselt!«

»Kommunismus in Russland ist nicht produktiv, und für Kapitalismus ist Russland selbst nicht produktiv genug – passt alles zusammen.«

»Der Tschekismus kommt den Bedürfnissen des einfachen Volkes instinktiv entgegen. Das Wort ›Kulak‹ ist eine Erfindung des Volkes, nicht der Bolschewiki.«

»Dafür lassen wir gern zu«, versetzte ich, »dass die Obrigkeit besser leben kann als wir und sogar soll. Von Kind an haben wir die Facettenpaläste bestaunt und den Luxus der Obrigkeit akzeptiert. Die Obrigkeit ist das unausweichliche Böse, mit dem das Volk sich abzufinden bereit ist. Das Geld der Mächtigen respektieren wir mehr als die Macht des Geldes an sich. Gaben, Geschenke, Grundbesitz lieben wir mehr als unsere Arbeit. Der Tschekismus baut eine klare Obrigkeitsvertikale auf: Er gibt den Vorgesetzten die Chance, sich zu bereichern (die Bucharin'sche Methode), und dem scharfsinnigen Reichen die Möglichkeit, in die Reihen der gehorsamen Vorgesetzten einzugehen.«

»Der Tschekismus ist bereit, Russland auf allen Machtebenen anzuführen. Klar, dass wir es bei dem jetzigen Staatsbetrieb nicht weit bringen – aber wohin wollen wir eigentlich? Das einfache Volk ist anspruchslos«, bemerkte er. »Hauptsache, man reizt es nicht. Wir bleiben zu Hause und machen die Fenster zu, lassen nur einen Spalt offen. Wenn nötig, machen wir das Fenster noch weiter zu. Entweder man umgibt sich mit einer chinesischen Mauer, oder man erobert die ganze Welt. Der Tschekismus ist von der Wirklichkeit nicht zu trennen und besser als jeder andere informiert. Der Tschekismus weiß: Es reicht aus, ein Dekabristen-Komplott zu erfinden und hundert Leute einzubuchten – Russland wird verstummen. Zwanzig Jahre lang hat es unter Nikolai I. geschwiegen – ein normaler Zeitraum. Exakt so lange, wie ein reifer Tschekist von seiner wohlverdienten Pension entfernt ist.«

Er gab Diamant etwas Zucker, tätschelte ihm das Maul:

»Mehr gibt's nicht!«

»Der Tschekismus will sich ein passendes ideologisches Fell wachsen lassen«, sagte das Pferd. »Der nackte Tschekismus könnte sich, trotz seiner bemerkenswert sportlichen Verfassung, im Durchzug der bevorstehenden geschichtlichen Ereignisse erkälten. Wenn der Tschekismus, mit einem angenehmen, leicht bitteren Schuss Zynismus, von Staats wegen das Recht auf Straffreiheit hat, wenn er das sagt, was er nicht denkt, und alles tut, was er für notwendig hält, dann braucht er ein schönes Deckmäntelchen. Jetzt, da das Deckmäntelchen fehlt, spielt der Tschekismus ein einfaches Spiel: zuerst Ordnung, dann Demokratie. Auch der fesche Nikolai I. dachte, während er auf dem Topf hockte, manchmal über die Konstitution nach.«

»Hat der Tschekismus reale Schwächen?«, fragte ich.

»Sie bestehen in den jeweiligen Darstellungen«, antwortete das Pferd. »Mal begehen sie im Westen eine Gemeinheit, mal verfasst *du* eine Schmähschrift hier in Russland. Aber du weißt ja, dass die Lubjanka dich 1979 geschont hat.«

»Sie haben sprechende Pferde«, sagte ich.

»Wir haben alles. Unter anderem sprechende Pferde.«

»Das Geld wird euch umbringen«, sagte ich.

»Das Zyklische der russischen Geschichte verspricht die Abschaffung der Leibeigenschaft, eine Zeit der Reformen, eine Revolution der arktischen Blumen namens Iwan-Tschai. Wir nehmen den gesamten Kreislauf unter unsere Kontrolle.«

»Der Henker ist kein Schöpfer.«

»Wir sind Todgeweihte. Allahs Sklaven.«

»Sie erinnern sich an den Teutonischen Orden? Das sind wir. Eine korporative Macht.«

»Um keinen Preis geben wir sie her«, nickte das Pferd zustimmend.

Kindermord

König Herodes galt als christliches Musterbeispiel für Bestialität. Jahrhundertelang haben die europäischen Künstler in zahllosen Bildern daran gearbeitet, das menschliche Entsetzen über Gewalttaten an Kindern zu überwinden. Russische Bürokraten und Generäle haben es an ihrer Stelle nun endgültig überwunden.

Wer ist der Herodes von Beslan?

Der kürzlich heilig gesprochene Zar Nikolai II. wurde wegen des 9. Januar 1905 der Blutige genannt. Heute droht so eine Bezeichnung niemandem mehr. Was bleibt aus unserem Jahrhundert in Erinnerung? Gleichgültigkeit. Aber Beslan wird uns bis in alle Ewigkeit erhalten bleiben.

Tot oder lebendig, Rebellenführer Bassajew muss zufrieden sein. Ich kann mir gut sein müdes Siegerlächeln in dem rätselhaften, wie einer persischen Miniatur entsprungenen Gesicht vorstellen. Er hat Russland eine Doppelherrschaft aufgezwungen: Der Kreml regiert, und Bassajew hat das Kommando über die Angst. Aber in Beslan ist etwas passiert, was Bassajew zuvor nicht gelungen ist. Er hat sich mit seiner Hauptbotschaft in Russland Gehör verschafft. Bis dahin waren Terroranschläge theatralische Horrorszenarien. Dabei kamen natürlich echte Menschen um, doch die Darbietungen wurden von der Staatsmacht als Agonie des kaukasischen Kommandeurs serviert. Nach Beslan wurde klar, dass es nicht dem Ende eines Krieges, sondern seinem Anfang entgegengeht.

Die Botschaft Bassajews lässt sich nicht auf Vergeltung reduzieren. Vergeltung impliziert: Wir sind quitt. Auge um Auge – das uralte Rezept. Vor einer gewissen Zeit hätte es noch getaugt, aber diese Zeit ist vorbei. In jener Vergangenheit war ich Idealist. Beslan markierte eine andere Situation. Beslan war für mich wie für viele andere eine geografische Neuigkeit. Ich hatte nie zuvor davon gehört. Nordossetien ist weit weg von Moskau, und dabei geht es nicht um die Entfernung in Kilometern, sondern um die Lebensweise. Letztlich ist das Exotik: Da wohnen Menschen mit Goldzähnen, sie lieben Schaschlik, ihre Mädchen müssen bei der Heirat Jungfrau sein, und sie halten das Gesetz der Blutrache hoch. Sie sind aus irgendeinem Grund Christen, im Unterschied zu ihren nordkaukasischen Nachbarn. Ich möchte also herausfinden, was ich mit Beslan zu tun habe, und weiß, dass das alles andere als einfach werden wird.

Natürlich bin ich gegen die unmenschliche Grausamkeit der Freischärler, aber wer hat sie bis zum Wahnsinn getrieben? Ich habe geglaubt, dass Kolonialkriege falsch und schmutzig sind. Ich war Gegner sowohl des Einmarsches in Afghanistan als auch der Politik Moskaus in Tschetschenien. Ich habe mich für »uns« geschämt. Aber die militärische Auseinandersetzung über die Souveränität, von Anfang an für Russland aussichtslos, hat sich fundamental verändert, nichts ist mehr so, wie es war. Der Krieg mit Tschetschenien hat sich in ein trübes Gewässer verwandelt. Die Vernichtung von Kindern – das ist keine verschlüsselte Aufforderung zu Friedensgesprächen. Das ist eine Machtdemonstration, die keine Gewissensbisse kennt …

»… die Errichtung eines Kalifats von Spanien bis nach Indonesien«, versetzte *das sprechende Pferd*.

»Du schon wieder?«

»Kümmer du dich um deine eigene Arbeit. Schreib über die

Existenz«, sagte das Pferd. »Das ist mein Rat an dich. Alles andere ist nicht ungefährlich.«

»Gott hat die Blockade aufgehoben. Er hat unserem Land eine letzte Chance gegeben.«

»Und? Welche?«

»Die Freiheit«, antwortete ich.

»Die braucht hier niemand.« Das Pferd runzelte die Stirn. »Du bemühst dich umsonst.«

»Ich mag Politik nicht.«

»Na, dann lass die Finger davon. Du sitzt schlecht im Sattel, Dschigit!«

»Willst du mich beleidigen?«

»Du hast keine Ahnung von Politik!«

»Und du, Pferd, hast du vielleicht eine Scheißahnung davon!?«

Die Staatsmacht war zynisch in ihrem Kolonialkrieg – wir werden tausendmal zynischer sein. Ihr habt uns nicht für Menschen gehalten, ihr habt uns »Schwarzärsche« geschimpft, uns als rückständige, bösartige Teipy, Clans dargestellt – jetzt sprechen wir euch das Recht auf Leben ab. Außerdem gibt es eine poetische islamische Rechtfertigung: Ihr seid Ungläubige.

Russland ist nicht daran gewöhnt, gehasst zu werden. An sich selbst findet es viele weibliche Züge, und es gefällt sich sehr. Mir scheint bisweilen allerdings, dass von Russland nur noch der Name übrig ist. Aber das stimmt auch nicht. Jedenfalls, der Russe mag es nicht, wenn man ihm ins Gesicht spuckt. Und das hat Bassajew getan.

Bassajews Spucken bedeutet den Beginn jenes Dritten Weltkrieges in Russland, den die westliche Zivilisation fürchtet und mit aller Kraft abzuwenden versucht. Russland ist aus verschiedenen Gründen das schwache Glied in der westlichen Welt, vor allem aber ist es bei weitem nicht davon überzeugt, dass es überhaupt irgendeine wesentliche Beziehung hat. Äußerlich ja, den Westen benutzen, ja, natürlich! Aber inwendig sind wir anders. Indes will überhaupt niemand in unser Inneres hineinschauen. Russland will für sich sein, doch es klappt nicht. Im Idealfall hätte es gern etwas von der islamischen Festigkeit des Geistes und wäre nicht abgeneigt, von seinen Glockentürmen aus die materialistischen Werte des Westens zu entlarven. Aber bisher war seine Suche nach einer nationalen Idee erfolglos, von den Fundamentalisten wird es zu den Feinden gezählt.

Russland glänzt nicht durch initiativen, zupackenden Verstand. Es ist wie gelähmt angesichts der Dreistigkeit des Feindes. Es ist plump. Die Russen werden sich nur schmerzlich ihrer Schwäche, die man bei uns für eine vorübergehende Erscheinung zu halten geneigt ist, bewusst, und sie werden sie nur langsam überwinden. Unterdessen wird man, wenn in Russland ein großer Krieg begonnen hat, im Ausnahmezustand leben müssen: Die bürgerlichen Freiheiten werden eingeschränkt, und man wird sich faktisch der obersten Staatsmacht ausliefern. Die russische Staatsmacht ist für mich zum Beispiel eine fremde Macht.

»Du glaubst selbst nicht, was du sagst«, tadelte mich zärtlich das Pferd.

»Diamant!«

»Ja?«

»Du bist ja ein Hengst und kein Pferd.«

»Ein Hengst ist auch ein Pferd, nur eins mit Eiern, weiter nichts.«

»Und diese Leute … dieser Hengst mit Eiern …« Ich verstummte und betrachtete lange die gelben Zähne des Pferdes.

»Spielen wir lieber Schach«, schlug das sprechende Pferd vor. »Mit Pferden verbindet man in unserem Land sehr viel Gutes. Schalt ab, *lieber Freund*! Die Troika – wie da die Pferde fächerartig dahingaloppieren! Allein davon kann man zum Patrioten werden!«

Und von da an lebten das Pferd und ich zusammen. Ich kann ihm nicht glauben – seine strategischen Ziele und die Methoden, um diese durchzusetzen, sind mir unverständlich. Die Machtstrukturen entsprechen eindeutig weder dem Begriff von Demokratie noch dem von elementarer Menschenliebe. Die Russen selbst indes lassen sich in drei Hauptgruppen unterteilen, was man auch an ihrer Reaktion auf Beslan sieht.

Die erste stellen diejenigen, die ich nur mit Mühe ertrage und die mich nicht ausstehen können. Das sind die Argwöhnischen und Blutrünstigen (verbal jedenfalls). Sie meinen, der Sieg könne errungen werden, indem man die Todesstrafe (manche fordern öffentliche Vollstreckung) wiedereinführt, die russischen Grenzen zumacht, vor allem die zum Kaukasus, und die Tschetschenen ausrottet. Sie denken in fantastischen Kategorien.

Die zweite, zahlenmäßig nicht große Gruppe (verstreute Intelligenzija, eine gewisse Anzahl junger Leute, Geschäftsleute) ist davon überzeugt, dass die Staatsmacht total korrupt ist. Der radikale Flügel dieser Leute würde am liebsten Russland auf Nimmerwiedersehen verlassen und es wie einen Alptraum vergessen.

Eine große Gruppe dazwischen besteht aus unbedarften Leuten. Solchen, die Selbstgebrannten konsumieren. Entweder wollen sie den Krieg nicht bemerken, oder sie finden, man müsse sich daran als ein unausweichliches Übel gewöhnen.

Warum erscheint mir überall das Pferdemaul? Diamant! Wo bist du? Diamant, ich habe das Gefühl, dass man die Russen kaum mit Massenmorden beeindrucken kann. Umso weniger, wenn dabei Nichtrussen umgebracht werden. Das Bewusstsein des Volkes ist so beschaffen, dass es weniger zu Gedächtnisschwäche als zu Vergessen neigt. Besorgnis verflüchtigt sich rasch wieder. Die Russen versenken sich gern in einen lethargischen Schlaf und erwachen selten, mit Mühe. Jede Gewaltanwendung erfährt nach und nach eine Begründung, wird als Phänomen metaphysischer Ordnung erlebt. Alles, was das Bewusstsein nicht domestizieren und in die Kategorie vertrauter Dinge und einfacher Begriffe übersetzen kann, existiert nicht als Realität. Der internationale Terrorismus ist eine Fiktion, Journalistenjargon. In gewissem Sinne leben die Russen ein Tierleben, ihr Wiederkäuen der Wirklichkeit hat etwas von einer Kuh, Diamant (du mein Hirngespinst, Diamant!). Jedes andere Leben wäre viel zu qualvoll und würde zur Selbstzerstörung führen.

Die Geschichte hat den Russen ihren Hintern zugewandt. Der Reitknecht muss bezahlt werden. Der Pferdestall ist ein Provisorium. Als ich auf der Krim mit einem Tataren erst über regennassen steinigen Strand und dann auf der Straße Richtung Schtschebetowka galoppierte, war dort auch Diamant. Es regnete in Strömen, ich galoppierte. Der Tatar freute sich darüber, dass ich nervös war. Überall Diamant. Ich bin kein schlechter Reiter.

»Übertreib nicht«, spottete Diamant.

Sie sind daran gewöhnt, sich grober Macht unterzuordnen. Der Bazillus des inneren imperialen Gefühls – das ist ein Faktum des russischen Lebens. Beim Konflikt der Zivilisationen würden die Russen gern drüberstehen.

»Na und?«, fragte das Pferd beleidigt.

Schatten aus der Zukunft

Zum Skandalbestseller, der in jeder Familie diskutiert wurde, internationale Beachtung fand und unsere Elite in Unruhe versetzte, wurde ein Roman mit dem Titel »Michail Chodorkowski«. Wie im Falle von *Jewgeni Onegin* gab der Name des Helden auch den Titel ab. Zur Autorschaft dieser »Reality Show« komme ich noch, zunächst aber dazu, was man uns in der Schule beigebracht hat: Was ist er – ein positiver oder negativer Held?

»Whihihihi«, sang das Pferd, »hier ist *das sprechende Pferd*.«

»Stör mich nicht! Mach mir den Text nicht kaputt!«, sagte ich.

»Schlaf, Mäuschen ...«

Dass aus dem Roman kein Buch wurde, ist unwichtig. Jetzt sind andere Zeiten angebrochen. Die Romane kommen aus dem Fernseher angeflogen. Ein aktuelles Werk passt nicht in den Rahmen eines künstlerischen Textes, sondern es wird live als unmittelbare, erlebte Realität präsentiert. Bei uns in Russland verhält man sich zu literarischen Figuren wie zu lebenden Menschen und umgekehrt. »Michail Chodorkowski« ist zweifellos ein realistisches Werk. Doch die Bedeutung dieser Figur stellt jeden russischen Leser auf die Probe.

Michail Chodorkowski ist ein Held unserer Zeit. Man kann ihn wie Lermontows Figur Rachmetow als »neuen Menschen« bezeichnen. Er vereint in sich mehrere unvereinbare Dinge. Chodorkowski hat alles auf den Kopf gestellt. Er ist Kapitalist, der ein ungeheuer erfolgreiches russisches Unternehmen gegründet hat. Er beschränkt sich jedoch nicht auf Zynismus und Profitgier, sondern denkt an das Wohl unseres Landes und dessen umfassende Computerisierung, er kümmert sich um Waisenkinder, organisiert Wohltätigkeitsaktionen. Wie ein Kapitän blickt er nach vorn. Seine politischen Ambitionen sind nicht ganz durchsichtig. Seine Herkunft – er stammt aus einer russisch-jüdischen Moskauer Familie – ruft widersprüchliche Reaktionen hervor. Der Verstand unseres Helden gemahnt ebenfalls zur Vorsicht: Ist er nicht allzu klug?

Der Autor (toller Typ!) hat aus dem Werk über Chodorkowski einen Krimi gemacht: Er hat ihn vor den Augen der ganzen Welt ins Gefängnis gebracht und noch vor Beginn der Gerichtsverhandlung zum Gauner erklärt – ein offensichtliches Gogol-Plagiat mit seinem Tschitschikow. Denkt man über Chodorkowski nach, könnte einem außerdem Stolz aus Gontscharows *Oblomow* einfallen – der hat alles außer der Sympathie des Lesers. In Russland bekommt es der geschickte, praktische, unternehmerisch begabte Mann nicht so sehr mit Neid, als vielmehr mit normaler russischer Antipathie zu tun. Den kann ich nicht leiden, und fertig! Und wenn du dich auf den Kopf stellst! Das sind die Quellen des Dramas unseres Helden. Bei uns wird man eher dessen Staatsanwalt leiden können, selbst wenn der wirres Zeug daherredet und eine hässliche Visage hat. Dem Russen liegen abstrakte Worte fern: Humanismus, Freiheit, Verantwortung. Das sind schwülstige, fremde Worte, sie sind anstrengend. Und Chodorkowski will ein Russland schaffen, das diese Worte nicht als anstrengend empfindet. Das künftige Russland sitzt somit im Gefängnis des alten Russland, und die Handlung spielt heute.

Die Menschen, die begreifen, dass Chodorkowski Russlands Erfolg will, sind vom Volk zu weit entfernt. Dem Volk viel näher steht der Staatsanwalt: Als wahrer Chef macht er dem Volk Angst.

Mag der Staatsanwalt auch dazu bereit sein, dieses Volk, wie unter Stalin, egal wofür zum Tod durch Erschießen zu verurteilen – er ist trotzdem einer von uns. Die einen werden erschossen, andere, Ähnliche, wachsen ja nach. Wir sind ein Volk. Und wir brauchen keine Unähnlichen. Und da taucht dieser Chodorkowski auf, wie ein Schatten aus der Zukunft, und erschreckt alle mit seinem Verstand und der Transparenz seines Unternehmens. Seit 1994 bezahle er Steuern! Na großartig! Wie furchtbar! Unsereins hat überhaupt kein Geld, von dem er Steuern bezahlen könnte. Und wenn er auf einmal irgendwann Präsident wird? Dieser Saubermann kann uns mal sonst wo! Er allein ist sauber, und wir sind alle schmutzig. Er trinkt nicht, und wir trinken. Er liebt Amerika, und uns kann es, dieses Amerika, mal im Mondschein begegnen! Wenn du Oligarch bist, dann bring uns zum Staunen, kauf dir ein paar Yachten und schipper damit auf dem Meer herum! Dieser Kerl hat ja noch in seiner Zelle Kühlschrank und Fernseher, und bei uns auf dem Klo tropft es schon seit zehn Jahren aus irgendeinem Rohr! Allein dafür gehört er eingebuchtet. Aber Chodorkowski schreibt sogar aus dem Knast noch Briefe und macht sich einen Kopf um die Zukunft. Der reinste Don Quijote! Da hat man ihm den Wink gegeben, er solle doch ins Ausland verduften. Und er, allen zum Trotz: Ich gehe nicht! Na ja, und da hat man bei seiner Verhaftung diese maskierte Gestalten auf ihn losgelassen und einen Riesenzirkus veranstaltet. Bei uns kann man Leute gar nicht leiden, die aus purem Trotz etwas tun, was gegen alle gerichtet ist, selbst wenn es in bester Absicht geschieht. Denn da offenbart sich die Überheblichkeit. Chodorkowski ist Opfer seines Hochmuts.

Zudem Hochmut von klein auf. In jungen Jahren war Chodorkowski Tischler – ist das etwa gut? Chodorkowski wollte einfach immer schon möglichst viel Geld verdienen. Er hat drei Hochschulabschlüsse – wie unschön! Darin besteht sein Fehler: Es mangelt ihm an Phlegma, Oblomowtum, Scheißegalismus (»das ist uns doch wurscht …«, wie es in einem bekannten Schlager heißt), der Fähigkeit, durchs Examen zu rasseln. Kein Phlegma, kein Pardon unsererseits. Außerdem blitzt seine Brille zu sehr; die Gläser sind kein bisschen verschmiert. Er müsste griesgrämig aus der Wäsche gucken, heulen wie ein Schlosshund, aber er betritt die Zelle leichtfüßig wie ein Cherub: »Guten Tag, ich bin der Mischa.« Unsere Gefängnisse sind böse, sie machen einen fix und fertig, unsere Gefängniswärter sind arme Schlucker, sie verdienen umgerechnet hundert Dollar im Monat, wozu dann also diese Höflichkeit aufsetzen, die im Totenhaus vollkommen fehl am Platz ist? Wissen Sie noch, die Szene im Gericht, sein Schlusswort? Er verneigt sich vor allen, bedankt sich bei allen: seiner Frau, seinen Eltern. Irgendwie unbescheiden, die reinste PR-Aktion.

Rosanow empörte sich seinerzeit, dass man Tschernyschewski nach Sibirien verbannte. Warum so eine überbordende Energie nicht für den Staat genutzt werde! Genauso ist es mit Chodorkowski. Obwohl, andererseits, wozu braucht ein Staatsanwalt die Energie von Chodorkowski? Ein Staatsanwalt lebt nach dem Motto des großen russischen Konservativen Konstantin Leontjew: Russland gehört eingefroren, damit es nicht stinkt. Was ist uns wichtiger, Computer oder Stalin? Eine rhetorische Frage. Es hat also keinerlei Krise des Liberalismus in unserem Land gegeben, und es wird auch keine geben – denn hier hat es Liberalismus niemals gegeben. Das Volk lässt es nicht zu. Das versteht auch der Dümmste.

Ja, wir brechen zusammen, wir platzen als Land, wenn wir künftig Chodorkowski nicht als positiven Helden verstehen. Aber besser zusammenbrechen als sich von Grund auf ändern, sich verraten, zum Gehirnfortsatz von Chodorkowski werden. Wir kämpfen für unsere Seele bis zum Tod! Das Gerichtsverfahren gegen diesen Helden ist kein politisches Theater, wie unsere Intellektuellen meinen. Es ist die Verteidigung von Stalingrad. Keinen Schritt zurück! In Dutzenden und Hunderten von Jahren haben wir alle eine Schlagseite bekommen, so dass uns Leute, die aufrecht gehen, ohne alle viere zu Hilfe zu nehmen, als Missgeburten, wenn nicht gar Verbrecher erscheinen. Darin besteht die tragische Moral des Werkes über Michail Chodorkowski.

Es gehen diverse Gerüchte um, wer dieses Werk geschrieben hat. Manche rechnen es der Feder des russischen Präsidenten persönlich zu. Was für ein Schwachsinn! Er hat keine Zeit zu schreiben: Er ist ja damit beschäftigt, Russland zu retten. Auf seine Art natürlich, aber er rettet es. Also auf unsere Art tut er das! Doch im Kreml gibt es andere Schriftsteller. Begabte Leute. Von ihnen erwarten wir einen Fortsetzungsroman.

Die Schriftsteller auf dem Klo kaltmachen

(Offener Brief an den russischen Präsidenten W. W. Putin)

Moskau, 4. September 2002

Sehr geehrter Herr Präsident,
Russland ist, wie Sie wissen, ein großartiges Land, doch dieser Umstand hat es nie daran gehindert, bisweilen große Dummheiten zu begehen. Eine dieser Riesendummheiten war – wie schon unter den Zaren und den Kommunisten – der versteckte und offene Krieg der Staatsmacht mit der russischen Literatur. Die Staatsmacht belehrte die Schriftsteller, worüber sie nicht schreiben durften, und die Schriftsteller lernten, die verhasste Staatsmacht zu hintergehen und das zu schreiben, was sie einfach schreiben mussten. Im Ergebnis dessen wurde die russische Literatur eine große Literatur und machte Russland in der ganzen Welt berühmt, jedermann kennt ihre Namen, ihre Unterdrücker hingegen sind eine Schande für Russland.

Es war doch offensichtlich, dass solch ein Obskurantismus ein Ende finden musste, und so ist es wohl auch geschehen, jedenfalls hat man in den letzten zehn Jahren die Literatur in Ruhe gelassen. Doch die Idee, die Literatur zu lenken, ist zählebig wie die Pest, und heute, in der Zeit Ihrer Präsidentschaft, erlangt diese Idee erneut den Charakter von Kriegshandlungen.

In Moskau sind neuerdings merkwürdige Dinge im Gange, die der Feder des Autors von *Der Meister und Margarita* würdig wären.

Die Anführer der Jugendorganisation »Gemeinsam gehen«, die eilends die ideologische Nähe zu Ihnen verkündet hat, haben T-Shirts mit Ihrem Konterfei angezogen und in gut gemeinter Absicht und mit einflussreichen Schirmherren im Rücken beschlossen, sich mit Literaturkritik zu befassen, um literarischen Extremismus auszurotten. Ich hatte das zweifelhafte Glück, ihnen zu begegnen: Sie glänzen nicht gerade mit großem Wissen auf diesem Gebiet. In voller Verantwortung möchte ich sagen, dass jeder echte Schriftsteller ein Extremist in dem Maße ist, in dem er sich erkühnt, über Dinge zu sprechen, die für das gewöhnliche Bewusstsein widernatürlich sind. Puschkin, Gogol, Dostojewski, Scholochow, Nabokov – sie alle waren solche Extremisten. Aber die Toten mit den Lebenden zu vergleichen ist, auch wenn man die Proportionen bewahrt, eine undankbare Sache, und darum kann man jeden neuen Extremismus aller möglicher Todsünden beschuldigen. Außerdem sind Schriftsteller gewöhnlich kein kriegerisches Völkchen und der Kriegskunst unkundig, sie sind leicht zu schlagen – wenn man nur will.

Und dann ging es los. Man erstellte eine Liste schädlicher Schriftsteller. Man bot dem Volk an, deren Bücher gegen nützliche Literatur einzutauschen. Die Aktion scheiterte, doch die Organisation »Gemeinsam gehen« ging noch weiter. Wenn die Präsentation eines neuen Buches gesprengt wird, vor der Wohnung eines bekannten Schriftstellers seine Bücher auf einen Haufen geworfen werden oder dazu aufgerufen wird, Gefängnisgitter vor dessen Fenster zu setzen – erinnert Sie diese Gewalt gegen die schöpferische Persönlichkeit nicht an das Deutschland der dreißiger Jahre? Mitten im Sommer 2002 wurde eine beispiellose Aktion zur Büchervernichtung im Zentrum Moskaus durchgeführt, unter Stöhnen, Musik und Tränen – es war erschreckend. Die erwähnte Jugendorganisation belehrte das Bolschoi-Theater, was es aufzuführen habe und was nicht. Die Auflagen der »schädlichen« Bücher stiegen sprunghaft an, alle fühlten sich an die Zeit des Samisdat erinnert und hatten es plötzlich eilig, sie zu lesen. Einige leichtsinnige Leute meinten, es handle sich um eine erfolgreiche Werbekampagne. Doch angesichts dessen, wie sich jetzt, da die Schriftstellerakten der Staatsanwaltschaft übergeben werden, die Ereignisse entwickeln, ist dergleichen »Werbung« ein schwerer Schlag für den Ruf Russlands in der Welt.

Unseren Schriftstellern, die in Europa einen Namen haben, wird all das vorgeworfen, was man in der Regel gegen einen Autor vorbringt, um ihn öffentlich zu vernichten: Pornografie, Propagierung von Drogenkonsum, Verwendung von Vulgärsprache. Seinerzeit wurden mit ähnlicher Begründung die Bücher von Flaubert, Joyce, Nabokov und Henry Miller verboten. Man kann das naiv für Ignoranz oder Scheinheiligkeit halten, aber das Ganze hat prinzipiellen Charakter. In unserer modernen Gesellschaft ist es tatsächlich unsinnig, dem Spiegel die Schuld zu geben, wenn die Visage schief ist – Gogols Lieblingssprichwort bleibt für alle Zeiten gültig. Bei uns zeigen sich neuerdings jedoch Tendenzen, das Abwürgen der Meinungsfreiheit mit der Unreife der Gesellschaft zu rechtfertigen, die eine strenge Hand brauche und auf höchste Werte hin orientiert werden müsse. Kurz gesagt, Pioniere dürfe man nur in Marschordnung und unter Aufsicht von Pionierleitern in den Wald schicken. Andernfalls gingen sie verloren.

Aber unser Land ist ja schließlich aus dem Pionieralter raus, und dergleichen Anwandlungen von russischem Konservatismus, die uns zurückschicken zu Zar Nikolai I. und dem Staatsbeamten Pobedonoszew, endeten gewöhnlich mit der Überhandnahme der Bürokratie, mit Repressionen, Schwachsinn und einer neuen gesellschaftlichen Explosion. Russland hat keine andere Wahl als den schwierigen, aber konkreten Weg in eine zivilisierte Gesellschaft, in die Weltgemeinschaft der demokratischen Länder. Wenn sich bei uns weiterhin inquisitorische Leidenschaften bezüglich der Literatur austoben können, verschrecken wir nur unsere nahen und fernen Nachbarn. Die Suche nach einer eigenen nationalen Idee erweist sich in diesem Zusammenhang lediglich als Fiktion und Flucht in eine Welt der Isolation. Wir in Russland sind derart unverwechselbar in unseren kulturellen Erscheinungsformen und reich an Vorstellungskraft, dass uns die Globalisierung, in welcher Form auch immer, wohl kaum unser Gesicht raubt.

Der Puschkin'sche Gedanke, der einzige Europäer in Russland sei die russische Regierung, darf man eher für einen Wunsch halten als für Realität, aber wie es bei Puschkin immer so ist, steht hinter seinem Gedanken eine Hoffnung. Die Hetze auf Schriftsteller ist ein Skandal. Die Aktionen jener, die gegen die Freiheit der zeitgenössischen Literatur auftreten und sich auf diese Weise politisch profilieren, lösen bei vielen klugen Leuten keine Begeisterung aus. Nichtsdestoweniger werden diese Aktionen fortgesetzt, und niemand außer Ihnen, so scheint es mir jedenfalls, kann dieser Ungeheuerlichkeit Einhalt gebieten. Schweigen oder Unklarheit heizen die Leidenschaften nur weiter an. Das ist der Zweck meines Briefes.

Was aber die russische Literatur betrifft, so benötigt sie wirklich Hilfe. Die Schriftsteller aller Richtungen, ob »schädlich« oder »nützlich«, Archaiker oder Erneuerer, gewöhnen sich nur schwer an den Gedanken, dass sie unter den harten Bedingungen des wilden Kapitalismus leben sollen. Die beste Hilfe aber ist, sie nicht zu behindern. Es ist klar, dass die russische Literatur tatsächliche Werte geschaffen hat. Das Lebendige ist lebendig geblieben. Ich weiß, dass die freie zeitgenössische Literatur auch diesmal Russland nicht im Stich lassen wird.

Die Niederlage des Sieges

Irgendwann einmal haben *wir* Hitler besiegt. Schwer zu glauben. Kommandeure, denen der eigene Staat noch nicht den Garaus gemacht hatte, und einfache Soldaten direkt aus dem Kolchos sind lausig ausgerüstet bis nach Berlin marschiert. Heute würden alle davonlaufen, schlappmachen, Reißaus nehmen.

»Und wenn die Chinesen uns überfallen würden?«, wollte *das sprechende Pferd* wissen.

»Egal. Alle Motivationen sind verwischt.«

»Haust du ab nach Paris?«

»Sei still, Pferd!«

»Ich bin Diamant.«

»Na und? Jetzt schaffen *wir* es nirgendwohin mehr. Man hat uns zu lange gequält. Wir sind erschöpft. Die Arme baumeln schlapp herunter. Wir kapieren überhaupt nichts mehr. Wir pinkeln uns an. Nebel im Kopf. Impotente.«

Ich sehe keinen Grund, die historische Bedeutung des Sieges in Zweifel zu ziehen; für die Einwohner unseres Landes ist er bis heute heilig. Über viele Jahre hinweg hat der Tag des Sieges das Volk vereint. Außerdem hat er uns sogar in der Zeit des Kalten Krieges an den Film *Begegnung an der Elbe* erinnert. Inzwischen trennt der Sieg nicht nur viele Menschen, sondern auch ganze Völker. Wer ist schuld an diesen schmerzlichen Paradoxa?

Als Putin den Zusammenbruch der Sowjetunion zur »größten

geopolitischen Katastrophe des Jahrhunderts« erklärte, antwortete er selbst auf diese Frage. Der Kreml hat die Geschichte der Sowjetunion wie ein Birkenscheit mit der Axt in zwei Hälften zerhackt. Er ließ die kommunistische Erfahrung des Landes als nicht lebensfähige Utopie fallen, doch er schwelgte in imperialen Ansprüchen. Es geschah das Gegenteil von dem, was Chruschtschow Mitte der 1950-er Jahre tat. Er opferte damals Stalin zugunsten von Lenin. Heute opfert der Kreml Lenin zugunsten von Stalin. Das ist ein Sprengsatz mit Skandalwirkung. Errichten wir in verschiedenen russischen Städten Denkmäler für Stalin, den Sieger! Das wäre genauso, als würden die Juden plötzlich Denkmäler für Hitler aufstellen wollen. Das Ausland klopft an den Zaun:

»Wieso findet ihr auf einmal den Molotow-Ribbentrop-Pakt gut?«

»Was?«

»Wieso bestreitet ihr die Tatsache, dass das Baltikum besetzt wurde?«

»Wir haben überhaupt nichts besetzt.«

»Wieso wollt ihr von Katyn schon wieder nichts wissen?«

»Hä?«

»Warum wollt ihr nicht zugeben, dass die Rote Armee auf dem von ihr befreiten Territorium Hunderttausende von Frauen vergewaltigt hat?«

»Nu lass aber mal gut sein …«

Der Nachbar kommt nach Hause, nimmt den Schlips ab und sagt zu seiner Frau:

»Jetzt sind die Russen echt …«

»Durchgeknallt.«

Der Kreml lebt in einer Welt, die es nicht gibt. Es gibt keinen Warschauer Vertrag, keine kommunistischen Bruderparteien, die auf Kommando jedem beliebigen Kurs applaudieren. Anstelle von

Freunden hat Russland von der Sowjetunion beleidigte Nachbarn und neue NATO-Mitglieder, die froh sind, den Kreml nicht mehr fürchten zu müssen. Wenn diese Länder, die bei Deportationen und Säuberungen eine unglaubliche Anzahl Menschen verloren haben, alte Versionen der Geschichte in neuer russischer Verpackung erhalten, packt sie berechtigte Wut.

»Mich als Pferd interessiert der Wert der Menschen überhaupt nicht«, sagte *das sprechende Pferd*.

Ich halte es nicht für richtig, in Warschau einen Platz nach Dudajew zu benennen.

»Da hast du recht«, stimmte das Pferd zu.

»Dein Name hat mit Pferd zu tun! Geh zum Arzt. Du bist wie aus dem Rahmen gefallen!«

Diamant zersetzt meine Erzählung. So langsam werde ich ihn vor den Kadi ziehen müssen. Welche Farbe hat er? Rabenschwarz! Aber wenn Russland nicht Abstand davon nimmt, alles, was dem stalinistischen Staat irgendwann politisch nützlich war, auch für seine Prioritäten zu halten, dann wird es seine Siege nicht mehr von Niederlagen unterscheiden können. Noch nie war Russland in Europa und der ganzen Welt so einsam wie jetzt.

»Wird schon werden«, wieherte der rabenschwarze Diamant und stierte mit kalten Augen vor sich hin.

Der Kremltreidler

Wenn Gorbatschow stirbt, wird Gott mit dessen Wohnsitz im Jenseits ein Problem haben. Wenn er ihn ins Paradies schickt, nehmen es unsere Opfer der Politik Gott übel. Wenn er ihn in die Hölle schickt, nimmt es ihm der ganze Rest der Welt übel. Offenbar wird man Gorbatschow im Fegefeuer einquartieren müssen und sich damit rechtfertigen, dass er ein merkwürdiger Kommunist und Atheist gewesen sei, der die Grundlagen des Kommunismus und Atheismus ohne massenhaftes Blutvergießen untergraben habe. Zudem wird es im Fegefeuer keine Skandale zwischen Gorbatschow und den Russen geben, denn Russen lässt man dort nicht zu: Sie leugnen es. Ich würde sagen, damit handeln sie leichtsinnig. Das Fegefeuer ist ein Kompromiss, nützlich für den Menschen im Jenseits, unsere Leute jedoch lassen sich auf Kompromisse nicht ein.

Die Perestroika indessen war eine Zeit der großen Kompromisse und Gorbatschow ihr Großmeister. Damals kam ein Mann an die Macht, dessen Ideologie darauf hinauslief, dass die allgemein menschlichen Werte wichtiger sind als alle anderen. Um diesen schlichten, aber grundlegenden Gedanken seinen Mitbürgern schmackhaft zu machen, die zu der Zeit entweder überhaupt zu denken verlernt hatten oder – wie die Intelligenzija – immer nur das Schlimmste argwöhnten, musste Gorbatschow unterschiedliche Interessen ausbalancieren. Wie beim Damespiel warf er meisterhaft die alten Politbüromitglieder einen nach dem anderen raus.

Er öffnete ein Fenster nicht nur nach Europa, sondern auch nach Amerika. Er war mit der kaum zu bewältigenden Aufgabe konfrontiert, den Sozialismus mit der Marktwirtschaft zu versöhnen und die Idee der Union mit dem Separatismus der Republiken. Diese Widersprüche zog er wie ein Treidler an seinem Tau hinter sich her. Wäre er radikaler gewesen, hätte man ihn gefressen, wäre er konservativer gewesen, wäre die Perestroika nicht geglückt. Die Feinabstimmung erwies sich als exakt: Er war der richtige Mann am richtigen Ort. Gefragt war ein naiver Reformromantiker – er war einer.

Doch beim Wichtigsten musste er einfach irren. Er glaubte nicht, dass die Sowjetunion ein Imperium war. »Das hat man uns nicht gelehrt«, sagte er einmal zu mir. Das alte Imperium ist nicht zu heilen. Es stinkt nach Zerfall. Als das Imperium gegen seinen Willen zu faulen begann, wurde Gorbatschow nervös. Die Westdeutschen haben mindestens zwanzig Jahre gebraucht, um zu erkennen, dass ihre Niederlage von 1945 ein historischer Erfolg war. Uns hat niemand beigebracht, über die Niederlage des sowjetischen Imperiums froh zu sein. Die Rückfälle in die imperiale Krankheit vernichteten vieles, was Gorbatschow erreicht hatte. Wera, Nadeschda, Ljubow – Glaube, Hoffnung, Liebe – und deren Mutter Sophia – die Weisheit – stehen erneut über unser Land wie über einen Schwerkranken gebeugt und flehen unter Tränen, dass wir uns gedulden und auf den neuen Befreier warten. Wenn unser Land das überlebt, wird es schließlich den Vater des russischen Wunders preisen, wenn nicht, wird er im ausländischen Fegefeuer bewahrt.

Der Zar der russischen Träume

Schon wieder habe ich von ihm geträumt. Schüchtern, bescheiden, angespannt steht er da. Sein eigener Leibwächter. In Russland findet man wohl kaum einen Menschen, der nicht schon einmal von Putin geträumt hätte. Er ist *der Zar der russischen Träume.* Woher kommt dieses Hingezogensein zu Putin? Vielleicht ist er leer wie ein Schauspieler, der fähig ist, jede beliebige Rolle zu spielen, selbst aber deren Inhalt gegenüber gleichgültig bleibt? Mit der beruflichen Vergangenheit von Putin lässt sich das gesamtrussische Phänomen nicht erklären, warum ihm alle seine Schauspielerei abnehmen. Im Grunde hat Putin niemanden gespielt. Er war weder Hamlet noch Faust oder Don Quijote. Indessen spielte er eine Leere, in die beinahe jeder von uns seine Gefühle hineinprojizieren konnte. Er spielte das Drama der Lossagung und hinterließ damit der Vergangenheit noch eine weitere Leere, die jeder für sich mit seinen Fantasien ausfüllen kann. Putin ist gerade jene Leere, jenes kosmische Loch, das darauf wartet, gefüllt zu werden. Einen geeigneteren Mann für den Posten des russischen Präsidenten kann man sich schwer vorstellen.

Die Leere muss nach den Gesetzen der Leere spielen. Nach den ideologischen Inhalten imperialer Natur in der Sowjetunion, nach dem Pathos der Perestroika und dem Voluntarismus Jelzins spricht die Leere Putins vielen tief aus dem Herzen. Man begann russische Stabilität damit zu assoziieren, nationale Produktivität und eine gewisse freudige Neutralität. Putin gibt nichts als die eigene Leere. Sie erzeugt unwillkürlich Angst. Sie saugt einen auf. Das spürt das Volk. Es würde auf pathetische Reden überhaupt nicht reagieren, die Kälte der Leere wirkt allerdings ein wenig ernüchternd.

Putin hat die nationale Idee des modernen Russland gefunden und verkörpert sie durch und durch: Dieser Leere sollte man besser nicht zu nahe kommen. Aber wenn Putin die Leere ist, gibt es dann Putin überhaupt?

Was für ein großer russischer Vogel fliegt da die Deutschen besuchen? Ein Freund-Vogel? Ein Werwolf-Vogel? Ein Vampir-Vogel? Ein Wolf-im-Schafspelz-Vogel? Soll man seinen Ratschlägen folgen oder sich wie bei Hitchcocks Vogel-Invasion vor ihm in Sicherheit bringen? Ist dieser Vogel stark, ein Vogel mit diktatorischer Zukunft, oder ist er ein sterbender Schwan?

Niemand weiß das. Alles Spekulation. Entsetzt neigt die westliche Presse dazu, den Vogel zu dämonisieren. Die Politiker im östlichen Teil Europas ebenfalls. Mehr noch, sie fürchten ihn! Aber deutsche führende Politiker sind seine strategischen Partner. Jedenfalls tun sie so. Auch die Franzosen sind Partner. Und dieser Italiener mit dem fragwürdigen Ruf – die beiden sind dickste Freunde! Und Bush? Auch er liebt auf partnerschaftliche Art unseren russischen Vogel. Sie treffen sich immer wieder, gurren miteinander. Worüber gurrt ihr denn? Eine richtige Kopfnuss ist das. Und weiß der Vogel selbst, wer er ist?

Das weiß man nicht.

Ich glaube nicht.

Fragen wir also die russische Intelligenzija, traditionell das Gewissen der russischen Nation: Was für ein Vogel wohnt im Kreml?

Ein Riesengeschrei hebt an. Wir bekommen völlig entgegengesetzte Meinungen zu hören. Nehmen Sie zum Beispiel den Fall YUKOS. Ein Teil der Intelligenzija – Schriftsteller, Schauspieler, Maler, Regisseure – waren gegen ein hartes Urteil. Der andere Teil – anscheinend ebenso verantwortungsbewusste Schriftsteller, Schauspieler, Ballerinen und Regisseure – dafür. Die Intelligenzija war gespalten.

Haben wir Freiheit?

Im Vergleich zur Sowjetunion haben wir viele Freiheiten, und das darf man nicht aus dem Bewusstsein verdrängen: Diese Freiheiten, selbst die eingeschränkten, bestimmen allmählich die Privatsphäre der Russen. Wir haben die Freiheit zu reisen (wenn man ein ausländisches Visum und Geld hat), Geschäfte zu machen (aber bitte ohne Einmischung in die große Politik), an Gott zu glauben (vorzugsweise an den orthodoxen), zu lesen, was wir wollen, und zu schimpfen, worauf wir wollen (sogar auf unseren rätselhaften Vogel, aber nur an bestimmten Orten, die sind wie die Raucherecken verpönt: bei einigen Radiosendern, in einigen Zeitungsredaktionen).

Was ist uns verlustig gegangen?

Die Garantie für die Zukunft.

Das Volk schweigt wie immer. Ein Teil der Jugendlichen zählt die Tage bis zum Ende von Putins Präsidentschaft, der andere folgt dem Ruf des Kreml und wünscht sich nichts sehnlicher, als ihm auf Treu und Glauben zu dienen. Auch die Familien sind gespalten. Mein fünfundachtzigjähriger Vater mag Putin, und meine Mutter – na ja, zunächst mochte sie ihn, und jetzt weiß sie nicht mehr, was sie von ihm halten soll.

Die Kommunisten sind sauer auf Putin: Er hat der kommunistischen Partei einen schweren Schlag versetzt, er hat sie praktisch aus der politischen Arena entfernt, was Jelzin nicht geschafft hat.

Aber unter uns gesagt, ist es etwa schlecht, dass der russische Kommunismus erledigt ist? Andererseits können die oppositionellen demokratischen Politiker und Journalisten Putin auf den Tod nicht ausstehen. Werden sich mit den Jahren die Freiheiten klammheimlich in Luft auflösen, oder ertönt plötzlich von ganz oben ein Wasserrauschen, und die Freiheiten werden wie Unrat augenblicklich im Klo runtergespült?

Der russische Intellektuelle hat immer was, worüber er nachgrübeln kann.

Das Symbol des russischen Staates ist ein seltsamer Vogel. Er erinnert an siamesische Zwillinge – ein Magen, aber unterschiedliche Gedanken. Ein schizophrenes Bild. Als Putin Präsident wurde, verfiel er der Hypnose des doppelköpfigen Adlers und hat sich praktisch in ihn verwandelt. Möglicherweise wird er von widersprüchlichen Wünschen zerrissen. Wie man diese Köpfe vereinen soll, ist ein Rätsel. Ein Kopf denkt über die Marktwirtschaft nach, der andere liest in Machiavellis *Der Fürst* nach, wie man ein Land als Sonderoperation regiert. Ein Kopf kämpft gegen den Terrorismus, der andere kapiert, dass Terrorgefahr nützlich ist für die Festigung der Macht, da sie die Bevölkerung einschüchtert. Der westliche Kopf möchte in Russland einen Kommando-Kapitalismus errichten, der östliche Kopf denkt darüber nach, dass die europäischen Werte für den Russen wenig geeignet sind, denn sie sind zu konsumorientiert und entsprechen nicht der Mystik der russischen Seele.

Der westliche Kopf des Adlers glaubt, die Bevölkerung könne man durch Wohlleben, Reichtum und Eisenbahnen verbessern. Nur noch ein Schritt, und wir reihen uns ein in die Familie der aufgeklärten Völker. Der andere Kopf geht von der Überzeugung aus, dass Genetik stärker ist als Ethik: Das russische Volk hat so eine

Menge schlechter Eigenschaften geerbt, dass man in diesem Land nur mit Hilfe von Zuckerbrot und Peitsche existieren kann. Die konservative Partei in Russland hat nie an das Volk geglaubt, denn sie hat es als Sklaven betrachtet, dafür aber vertraute sie auf die Macht der Angst. Und richtig: Gagarin ist aus lauter Angst in den Kosmos geflogen.

Putin ist nicht der erste russische Politiker, der vom doppelköpfigen Adler hypnotisiert wird. In der russischen Geschichte entspricht ihm wohl am ehesten Alexander III., der vorletzte Romanow, ein Riesenkerl, ein Feind der Trunksucht, der orthodoxe Ideologie und Staatskapitalismus einführte und das Gespenst einer »orangenen« Revolution abwürgte, die damals eine sozialistische Färbung aufwies. Als Spieler in der großen internationalen Politik hat er es sich außerdem verdient, dass in Paris eine der schönsten Brücken nach ihm benannt wurde. Die Schwankungen Putins entsprechen in bedeutendem Maße den Schwankungen des geistigen Lebens von ganz Russland, das tiefe archaische Wurzeln besitzt, die zum Teil mit Europa nichts gemein haben. Alexander III. war kein Intellektueller. Er gab Tolstoi und Tschechow die Möglichkeit, ihre Bücher zu veröffentlichen, duldete bis zu einem gewissen Maße eine andere Gesinnung, vergaß aber nie, die Schrauben anzuziehen, und er gab dem russischen Nationalismus den Vorzug. Das Ende der Romanows ist bekannt.

Der Westen muss natürlich den verkümmernden westlichen Kopf des Adlers aufpäppeln. Andernfalls entflattert er, ehe man sich's versieht, nach Osten. Ich persönlich bin daran interessiert, dass der Adler einen gut entwickelten westlichen Kopf besitzt: Das ist eine gewisse Garantie für jene Freiheiten, die der Schriftsteller braucht wie die Luft zum Atmen. Aber mir ist auch klar: Ignoriert man den östlichen Kopf der russischen Staatlichkeit, wie es unsere

Reformer der neunziger Jahre getan haben, verliert man die Verbindung zu einem bedeutenden Teil der archaischen Bevölkerung. Der Westen sollte sich damit abfinden, dass der Flug des doppelköpfigen Adlers nicht den Regeln der internationalen Luftfahrt entspricht.

Smoking

Endlich habe ich begriffen, wie man Russland bewahren kann. Zugegeben, ich hatte bereits das Gefühl, es versinke in vollkommener Finsternis, doch da blitzte die rettende Idee auf. Sie ist einfach. Für ihre Umsetzung ist kein Startkapital nötig, sie erfordert keine Investitionen aus dem Westen, keine Revolutionen oder Opfer aus dem Volk. Sie erniedrigt niemanden. Im Gegenteil, sie wirkt erhebend und veredelnd. Zentraler Punkt der Idee ist der Kleiderwechsel.

Man muss der gesamten männlichen Bevölkerung Russlands Smokings anziehen. Alle dazu verpflichten, vom ersten Schuljahr bis ins Grab Smoking zu tragen. Immer und überall. Auf der Arbeit und zu Hause. Zuerst dachte ich, sollen doch alle auch im Smoking schlafen. Aber dann habe ich es mir anders überlegt. Und ein Auge zugedrückt. Liebe machen sollen alle im Smoking, danach können sie ihn von mir aus bis zum nächsten Morgen über die Stuhllehne hängen.

Sie werden natürlich gleich sagen: Und was ist mit den Milizionären? Sollen die etwa im Smoking den Straßenverkehr regeln? Gerade bei den Milizionären würde ich anfangen: Wie ein Diplomat im Smoking sollen sie aussehen, wenn sie Sie wegen Übertretung der Verkehrsregeln anhalten. Das würde ich gern mal sehen, wie sie Ihnen im Smoking die Kohle abknöpfen.

Sofort würde sich die Sprachkultur verbessern. Ziehen Sie

einen Smoking an, treten Sie vor den Spiegel und versuchen Sie mal, Ihrem Spiegelbild irgendetwas Obszönes zu sagen. Die bekannten Ausdrücke werden Ihnen im Hals stecken bleiben. Sie werden stumm. Und sollten sie Ihnen dennoch herausrutschen, so werden Sie sie nicht wiedererkennen. Sie werden vollkommen anders wirken. Obszönes Fluchen im Smoking ist wahnsinnig komisch.

Da Sie nun schon mal im Smoking vor dem Spiegel stehen, betrachten Sie sich genauer, und Sie werden sehen, dass Sie dies mit Neugier tun. Sie haben schon lange von sich selbst die Nase voll, und nun sehen Sie sich mit Fliege, und plötzlich regt sich eine Ader namens Selbstachtung. Sie haben Haltung angenommen. Das Gesicht ist vollkommen verändert! Es sieht schon viel durchgeistigter und bedeutender aus. Im Smoking möchte man etwas Kluges sagen. Nichts Triviales. Im Smoking erinnern Sie sich daran, dass so etwas wie Ehre und Würde existiert. Man muss natürlich nicht gleich zur Pistole greifen und Duelle anzetteln, aber das Erwachen eines Ehrgefühls, das ist Ihre persönliche Renaissance.

Nicht umsonst hat Peter der Große russlandweit eine Maskerade veranstaltet: Er hieß alle europäische Kleider tragen und befahl, die Bärte abzurasieren. Eine einzige Geste des Zaren – und manche Völker halten uns deswegen bis heute trotz allem für Europäer.

Ich stelle mir vor, wie sich die Sitten im Kreml verändern, wenn alle dort oben einen Smoking anziehen – vom Wachpersonal bis zum Oberbefehlshaber. Alle werden sich galant benehmen. Im Smoking ist nicht nur obszönes Fluchen, sondern auch Lügen peinlich. Wenn du Smoking trägst, erhalten deine Worte endlich Bedeutung. Im Smoking ist es misslich, das eine zu sagen und etwas anderes zu tun.

Als Folge steigt im Land der Konsum von Champagner. Von

französischem Champagner bester Qualität zudem. Alle trinken aus hohen Sektkelchen. Sie schlucken keinen Selbstgebrannten mehr und schon gar keinen vergällten Spiritus – derlei Getränke lassen sich mit Fliege um den Hals nicht konsumieren.

Und nun stellen Sie sich unsere wackere Armee im Smoking vor. Unsere Rekruten in gestärkten weißen Hemden mit goldenen Manschettenknöpfen. Die Kalaschnikow im Anschlag. Und was ist mit dem Unterschied im Dienstgrad? Wer braucht das schon? Im Smoking ist jeder Rekrut ein General. Vor solchen Soldaten würden sie alle zittern – die Amerikaner, die Chinesen und sogar die Tschetschenen. Außerdem würde auf einen Schlag die »Dedowschtschina« verschwinden, die Schikanierung der Rekruten durch die Altgedienten.

Gut und schön, aber wie soll man im Smoking Stahl schmelzen, und wie sollen die Bauern den Boden pflügen?

Erstens, seit vielen Jahren schmelzt sowieso niemand mehr Stahl oder pflügt den Boden, auch ohne Smoking nicht.

Zweitens, in den Köpfen würde eine Wende eintreten, und alle würden sich, sobald sie den Smoking angezogen haben, mit ihrer Arbeit befassen. Und sich bemühen, sich nicht vollzukleckern.

Besonders die Frauen wären froh. Mit einem Mann im Smoking ist das Bumsen bei weitem weniger schrecklich als mit einem Mann ohne Smoking. Er würde zuerst Blumen bringen, sich eine Zigarre anzünden – die Intimitäten würden sich ganz anders anlassen. Nicht wie bei den Hunden. Ein Smokingträger würde Kerzen anzünden, ein paar innige Worte sagen. Und hast du nicht gesehen – die Demografie schriebe wieder schwarze Zahlen. Ein Kulturboom würde einsetzen. Alle würden in die Theater strömen und zu Vernissagen gehen. Das russische Volk würde nicht weiter degenerieren.

Ist es denn so schwer, Smokings für alle zu nähen? Fliegen herzustellen? Denn so laufen alle in langweiligen Jacken herum, in idiotischen Jeans, bürokratischen Anzügen und Krawatten, die beim Essen in die Suppe fallen. Ein graues Leben. Richtiger Scheiß. Aus dem einsam die Vertikale der Macht in den Himmel ragt, wie eine Stripteasestange frühmorgens in einer leeren Bar.

Kritik der russischen Apokalypse

Nicht der Wind die Zweige rüttelt, nicht die Bäche von den Bergen eilen – die Mächtigen im Land haben mit unerwarteter Heftigkeit davon zu sprechen begonnen, dass Russland einen plötzlichen Tod erleiden kann. Noch vor kurzem haben wir uns auf Wohlergehen, auf Verdoppelung und Gewichtszunahme eingestimmt, haben geglaubt, dass wir demnächst das Lebensniveau von Portugal erreichen werden, und nun diese Wende!

Dabei schien es so, als sei alles unter Kontrolle. Wirtschaft, Duma, Gerichte, Fernsehen und Gouverneure stehen stramm. Doch wie sich herausstellte, war der Sieg nur Schein. Der Kreml übte sich dermaßen in Selbstkritik, dass man es richtig mit der Angst zu tun bekam. Haben sie die Nerven verloren? Ein Triumph der Paranoia?

Die Gründe für die *Staatsapokalypse* fanden sich dort, wo sie immer schon waren: im Kaukasus, in der Isoliertheit der politischen Elite, den Ränkespielen des Westens und der demokratischen Opposition, der nicht konkurrenzfähigen russischen Wirtschaft, der demografischen Krise, der feindseligen Haltung des Volkes gegenüber dem Kapitalismus. Auf der Tagesordnung steht die Losung »Rettet Russland!« – die radikal populistische Methode für einen Zusammenschluss von nationalistischer Staatsmacht und Volk. Faktisch bedeutet das die Erklärung des Ausnahmezustands. Das Vaterland ist in Gefahr!

»Gehen wir dir sehr auf die Nerven?«, versetzte *das sprechende Pferd* ironisch.

Das alles haben wir schon einmal durchgemacht. Zu Zarenzeiten riefen Schwarzhundertschaften zur Rettung Russlands auf.

»Der russische Nazismus ist das erste Symptom für nationales Selbstbewusstsein«, bemerkte das Pferd gewichtig.

»Warum willst du mein Gesprächspartner werden?«

»Weil du«, lachte das Pferd, »keinen anderen hast!«

Die Sowjetunion wurde immer durch den Weltimperialismus unter Führung der USA bedroht. Wer ist jetzt unser Feind? Nach dem schmerzlichen Verlust der Ukraine, der im Übrigen noch nicht als endgültig gilt, begreift die Staatsmacht die weltweite Russophobie als Angriff auf die Souveränität Russlands. Sie wagt zwar nicht, dem Westen direkte Vorwürfe zu machen, gibt aber zu verstehen, dass sogar das harmlose Schäfchen Finnland es darauf anlegt, eine antirussische Kampagne in Gang zu setzen: gegen die Unterdrückung der im Wolgabecken lebenden finnougrischen Völker. Russland ist umzingelt. Überall *Komplotte* gegen die russische Unterdrückung. Die freien Gouverneurswahlen in Dagestan (vom Präsidenten abgesagt) hätten mit einem Sieg der Wahhabiten enden können.

Wenn Finnland und Dagestan im x-ten Regierungsjahr des Präsidenten eine reale Gefahr für Russland darstellen, was ist er dann für ein Präsident? Doch all das ist eher ein Spiel. Anstatt Russland für seine Nachbarn attraktiv zu machen, geht die Staatsmacht den Weg des Beleidigtseins und der Konspiration, wobei sie auf die bekannte Sprache des Hasses zurückgreift.

»Hilflosigkeit und Talentlosigkeit, aber wie viele Jahre, sag mir, Diamant, werden wir in dieser verfaulten Apokalypse leben müssen?«

»Betrachten wir den *goldenen Schnitt* des russischen Menschen«, schlug mir das Pferd friedfertig vor. »Du bist es doch, der immer alles umgekehrt macht. Alles, was du liebst, liebt er nicht. Du schreist, dass er ein Durcheinander im Kopf hat? Schrei nur. Aber auf seine Art ist er konsequent. Er liebt Stalin, Petrossjan, Unterhaltungssendungen wie ›Polje Tschudes‹, Radio ›Chanson‹, den Schlagersänger Kirkorow, aber nicht Kierkegaard, den Männlichkeitswahn oder den echten russischen Winter. Er liebt Bliny zur Butterwoche! Hörst du, Bliny! Vielleicht drückt er es nicht in Worten aus, aber für ihn ist es wichtig, dass er dem Staat dient, und nicht, dass der Staat ihm dient.«

»Aber es gibt doch Bildung, Aufklärung …«

»Was?«

»Und schließlich Erziehung …«

»Nicht für uns!«, schnitt mir das Pferd das Wort ab. »Denk daran, wie in der Sowjetunion Eishockey gespielt wurde! Wir brauchen militärische Tugenden! Und was für wunderbare Zeichentrickfilme es gab!«

»Nun, damals …«

»Du Lump«, brüllte auf einmal das Pferd los, »wehe, du sagst, das ist Faschismus!«

Was für ein Grobian, dieses Pferd. Da gehe ich so lieb mit ihm um, aber es schreit gleich los – *Faschismus*! Ich bin verwirrt. Ich verstehe gar nicht, woher dieses Pferd eigentlich aufgetaucht ist.

»Ich bin dein Verfolgungspferd«, flüstert mir das Pferd zu.

Die Losung vom Zerfall Russlands hat der Kreml von der Opposition übernommen, die darauf besteht, dass die Beschränkung der Freiheit das Land in die Katastrophe führen kann, und dann hat er ebendiese Losung gegen die Opposition gerichtet. Die Kreml-Mathematiker haben außerdem eine Gleichung erdacht, mit der sie (als Variante) in die Zukunft gehen: Die Erhaltung des derzeitigen Regimes ist gleich Rettung Russlands.

Jeder ideologisch gefärbte Präsident befindet sich manchmal in der schwierigen Lage, entweder Retter der ganzen Welt zu sein wie der amerikanische Präsident oder Retter seines Landes wie der französische. Die Rettung Russlands indessen ist vor allem eine Absage an die Demokratie. Bis jetzt war die unbeständige Lage in Sachen Freiheit in Russland besser, als westliche Skeptiker es sich vorstellten, die in Putin einen Diktator sahen, schlechter jedoch, als die Optimisten dachten, die Russlands Probleme mit den Schwierigkeiten der Übergangsperiode erklärten. Das mit der Übergangsperiode kann man inzwischen vergessen. Die Lokomotive wurde auf einer kleinen Bahnstation an den letzten Wagen angekoppelt, und das ganze Land rollte in die andere Richtung.

»Halt! Wohin fahren wir?«

»Im Kreis herum geht es schneller«, lacht der Lokführer.

Der Kreml ruft zur Rettung Russlands auf und hat damit das Monopol über die Freiheiten. Übrigens ist der Kreml, nachdem er die Alleinherrschaft errungen hat, mit der trägen Unterwürfigkeit der Bevölkerung unzufrieden. Das Volk muss für die Verteidigung der Souveränität des Landes mobilisiert werden.

Die heutige Politik des Kreml wird in vieler Hinsicht durch den Hass auf den Westen bestimmt, der seine Grundwerte ungeachtet aller Schwierigkeiten verteidigen wird. Russland leidet im Gegensatz dazu an einer Lähmung des Willens. Die Bevölkerung des Landes hat sich in ihren Wünschen verstrickt. Die Rettung Russlands offenbart die Doppelbödigkeit der Kreml-Politik. Die Staatsmacht ist in eine unangenehme Lage geraten. Sie hat den Entschluss gefasst, den Kapitalismus aufzubauen, ist aber verärgert darüber, dass Russland nicht konkurrenzfähig ist. Diese erniedrigende Situation birgt die Gefahr gesellschaftlicher Explosionen. Um sie zu vermeiden, muss man dem Volk mit der Apokalypse Angst machen. Es geht hier um die Konsolidierung des Landes um einen Führer herum, die Stärkung der Partei der Staatsmacht und um die Arbeit einer »Gesellschaftskammer«, die wie ein *Airconditioner* das moralische Klima im Lande kontrollieren könnte. Die Behörden demonstrieren ihr Verhältnis zur alternativen Politik mit dem alten Hut der »Fünften Kolonne«. Der Sinn der Apokalypse besteht darin, dass der Retter Russlands mehr ist als ein Präsident (das ist ein Zarenamt) und durch keinerlei Fristen eingeschränkt werden darf. Wie man das technisch bewerkstelligt, das sind bereits Details.

»Es lebe die Verfassung!«, verkündete das Pferd.

»Warum ist denn der Stern der alten Rus innerhalb von zwei Tagen verblasst? Warum hat sich der eiserne Vorhang auf die russische Geschichte gesenkt? Wach auf, Pferd!«

»Schicke dich, stolzer Mensch! Ist einmal das Volk ausgestorben, verbreiten sich in den Weiten Russlands Schmetterlinge, Feldmäuse, Käfer und Murmeltiere. Es wird viel Raum geben für Pferde. Kamille. Ein Tierparadies.«

Unterdessen kann Russland tatsächlich auseinanderfallen (nach dem Muster der Sowjetunion), und zwar wegen der starren bürokratischen Struktur, die unfähig ist, einen Impuls für die Entwicklung des Landes zu geben, und wegen der kritischen Masse an KGB-Offizieren, die an die Macht gelangt sind, denn eine Polizeiordnung ist nur die Illusion einer Gesellschaftsordnung. Die neue Autokratie ist gleichbedeutend mit dem Tod.

»Du Prophet!« Das Pferd wackelte lüstern mit dem Hinterteil. »Gestehe: Du bist ja gar nicht gegen den Zerfall? Bis zum Ural würde *dein* Europa uns beherrschen, und wir gehörten zur goldenen Milliarde. Und hinter dem Ural bliebe – klar, wer.«

Es begann auf orientalische Art zu blinzeln und mir Kusshände zu schicken. Ich mag verantwortungslose Pferde nicht. Während die Privatwirtschaft den nationalen Erwartungen nicht gerecht wird und das ganze Geld über die Grenze schafft, stellen sich die Kreml-Ideologen einen entwickelten Kapitalismus in Russland als eine solche Utopie wie seinerzeit den Kommunismus vor, für den man Opfer, Einschränkungen, Betrug und Verfolgung missliebiger Personen und Parteien in Kauf nehmen muss, um letztlich ein positives Resultat zu erzielen. Doch wenn sich das mit dem Kommunismus tatsächlich auf eine Utopie reduziert, dann ist es eine Perversion, vor den Augen der ganzen Welt zum Kapitalismus zu gelangen, indem man seine Voraussetzungen faktisch negiert. Die apokalyptische Idee der Rettung Russlands ist nicht mehr als ein Bulldoggenbiss der Staatsmacht, der bewirkt, dass Russland ein Land der siegreichen Apokalypse sein wird.

»Und, schreibst du Russland endgültig ab?«, fragte *das sprechende Pferd.*

»Gehen wir lieber Wodka trinken, Pferd«, antwortete ich.

Personenverzeichnis:

ACHMATOWA, ANNA (1889–1966): Russische Lyrikerin des Silbernen Zeitalters, Gedichtzyklen *Requiem* (entstanden 1935–1943) sowie *Poem ohne Held* (entstanden 1940–1962).

ALEXANDER III. (1845–1894): Vater von Nikolai II.; glaubte nicht an die Revolution und hob alle Reformen seines Vaters wieder auf. Während seiner Herrschaft erlebte Russland das Zeitalter der Industrialisierung, unterstützte die panslawistische Bewegung.

ANDROPOW, JURI (1914–1984): Leiter des KGB in der Zeit von 1967 bis 1982, Mitglied des Politbüros und später Generalsekretär des ZK der KPdSU; Förderer von Michail Gorbatschow.

ASIMOV, ISAAK (1920–1992): Amerikanischer Science-Fiction-Autor russischer Abstammung, vor allem Roboter-Geschichten.

AWERINZEW, SERGEI (1937–2004): Literatur-, Kultur-, Religionswissenschaftler, Dichter, Denker, Philosoph und Übersetzer, seit der Perestroika mehrere Gastdozenturen im Ausland.

AWWAKUM (1620–1682): Russischer Protopope und Führer der Altgläubigen (Raskolniki), Schriftsteller.

BABEL, ISAAK (1894–1940): Russischer Schriftsteller und Journalist, Erzählungsband *Die Reiterarmee*, 1926, Opfer des stalinistischen Terrors, 1957 rehabilitiert.

BAKST, LÉON (1866–1924): Russisch-französischer Maler und Bühnenbildner, zum Beispiel für Djagilews *Ballets Russes*.

BARKOW, IWAN (1732–1768): Dichter und Übersetzer, schrieb erotische Gedichte, übersetzte Horaz' Satyren.

BASSAJEW, SCHAMIL (1965–2006): Tschetschenischer Rebellenführer und Terrorist, verantwortlich für Massengeiselnahmen in einem Moskauer Musical-Theater 2002 und in einer Schule in Beslan 2004.

BERESOWSKI, BORIS (geb. 1946): Russischer Oligarch und ehemaliger Medienmogul, lebt in Großbritannien, sorgte maßgeblich für die Wiederwahl von Boris Jelzin, Korruptionsvorwürfe.

BERIA, LAWRENTI (1899–1953): Chef des Geheimdienstes NKWD, gehörte zum engen Führungskreis um Stalin, von Chruschtschow gestürzt, zum Tode verurteilt.

BERGSON, HENRI (1859–1941): Französischer Philosoph, v. a. Lebensphilosophie als Vorläufer des Existenzialismus, Literaturnobelpreisträger (1927).

BITOW, ANDREI (geb. 1937): Sowjetisch-Russischer Schriftsteller der Postmoderne, *Das Puschkinhaus* 1978, gehörte mit Viktor Jerofejew, Wassili Axjonow, Jewgeni Popow und Fasil Iskander zur Redaktion des Literatur-Almanachs *Metropol*.

BLOK, ALEXANDER (1880–1921): Lyriker der zweiten Generation des russischen Symbolismus, Verserzählung *Die Zwölf*, 1918.

BRJUSSOW, WALERI (1873–1924): Mitbegründer des russischen Symbolismus; schrieb Lyrik, Erzählungen, historische Romane und Essays.

BUCHARIN, NIKOLAI (1888–1938): Mitglied des Politbüros und Vorsitzender der Komintern, 1938 in einem Schauprozess zum Tode verurteilt.

BULGAKOW, MICHAIL (1891–1940): Russischer Schriftsteller, die meisten seiner Werke wie *Die weiße Garde* (entstanden 1923–1924) und *Der Meister und Margarita* (entstanden 1929–1939) durften erst posthum erscheinen, verwendet Elemente des Fantastischen, der Satire und der Groteske.

BYKOW (AUCH BYKAU), WASSIL (1924–2003): Weißrussischer Schriftsteller, vor allem Kriegsromane, lebte in seinen letzten Jahren in Frankreich, Deutschland und Tschechien.

CHARMS, DANIIL (1905–1942): Russischer Schriftsteller avantgardistischer Lyrik und Prosa, Vertreter der absurden Literatur, ein Großteil seines Werkes wurde erst nach seinem Tod bekannt.

CHASANOW, GENNADI (geb. 1945): Russischer Komiker, Schauspieler, Satiriker, in ganz Russland bekannt und beliebt durch seine Bühnen- und Fernsehauftritte.

CHLEBNIKOW, WELIMIR (1885–1922): Russischer Lyriker, experimentelle Lyrik, zusammen mit Majakowski Begründer des russischen Futurismus.

CHODORKOWSKI, MICHAIL (geb. 1963): Russischer Ölmagnat und Oligarch, seit 2005 im Gefängnis in Sibirien.

DSERSCHINSKI, FELIX (1877–1926): Vorsitzender der Tscheka und später GPU, der Vorgängerorganisationen des KGB.

DUDAJEW, DSCHOCHAR (1944–1996): Separatistenführer, Präsident von Tschetschenien 1991–1996, durch einen gezielten russischen Raketenangriff getötet.

FADEJEW, ALEXANDER (1901–1956): Schriftsteller des sozialistischen Realismus, *Die junge Garde* 1949, Selbstmord Mai 1956.

GIPPIUS (AUCH HIPPIUS), SINAIDA (1869–1945): Vertreterin des Symbolismus, hauptsächlich soziale Romane, 1919 emigriert.

GONTSCHAROW, IWAN (1812–1891): Hauptvertreter des russischen sozialen Romans, *Oblomow*, 1859, *Die Schlucht*, 1869.

ISKANDER, FASIL (geb. 1929): Stammt aus Abchasien, schreibt Lyrik und satirische Prosa.

JAGODA, GENRICH (1891–1938): Chef des Geheimdienstes NKWD, mitverantwortlich für Aufbau des Gulag-Systems, Anfangsphase der Großen Säuberung, von Jeschow abgelöst, hingerichtet.

JESCHOW, NIKOLAI (1895–1940): Leitete als Chef des Geheimdienstes NKDW die Große Säuberung, 1940 hingerichtet.

KATHARINA II. (DIE GROSSE) (1762–1796): Mutter von Pawel I.; durch Absetzung ihres Gemahls Zar Peters III. auf den Thron gekommen, Zeitalter des Adels, berühmt für ihr ausschweifendes Liebesleben, setzte sich für Aufklärung und Bildung ein.

KIRKOROW, FILIPP (geb. 1967): Russischer Popsänger armenisch-bulgarischer Abstammung, bekannt für theatralische Auftritte beim Eurovision Song Contest und im russischen Fernsehen.

KNIPPER, OLGA (1868–1959): Deutsche Schauspielerin am Moskauer Künstlertheater, wo sie Tschechow kennenlernte, sie heirateten 1901.

KOBSON, IOSSIF (geb. 1937): Die russische Antwort auf Frank Sinatra, Schlagersänger und Duma-Abgeordneter, Interpret von patriotischen Liedern.

KOSSYGIN, ALEXEI (1904–1980): Politiker, Ministerpräsident der Sowjetunion (1964–1980), widmete sich besonders der Wirtschaftspolitik, außenpolitisch verfolgte er eine Politik der Entspannung.

KUPRIN, ALEXANDER (1870–1938): Russischer Schriftsteller, Vertreter des russischen Realismus und Naturalismus (*Das Duell*, 1905, *Die Gruft*, 1912), kurze erzählerische Prosa, zeitweise Emigration nach Paris.

LEM, STANISŁAW (1921–2006): Polnischer Philosoph, Essayist und Science-Fiction-Autor (*Solaris*, 1961, *Fiasko*, 1986).

LEONTJEW, KONSTANTIN (1831–1891): Russischer Denker, Religionsphilosoph und Schriftsteller.

LERMONTOW, MICHAILI (1814–1841): Hauptrepräsentant der russischen Romantik nach Puschkin, lyrisches Epos *Der Dämon*, 1840, Roman *Ein Held unserer Zeit*, 1840.

LEWITAN, ISAAK (1860–1900): Einer der bedeutendsten Maler des russischen

Realismus, von den Impressionisten angeregte Stimmungslandschaften, enger Freund Tschechows.

LICHATSCHOW, DMITRI (1906–1999): Russischer Philologe und Slawist.

MAJAKOWSKI, WLADIMIR (1893–1930): Russischer Dichter, veröffentlichte zusammen mit Chlebnikow das Programm der russischen Futuristen, 1930 Selbstmord.

MARSCHAK, SAMUIL (1887–1964): Russischer Schriftsteller, Hauptvertreter der russischen Kinderliteratur und Übersetzer (Shakespeare, Keats und Bearns).

MATROSSOW, ALEXANDER (1924–1943): Symbolfigur der Roten Arme und Held der Sowjetunion (posthum) durch seine Selbstaufopferung im Februar 1943.

MENSCHINSKI, WJATSCHESLAW (1874–1934): Leiter des Geheimdienstes OGPU (Nachfolgeorganisation der Tscheka und Vorläufer von KGB und FSB).

MISINOWA, LIDIA (LIKA) (1870–1937): Schauspielerin und Sängerin, galt als Tschechows Muse.

MITSCHURIN, IWAN (1855–1935): Botaniker und Pflanzenzüchter, etablierte die Obstbaumveredelung, entwarf eine eigene zur Mendel'schen Vererbungslehre alternative Theorie (Mentormethode).

MUCHINA, VERA (1889–1953): Sowjetische Bildhauerin, bekanntestes Werk: Stahlskulptur »Arbeiter und Kolchosbäuerin«.

MUROMEZ, ILJA: Heldengestalt der Kiewer Tafelrunde, in seinem 33. Lebensjahr von einer Lähmung geheilt, besaß übernatürliche Kräfte, befreite die Stadt Kiew, von der russisch-orthodoxen Kirche heiliggesprochen, sein Pferd konnte mit menschlicher Stimme sprechen.

NEMIROWITSCH-DANTSCHENKO, WLADIMIR (1858–1943): Russischer Dramatiker und Theaterregisseur, gründete zusammen mit Konstantin Stanislawski das Moskauer Künstlertheater, naturalistisch-atmosphärischer Schauspielstil. Erster großer Erfolg war die Uraufführung von Tschechows *Die Möwe*.

NEMZOW, BORIS (geb. 1959): Marktwirtschaftlich ausgerichteter Reformpolitiker, Vizepremier unter Jelzin.

NIKITITSCH, DOBRYNJA: Populäre literarische Figur der Bylinen (russische mittelalterliche Heldenlieder), gehört mit Ilja Muromez und Aljoscha Popowitsch zu den Helden der Kiewer Tafelrunde.

NIKOLAI I. (1796–1855): Sohn von Paul I.; Dekabristenaufstände, in der Folge Ausbau der Polizeitruppen und strenge Kontrollen sowie Pressezensur.

NIKOLAI II. (1868–1918): Sohn von Alexander III.; letzter Zar vor der Oktoberrevolution. Am 9. Januar 1905, anlässlich einer friedlichen Arbeiterkundgebung für mehr bürgerliche Freiheiten vor dem Petersburger Winterpalais, schießt die Armee auf die Demonstranten, mindestens 1000 Tote – der sogenannte Petersburger Blutsonntag.

OKUDSCHAWA, BULAT (1924–1997): Russischer Dichter und Chansonnier georgisch-armenischer Abstammung, Mitbegründer des russischen Autorenlieds, Kultfigur der intellektuellen Opposition, schrieb auch zeitkritische Romane.

PAWEL (1754–1801): Sohn von Katharina II. und Vater von Alexander I. und Nikolai I., von Verschwörern ermordet.

PETER I. (DER GROSSE), PJOTR ALEXEJEWITSCH ROMANOW (1672–1725): Erster Zar des russischen Imperiums, innere Reformen setzte er mit großer Härte durch, gründete 1703 die neue Hauptstadt Petersburg (»Fenster nach Westen«), heute der am meisten verehrte Zar.

PETROSSJAN, JEWGENI (geb. 1945): Beliebter russischer Humorist, Schauspieler und Fernsehmoderator.

POBEDONOSZEW, KONSTANTIN (1827–1907): Russischer Jurist, Staatsbeamter, Denker, Publizist, Philosoph, Erzieher Alexanders III. und Nikolais II., betrieb die Russifizierung der abhängigen Völker.

POPOWITSCH, ALJOSCHA: Einer der drei Recken aus den Heldenliedern, Bylinen, zusammen mit Muromez und Nikititsch.

POTAPENKO, IGNATI (1856–1929): Russischer Prosaiker und Dramatiker, einer der populärsten Schriftsteller der 1890-er Jahre (begann ein Verhältnis mit der angeblich unglücklich in Tschechow verliebten Lika Misinowa, die von Potapenko in Paris ein Kind bekam, das bald starb. Er kehrte zu seiner Ehefrau zurück).

RAIKIN, ARKADI (1911–1987): Russischer Schauspieler, Regisseur, Satiriker, Komödiant und Theaterleiter. Erfolgreichste Inszenierung: *Die Reise um die Welt in 80 Tagen* von Jules Verne.

RANEWSKAJA, FAINA (1896–1984): Berühmte sowjetische Theater- und Filmschauspielerin.

ROSANOW, WASSILI (1856–1919): Russischer Religionsphilosoph und Publizist, *Apokalypse unserer Zeit*, 1927.

SCHALJAPIN, FJODOR (1873–1938): Berühmter russischer Opernsänger, Bass.

SCHENDEROWITSCH, VIKTOR (geb. 1958): Russischer Satiriker, Drehbuchautor und Journalist.

SCHESTOW, LEW (LEO) (1866–1938): Russisch-jüdischer Philosoph des Existentialismus, emigrierte 1921 nach Frankreich.

SCHIRINOWSKI, WLADIMIR (geb. 1946): Gründer und Chef der Liberal-

Demokratischen Partei Russlands (LDPR), Ultranationaler, Jurist und Skandalpolitiker.

SCHNITTKE, ALFRED (1934–1998): Russischer Komponist und Pianist deutscher Abstammung und Vertreter der russischen Avantgarde, sein Schaffen war von der von ihm sogenannten Polystilistik geprägt.

SCHOLOCHOW, MICHAIL (1905–1984): Russischer Schriftsteller, Nobelpreis für Literatur 1965, *Der stille Don* 1940.

SCHUKOWSKI, WASSILI (1783–1852): Russischer Dichter der Romantik und Übersetzer (Schiller, Goethe, Lord Byron).

SCHWANEZKI, MICHAIL (geb. 1934): Bekanntester russischer Satiriker der Gegenwart.

SJUGANOW, GENNADI (geb. 1944): KPdSU-Mitglied, Vorsitzender der KPRF (Kommunistische Partei Russlands), Duma-Abgeordneter.

STANISLAWSKI, KONSTANTIN (1863–1938): Russischer Schauspieler, Regisseur, Theaterreformer, Vertreter des Realismus, zusammen mit Nemirowitsch-Dantschenko Begründer des Moskauer Künstlertheaters. Das Stanislawski-System ist auch als Method Acting bekannt.

SUWORIN, ALEXEI (1834–1912): Russischer Journalist, Theaterkritiker und Verleger, u. a. von Tschechow.

SUWOROW, ALEXANDER (1729–1800): Berühmter russischer Heerführer.

TRACHTENBERG, ROMAN (geb. 1962): Entertainer, Komiker, Conférencier und Moderator im russischen »Unterschichtenfernsehen«.

TSCHAPAJEW, WASSILI (1887–1919): Bürgerkriegsheld, Divisionskommandeur der Roten Armee während des Russischen Bürgerkrieges, es existieren ein Roman und ein Film über seine Figur, dient als Vorlage für Witze.

TSCHERNOMYRDIN, VIKTOR (geb. 1938): Russischer Ministerpräsident von 1992 bis 1998, ehemaliger Aufsichtsratvorsitzender von Gasprom, seit 2001 russischer Botschafter in der Ukraine.

TSCHERNYSCHEWSKI, NIKOLAI (1828–1889): Russischer Schriftsteller, als Verfechter radikalsozialistischer Ideen verhaftet und nach Sibirien verbannt, *Was tun?*, 1861.

TSCHUBAIS, ANATOLI (geb. 1955): Politiker und Vizepremier, Reformpolitiker, verantwortlich für die Privatisierung der Wirtschaft, leitete viele Jahre den staatlichen Energieversorger RAO EES, heute Vorstandsvorsitzender von RosNanoTech.

TWARDOWSKI, ALEXANDER (1910–1971): Russisch-sowjetischer Lyriker, förderte als Chefredakteur eine kritische Literatur.

WERTINSKI, ALEXANDER (1889–1957): Interpret russischer Zigeunerlieder und Balladen, Chanson- und Schlagersänger, Unterhaltungskünstler, Schauspieler, hat den schwarzen Pierrot erfunden, galt lange als Idol der Emigration. Obwohl nie in der Presse besprochen oder angekündigt, lockten seine allein durch Plakatanschläge beworbenen Konzerte riesige Menschenmengen an.

WJASEMSKI, PJOTR (1792–1878): Journalistischer Anführer der russischen Romantik.

WOINOWITSCH, WLADIMIR (geb. 1932): Sozialkritischer Schriftsteller, 1980 aus der UdSSR ausgewiesen, beschreibt den Alltag des kleinen Manns, Prosa und Satire.

WYSCHINSKI, ANDREI (1883–1954): Sowjetischer Jurist und Politiker, Hauptankläger (Generalstaatsanwalt) bei den Moskauer Schauprozessen, später Außenminister und Vertreter der UdSSR bei der UN.

WYSSOZKI, WLADIMIR (1938–1980): Berühmter, für den sowjetischen Staat unbequemer Schauspieler und Liedermacher, wird bis heute als Kultfigur verehrt.